AS MEDIDAS DE COACÇÃO E DE GARANTIA PATRIMONIAL

– UMA ANÁLISE PRÁTICA
À LUZ DO REGIME INTRODUZIDO
PELA LEI N.º 48/2007, DE 29 DE AGOSTO

PAULA MARQUES CARVALHO

AS MEDIDAS DE COACÇÃO E DE GARANTIA PATRIMONIAL

– UMA ANÁLISE PRÁTICA
À LUZ DO REGIME INTRODUZIDO
PELA LEI N.º 48/2007, DE 29 DE AGOSTO

2.ª EDIÇÃO

ALMEDINA

AS MEDIDAS DE COACÇÃO E DE GARANTIA PATRIMONIAL
– Uma Análise Prática à Luz do regime introduzido
pela Lei n.º 48/2007, de 29 de Agosto

AUTORA
PAULA MARQUES CARVALHO

EDITOR
EDIÇÕES ALMEDINA, SA
Av. Fernão Magalhães, n.º 584, 5.º Andar
3000-174 Coimbra
Tel.: 239 851 904
Fax: 239 851 901
www.almedina.net
editora@almedina.net

PRÉ-IMPRESSÃO I IMPRESSÃO I ACABAMENTO
G.C. – GRÁFICA DE COIMBRA, LDA.
Palheira – Assafarge
3001-453 Coimbra
producao@graficadecoimbra.pt

Maio, 2008

DEPÓSITO LEGAL
276587/08

Os dados e as opiniões inseridos na presente publicação
são da exclusiva responsabilidade do(s) seu(s) autor(es).

Toda a reprodução desta obra, por fotocópia ou outro qualquer
processo, sem prévia autorização escrita do Editor, é ilícita
e passível de procedimento judicial contra o infractor.

Biblioteca Nacional de Portugal – Catalogação na Publicação

CARVALHO, Paula Marques de

As medidas de coação e de garantia patrimonial : uma análise
prática à luz do regime introduzido pela Lei nº 48/2007, de 29
de Agosto. – 2ª ed. – (Guias práticos)
ISBN 978-972-40-3523-9

CDU   343

Aos meus Pais e ao Zé Paulo.

PREFÁCIO DA 2.ª EDIÇÃO

Em virtude das modificações ao Código de Processo Penal introduzidas pela Lei n.º 48/2007, de 29 de Agosto (com as respectivas Declarações de Rectificação n.ᵒˢ 100-A/2007, de 26 de Outubro e 105/2007, de 9 de Novembro), o regime jurídico das medidas de coacção foi atingido significativamente, em parte fazendo eco das vozes doutrinárias que há muito reclamavam tais reformas.

Pela sua importância e directa conexão com os temas abordados, tivemos em conta, além do mais, os seguintes diplomas legais:

– Código Penal (alterado pela Lei n.º 59/2007, de 4 de Setembro e rectificada pela Declaração de Rectificação n.º 102/2007, de 31 de Outubro);

– Lei do Acesso ao Direito e aos Tribunais (aprovada pela Lei n.º 34/2004, de 29 de Julho e alterada pela Lei n.º 47/2007, de 28 de Agosto, considerando as Portarias n.ᵒˢ 10/2008, de 3 de Janeiro e 210/2008, de 29 de Fevereiro);

– Regulamento das Custas Processuais (aprovado pelo Dec.-Lei n.º 34/2008, de 26 de Fevereiro e rectificado pela Declaração de Rectificação n.º 22/2008, de 24 de Abril que entrará em vigor no dia 01.09.2008) o qual revoga o Código das Custas Judiciais e altera, designadamente, algumas disposições do Código de Processo Civil e do Código de Processo Penal.

Nesta 2ª edição, em consonância com as profundas reformas enunciadas, tivemos, necessariamente, que rearticular certos pontos da obra, tomando especialmente em consideração, não só a doutrina pertinente sobre a temática em causa, como também alguma da jurisprudência produzida pelos nossos tribunais superiores, sobretudo após o dia 15.09.2007, data da entrada em vigor da Lei n.º 48/2007, de 29 de Agosto.

Para assegurar uma melhor identificação dos assuntos que foram objecto das referidas alterações recorremos a sublinhados e negrito, tendo sempre a preocupação de descrever e comparar, no essencial, o regime jurídico actual com o anterior.

Finalmente, optámos por seleccionar e aditar a jurisprudência que entretanto foi produzida pelos Tribunais Superiores a qual, mercê das múltiplas inovações introduzidas pelos diplomas legais acima mencionados, beneficiou aqui de especial destaque, mantendo-se, no entanto, todo o acervo inserido na edição anterior.

Grijó, Abril de 2008

PREFÁCIO DA 1.ª EDIÇÃO

Na esteira do nosso "Manual Prático de Processo Penal" e imbuídos do mesmo propósito, a presente obra procura igualmente fornecer um instrumento de trabalho, de natureza essencialmente prática, aos demais profissionais forenses.

Optámos por tratar as medidas de coacção e de garantia patrimonial autonomamente, não só por força da especificidade que caracteriza o regime que as regula, como também em virtude da relevância prática que tais figuras manifestam no domínio do Processo Penal.

Do ponto de vista estrutural, a obra está dividida nos seguintes capítulos: Introdução, Medidas de Coacção e Medidas de Garantia Patrimonial.

Na introdução, procurando-se evitar sucessivas repetições, procedemos à sistematização dos aspectos comuns às medidas de coacção e de garantia patrimonial.

Todos os capítulos são compostos por notas doutrinais, referências bibliográficas (cuja indicação integral consta da bibliografia) e jurisprudência seleccionada, respeitante às matérias especificamente abordadas.

Para além disso, a obra oferece ainda um conjunto de minutas que visam servir como auxiliar prático, as quais contêm notas procedimentais referentes a cada uma delas.

Por fim, um agradecimento especial ao Dr. Hélder Quintas pelo inesgotável apoio na concretização da presente obra.

Grijó, Janeiro de 2007

ABREVIATURAS

AAFDL	– Associação Académica da Faculdade de Direito de Lisboa
Ac.	– Acórdão
Al.	– Alínea
Anot.	– Anotação
AR	– Assembleia da República
Art.	– Artigo
BMJ	– Boletim do Ministério da Justiça
CC	– Código Civil
CCJ	– Código das Custas Judiciais
CEDH	– Convenção Europeia dos Direitos do Homem
CEJ	– Centro de Estudos Judiciários
Cfr.	– Confrontar
CJ	– Colectânea de Jurisprudência
Cons.	– Conselheiro
CP	– Código Penal
CPC	– Código de Processo Civil
CPP	– Código de Processo Penal
CRP	– Constituição da República Portuguesa
Dec.-Lei	– Decreto-Lei
DR	– Diário da República
DUDH	– Declaração Universal dos Direitos do Homem
EOA	– Estatuto da Ordem dos Advogados
LOFTJ	– Lei de Organização e Funcionamento dos Tribunais Judiciais
LTC	– Lei do Tribunal Constitucional
MP	– Ministério Público
N.º	– Número
Org.	– Organizado por
Proc.	– Processo

Ps.	– Páginas
RCP	– Regulamento das Custas Processuais
RC	– Relação de Coimbra
RE	– Relação de Évora
RG	– Relação de Guimarães
RL	– Relação de Lisboa
RP	– Relação do Porto
Segs.	– Seguintes
STJ	– Supremo Tribunal de Justiça
TIR	– Termo de Identidade e Residência
TC	– Tribunal Constitucional
UC	– Unidade de Conta
V. g.	– *Verbi gratia*
Vol.	– Volume

I – INTRODUÇÃO

1. Considerações Prévias

As medidas de coacção e de garantia patrimonial são meios processuais penais caracterizados, sobretudo, por terem como finalidade "acautelar a eficácia do procedimento, quer quanto ao seu desenvolvimento, quer quanto à execução das decisões condenatórias"[1] e, nessa conformidade, por imporem restrições aos direitos fundamentais dos arguidos (ou civilmente responsáveis).

Com efeito, não obstante as medidas de coacção e de garantia patrimonial limitarem, total ou parcialmente, a liberdade das pessoas (liberdade pessoal e patrimonial, cfr. os arts. 27.º e 62.º, da CRP), a sua aplicação justifica-se em função de exigências processuais de natureza cautelar (cfr. o n.º 1, do art. 191.º, do Código de Processo Penal[2]), por um lado, e enquanto mecanismo de defesa dos interesses essenciais à boa administração da justiça, por outro.

A este propósito, o n.º 2, do art. 202.º, da CRP, consagra que, na administração da justiça, *incumbe aos tribunais assegurar a defesa dos direitos e interesses legalmente protegidos dos cidadãos, reprimir a violação da legalidade democrática e dirimir os conflitos de interesses públicos e privados.*

O direito à liberdade, apesar de traduzir um princípio com dignidade constitucional, inserido no âmbito dos direitos fundamentais (cfr. o art. 27.º, da CRP), pode ser restringido ou limitado, conforme já se disse, com maior ou menor amplitude, nos casos expressamente previstos na CRP, *devendo as restrições limitar-se ao necessário para salvaguardar outros*

---

[1] *Vide* GERMANO MARQUES DA SILVA *in* "Curso…", Vol. II, p. 254.

[2] Doravante, as disposições legais citadas sem referência ao respectivo diploma, são do Código de Processo Penal (CPP).

direitos ou interesses constitucionalmente protegidos. É o que expressamente preceitua o n.º 2, do art. 18.º, da CRP, reportando-se directamente à força jurídica dos direitos, liberdades e garantias.

Com a promoção de medidas de coacção o legislador ordinário pretendeu, após a verificação em concreto de qualquer uma das circunstâncias previstas no art. 204.º, garantir o cumprimento dos deveres processuais do arguido, designadamente a sua comparência sempre que a mesma seja necessária (*v. g.*, no interrogatório ou julgamento) acautelando, dessa maneira, o efeito útil do processo penal.

Por sua vez, as medidas de garantia patrimonial visam assegurar o cumprimento das obrigações processuais de carácter pecuniário emergentes do processo (*v. g.*, pagamento das custas ou multas) ou do pedido de indemnização civil resultante da prática do crime, procurando-se, assim, garantir a estabilidade económica do processo.

Acresce que não podem ser aplicadas medidas de coacção ou de garantia patrimonial se não houver imputação ao arguido de indícios da prática de um crime[3].

Contudo, para legitimar a aplicação das medidas de proibição e imposição de condutas, de obrigação de permanência na habitação e de prisão preventiva (cfr. os arts. 200.º, 201.º e 202.º), o legislador impõe a verificação de *fortes indícios* da prática do crime.

Neste contexto, é necessário sublinhar que o critério da indiciação diverge em função de cada uma das medidas de coacção, reflectindo-se "a vertente da proporcionalidade que horizontalmente percorre todo o domínio das medidas de coacção. Ou seja de que as «mais fortes», no sentido das que maior restrição impõem aos direitos fundamentais, devem ser sustentadas por um maior grau de exigência na sua aplicabilidade."[4]

---

[3] Nos termos da al. a), do art. 1.º, o crime é definido *como o conjunto de pressupostos de que depende a aplicação ao agente de uma pena ou de uma medida de segurança criminais.*

Quanto ao conceito de "indícios suficientes" devemos ter em conta o disposto no n.º 2, do art. 283.º, o qual se refere à acusação formulada pelo MP aquando do encerramento da fase do inquérito (cfr. ainda os n.os 1 e 2, do art. 308.º, a propósito do despacho de pronúncia ou de não pronúncia). Com efeito, consideram-se suficientes os indícios *sempre que deles resultar uma possibilidade razoável de ao arguido vir a ser aplicada, por força deles, em julgamento, uma pena ou uma medida de segurança.*

[4] *Vide* JOSÉ MOURAZ LOPES *in* "Boletim da Faculdade de Direito", 83, p. 135.

Introdução   15

Seja como for, a aplicação de medidas de coacção pressupõe sempre juízos de natureza meramente indiciária e não de culpa. Aliás, convém acentuar que tais medidas "não têm carácter sancionatório e não podem ser entendidas ou olhadas como uma pena"[5].

Atentas as diferentes finalidades processuais, as medidas de coacção e de garantia patrimonial são perfeitamente cumuláveis entre si.

Já referimos que a matéria relativa ao regime jurídico das medidas de coacção foi das mais atingidas com a entrada em vigor da Lei n.° 48/2007, de 29 de Agosto.

Desta feita, torna-se essencial sublinhar a regra inserida no n.° 1, do art. 5.°, o qual, reportando-se à aplicação da lei processual penal no tempo, estipula que a mesma é *de aplicação imediata, sem prejuízo da validade dos actos realizados na vigência da lei anterior.*

Estamos perante a consagração do princípio do *tempus regit actum* justificado, segundo esclarecimentos de JOSÉ DA COSTA PIMENTA *in* "Processo Penal...", Tomo I, ps. 159/160, por razões de natureza *comunitária* e *funcionalmente instrumental* do processo penal já que este, sendo "assunto da comunidade jurídica há toda a conveniência na aplicação imediata da nova lei, considerada mais *adequada* à tutela do interesse colectivo. Este interesse deve prevalecer sobre quaisquer outros interesses dos particulares em contrário.".

Por outro lado, "as leis do processo penal não estabelecem os factos que constituem crime, nem fixam a pena que lhes corresponde. Essa tarefa pertence às normas de direito substantivo, sendo o processo apenas a *ponte* entre a sua previsão e a sua estatuição." *(ibidem).*

Contudo, importa sublinhar as duas excepções impostas pelo n.° 2, desse mesmo art. 5.°, de acordo com o qual a lei processual penal não se aplica aos processos iniciados anteriormente à sua vigência (isto é aos processos pendentes continua a aplicar-se a lei revogada) quando *da sua aplicabilidade imediata possa resultar: a) Agravamento sensível e ainda evitável da situação processual do arguido, nomeadamente uma limitação do seu direito de defesa; ou b) Quebra da harmonia e unidade dos vários actos do processo.*

---

[5] *Vide* FREDERICO ISASCA *in* "Jornadas...", p. 109.

2. Pressupostos Gerais de Aplicação Comuns às Medidas de Coacção e de Garantia Patrimonial

2.1. *Princípios que presidem à aplicação*

O processo criminal incia-se sempre com o inquérito (fase investigatória por excelência, cfr. os arts. 262.° e segs.) e termina com a fase dos recursos (esta eventual, cfr. os arts. 399.° e segs.).

Por conseguinte, durante esse percurso processual, o juiz, por forma a acautelar interesses essenciais à justiça, pode ser confrontado com a necessidade de decretar medidas de compressão dos direitos fundamentais do arguido, designadamente, medidas limitadoras da sua esfera pessoal e patrimonial.

O direito à liberdade, embora goze de protecção constitucional, não é um direito absoluto, na medida em que admite restrições, as quais, porém, devem *limitar-se ao necessário para salvaguardar outros direitos ou interesses constitucionalmente protegidos* (cfr. o n.° 2, do art. 18.°, e os n.ºs 2 e 3, do art. 27.°, ambos da CRP). É nesta lógica que o legislador ordinário consagra no CPP medidas de coacção e de garantia patrimonial.

Uma vez que está em causa a imputação de um facto criminal ao arguido, antes de ser proferida uma decisão judicial final com trânsito em julgado (que aquando da aplicação da medida não se sabe se será condenatória ou absolutória), só se justifica a aplicação de medidas de coacção e de garantia patrimonial se e quando se verificarem determinados pressupostos legais.

Destarte, o julgador tem que respeitar um conjunto de condições e princípios, os quais encontram consagração quer na Lei Fundamental, quer na lei processual penal.

Um dos princípios que merece, desde logo, destaque é o da legalidade (ou tipicidade). Com efeito, o juiz só pode privar, total ou parcialmente, a liberdade das pessoas através das medidas de coacção e de garantia patrimonial que se encontrem taxativamente previstas na lei[6] visando acautelar as finalidades nela previstas (cfr. os arts. 191.°, n.° 1 e 61.°, n.° 3, al. d) e o art. 5.°, da CEDH).

---

[6] No CPP ou noutro diploma legal de igual valor (cfr. o art. 165.° (*Reserva relativa de competência legislativa*), n.° 1, al. c), da CRP).

Neste domínio, assumem especial relevância as garantias constitucionais da defesa da *dignidade humana* e da *presunção da inocência até ao trânsito em julgado da sentença de condenação* (cfr. os arts. 1.° e 32.°, n.° 2, 1ª parte, da CRP, o art. 11.°, da DUDH[7] e o art. 6.°, n.° 2, da CEDH[8]).

Por força do princípio jurídico-constitucional da presunção de inocência, assim o afirma FIGUEIREDO DIAS *in* "Jornadas de Direito Processual Penal – O Novo...", p. 27, só devem ser aplicadas ao arguido as medidas *"que ainda se mostrem comunitariamente suportáveis face à possibilidade de estarem a ser aplicadas a um inocente."*[9]

Em consonância com o exposto, o legislador processual penal prevê no **n.° 1**, do art. 193.°, que as medidas de coacção e de garantia patrimonial a aplicar em concreto ao arguido devem ser:

– Necessárias, isto é, a única forma legal de assegurar a protecção dos interessses a tutelar com a aplicação destas medidas[10];

– Adequadas (ou seja, idóneas e ajustadas) às exigências cautelares que o caso requerer (no campo específico das medidas de coacção tais *exigências* constam do art. 204.°) e

– Proporcionais à gravidade do crime[11] e às sanções que previsivelmente venham a ser aplicadas. Neste caso, impõe-se "uma prognose, que antecipe em previsão essa eventual sanção por forma a com ela relacionar temperadamente a medida."[12]

---

[7] Ao abrigo do n.° 1, deste preceito legal, *Toda a pessoa acusada de um acto delituoso presume-se inocente até que a sua culpabilidade fique legalmente provada no decurso de um processo público em que todas as garantias necessárias de defesa lhe sejam asseguradas.*

[8] É do seguinte teor este dispositivo: *Qualquer pessoa acusada de uma infracção presume-se inocente enquanto a sua culpabilidade não tiver sido legalmente provada.*

[9] A este propósito *vide* ainda, entre outros, RUI PATRÍCIO *in* "O Princípio da Presunção de Inocência do Arguido...", ps. 15 e segs. e EDUARDO MAIA COSTA *in* "Revista do Ministério Público", n.° 92, ps. 65 e segs..

[10] Só devem ser aplicadas medidas de coacção e de garantia patrimonial quando for absolutamente "necessário" para a prossecução dos fins cautelares e quando não se possa recorrer a outro meio para atingir essa finalidade.

[11] A gravidade do crime depende normalmente da medida da pena aplicável (cfr. o art. 195.°).

[12] *Vide* JOSÉ M. DE ARAÚJO BARROS *in* "Revista Portuguesa...", p. 420.

18   *As Medidas de Coacção e de Garantia Patrimonial*

Tratando-se de medidas de garantia patrimonial, JOSÉ ANTÓNIO BAR-REIROS *in* "As Medidas de Coacção...", BMJ, n.º 371, ps. 11/12, sustenta que "não há nenhuma relação entre a gravidade do crime imputado ao arguido, expresso através da severidade da pena previsivelmente aplicável, e a admissibilidade da medida em causa.". Segundo este Autor, apenas a proporcionalidade face à gravidade do crime é que poderá enformar o critério do intérprete quanto à escolha das medidas em causa.[13]

Outro dos princípios que deve orientar a decisão de aplicação e consequente escolha da medida de coacção a aplicar em concreto ao arguido é o da subsidiariedade da prisão preventiva e, por força das inovações implementadas pela Lei n.º 48/2007, de 29 de Agosto, também da obrigação de permanência na habitação.

Com efeito, ainda que adequadas e proporcionais à gravidade do crime indiciado, a prisão preventiva e a obrigação de permanência na habitação devem possuir sempre carácter excepcional (por serem as medidas mais gravosas), só podendo ser aplicadas quando as outras medidas de coacção se revelarem, no caso concreto, *inadequadas* ou *insuficientes* (cfr. os arts. 193.º, **n.º 2**, 201.º, **n.º 1** e o corpo do n.º 1, do art. 202.º).

Deverão, portanto, tais medidas constituir a *ultima ratio* das medidas de coacção, devendo o julgador dar sempre prioridade às menos gravosas, isto é, àquelas que limitem o menos possível os direitos fundamentais daquele a quem são aplicadas.

Note-se que a excepcionalidade e subsidiariedade da prisão preventiva são uma exigência que decorre da Lei Fundamental na medida em que impõe o direito à liberdade como regra (cfr. o art. 27.º, da CRP) e consagra que a mesma *não deve ser decretada nem mantida sempre que possa ser aplicada caução ou outra medida mais favorável prevista na lei* (cfr. o n.º 2, do art. 28.º, da CRP).

Por outro lado, com o intuito de cercear o menos possível os direitos, liberdades e garantias do arguido, quando ao caso couber medida de coacção privativa da liberdade, o julgador deve dar preferência à obrigação de permanência na habitação sempre que essa medida se revele suficiente para satisfazer as exigências que se pretendem acautelar (cfr. o **n.º 3**, do

---

[13] Por sua vez, DAVID CATANA *in* "Apontamentos...", Vol. II, p. 89, entende que a proporcionalidade nas medidas de garantia patrimonial "não se afere em função do crime, mas em função da responsabilidade civil que se pretende garantir.".

Introdução 19

art. 193.°, cujo novo texto foi introduzido pela Lei n.° 48/2007, de 29.08). Pretende-se, desta forma, acentuar o carácter excepcional, subsidiário e não obrigatório da prisão preventiva (cfr. os art. 27.°, n.° 3 e 28.°, n.° 2, ambos da CRP e o art. 202.°).

O legislador processual penal tipificou e hierarquizou as medidas de coacção que o julgador há-de aplicar ao caso concreto, graduando-as em função da sua crescente gravidade[14]:

– Termo de identidade e residência (cfr. o art. 196.°);
– Caução (cfr. o art. 197.°);
– Obrigação de apresentação periódica (cfr. o art. 198.°);
– <u>Suspensão do exercício de profissão, de função, de actividade e de direitos</u> (cfr. o art. 199.°);
– <u>Proibição e imposição de condutas</u> (cfr. o art. 200.°);
– Obrigação de permanência na habitação (cfr. o art. 201.°) e
– Prisão preventiva (cfr. o art. 202.°).

O mesmo se diga em relação às medidas de garantia patrimonial:

– Caução económica (cfr. o art. 227.°) e
– Arresto preventivo (cfr. o art. 228.°).

Podemos, pois, afirmar que são os princípios da legalidade (ou tipicidade), da <u>necessidade</u>, da adequação, da proporcionalidade (ou proibição do excesso) e da subsidiariedade da prisão preventiva e da <u>obrigação de permanência na habitação,</u> que balizam os critérios do julgador no momento da aplicação e determinação da execução da medida (de coacção ou de garantia patrimonial)[15].

Como corolário dos princípios supracitados temos que as medidas de coacção são necessariamente substituíveis ou revogáveis, só assim se podendo ajustar à finalidade cautelar que visam salvaguardar (cfr. os arts. 212.° e 213.°).

---

[14] Pretende-se que a crimes mais graves devam ser aplicadas medidas mais graves e a crimes menos graves medidas menos graves.

[15] Diga-se, aliás que, sob pena de nulidade, o juiz tem hoje que fundamentar o despacho de aplicação da medida de coacção, fazendo referência, designadamente, aos factos concretos que preenchem os pressupostos constantes, entre outros, do art. 193.° (cfr. a **al. d)**, do **n.° 4**, do art. 194.°).

20   *As Medidas de Coacção e de Garantia Patrimonial*

Refira-se ainda que a execução das medidas de coacção e de garantia patrimonial não deve prejudicar o exercício de direitos fundamentais que não forem incompatíveis com as exigências cautelares que o caso requerer, como é exemplo a protecção do direito ao trabalho (cfr. os arts. 193.º, **n.º 4**, 198.º, **n.º 1** e 200.º, n.º 1, al. c)).

Alterações introduzidas pela Lei n.º 48/2007, de 29 de Agosto

No n.º 1, do art. 193.º, foi acrescentado o princípio da necessidade, o qual não se encontrava inserido no texto do CPP, embora fosse já admitido por alguma da nossa doutrina[16].

Não obstante, há quem entenda que não deve ser reconhecida autonomia dogmática a este princípio, uma vez que o mesmo já se (con)funde com o princípio da adequação (neste sentido, *vide* José M. de Araújo Barros *in* "Revista Portuguesa...", p. 420).

O princípio da subsidiariedade da prisão preventiva foi alargado à medida de obrigação de permanência na habitação (cfr. o n.º 2, do art. 193.º).

Ainda neste contexto, da nova redacção do n.º 3, do art. 193.º, resulta que o julgador, quando entender aplicar ao arguido medida de coacção privativa da liberdade, deve dar preferência à medida de obrigação de permanência na habitação (em detrimento da prisão preventiva).

2.2. *Prévia existência de um processo criminal*

As medidas de coacção e de garantia patrimonial só fazem sentido se a sua aplicação se revelar como o mecanismo eficaz para assegurar o cumprimento de obrigações, pessoais e patrimoniais, decorrentes de um processo. Tais medidas visam, portanto, prosseguir fins de natureza intra-processuais.

Assim, as medidas aqui em análise só podem ser aplicadas no decurso de um processo criminal já instaurado (comum ou especial, cfr. os arts. 382.º, **n.º 3** e 385.º, **n.º 3, al. b)**, no âmbito do processo sumário), qualquer que seja a fase em que se encontre (não obstante o inquérito ser aquela onde normalmente a sua aplicação tem lugar).

---

[16] Sobre essa matéria *vide*, entre outros, João Castro e Sousa e Odete Maria de Oliveira *in* "Jornadas de Direito Processual – O Novo...", p. 150 e 169, respectivamente.

Aliás, é o próprio teor do texto contido no n.º 1, do art. 194.º, que expressa que tais medidas são aplicadas *durante o inquérito* ou mesmo após essa fase processual. Por sua vez, o actual **n.º 3**, do art. 194.º acrescenta que tal aplicação *pode ter lugar no acto de primeiro interrogatório judicial* (cfr. o art. 141.º).

2.3. *Constituição obrigatória como arguido*

A aplicação de medidas de coacção e de garantia patrimonial depende da prévia constituição como arguido[17], nos termos do art. 58.º[18], da pessoa que delas for objecto (cfr. os arts. 58.º, n.º 1, al. b) e 192.º, n.º 1).

FERNANDO GONÇALVES/MANUEL JOÃO ALVES *in* "A Prisão Preventiva...", p. 89, defendem que a aplicação de uma medida de coacção com violação desta condição "determina a sua *inexistência jurídica*, por falta de um pressuposto legal, assistindo ainda ao visado *o direito de resistência*, nos termos do art. 21.º, da CRP..."[19].

Não podemos deixar de salientar que a pessoa objecto de aplicação de uma medida de coacção tem toda a conveniência ou interesse na aquisição do estatuto de arguido, já que a partir desse momento passa a encabeçar um conjunto de direitos e de deveres processuais, entre outros, o de <u>constituir advogado ou solicitar a nomeação de um defensor</u> e de <u>ser informada dos factos que lhe são imputados antes de prestar declarações</u> (cfr. os arts. 61.º, n.º 1, **als. c)** e **e)** e 62.º), bem como o de accionar os adequados meios de defesa, designadamente, a <u>consulta do processo na fase de inquérito</u> e a interposição de recurso das decisões que lhe forem desfavoráveis (cfr. os arts. 60.º, 1ª parte, 89.º, **n.º 1** e 61.º, n.º 1, **al. i)** e o art. 32.º, n.º 1, da CRP).

---

[17] Importa assinalar que correndo inquérito contra pessoa determinada <u>em relação à qual haja suspeita fundada da prática de crime</u> é obrigatório interrogá-la como arguido (cfr. os arts. 272.º, **n.º 1** e 58.º, n.º 1, **al. a)**).

[18] Se a pessoa que delas for objecto ainda não se constituiu arguido ao abrigo art. 57.º. Cfr. também o art. 59.º.

[19] A propósito do direito de resistência, JOSÉ DE MELO ALEXANDRINO *in* "Direitos Fundamentais...", p. 101, anota que a resistência "tanto pode ser *passiva* como *activa*, vale para os poderes públicos e pode ser feita valer nas relações privadas, servindo para proteger a generalidade dos direitos, liberdades e garantias. Os efeitos do direito de resistência são, por um lado, a justificação jurídico-criminal do facto e, por outro, a desnecessidade de prévia decisão judicial.".

22 *As Medidas de Coacção e de Garantia Patrimonial*

Os direitos e deveres processuais que recaem sobre o arguido encontram-se consagrados, em termos gerais, no art. 61.º (alterado pela Lei n.º 48/2007, de 29 de Agosto). Por outro lado, existe um conjunto de direitos que encontram expressão constitucional, designadamente, no art. 32.º, da CRP, relativo às garantias de processo criminal.

De assinalar que a prescrição do procedimento criminal interrompe-se, designadamente, com a constituição de arguido (cfr. a al. a), do n.º 1, do art. 121.º, do CP).

Importa reter que, para aplicação de medida de coacção ou de garantia patrimonial, é permitida a inquirição sobre factos relativos à personalidade e ao carácter do arguido, bem como às suas condições pessoais e à sua conduta anterior (cfr. o n.º 2, do art. 128.º).

Decorrentes das inovações introduzidas no CPP pela mencionada Lei n.º 48/2007, quando a constituição de arguido é feita por órgão de polícia criminal deve ser comunicada à autoridade judiciária[20] no prazo de 10 dias e por esta apreciada, em ordem à sua validação, também no prazo de 10 dias. De acrescentar que a não validação da constituição de arguido pela autoridade judiciária não prejudica as provas anteriormente obtidas (cfr. os **n.ᵒˢ 3 e 6**, do art. 58.º).

A constituição como arguido deve sempre respeitar as exigências previstas nos actuais n.ᵒˢ 2 e 4, do art. 58.º, sob pena de as declarações prestadas pela pessoa visada não poderem ser utilizadas como prova (cfr. o **n.º 5**, da mesma norma legal).

Transpondo o pensamento de DAMIÃO DA CUNHA *in* "O Caso Julgado Parcial...", p. 346, nota n.º 136, a constituição de arguido "cria uma «relação especial de poder», justificativa de eventuais restrições de liberdade para assegurar as finalidades do processo penal, relação essa, todavia, vinculada a um conjunto de princípios constitucionais e submetida a uma garantia de «jurisdição»; por outro lado, constitui uma garantia de específicos direitos processuais e de um *status activus processualis*.".

Diversamente das medidas de coacção, que são aplicáveis apenas a arguidos, as medidas de garantia patrimonial podem também ser aplicadas

---

[20] Lembramos que os órgãos de polícia criminal são *todas as entidades e agentes policiais a quem caiba levar a cabo quaisquer actos ordenados por uma autoridade judiciária ou determinados pelo CPP.* Por sua vez, considera-se autoridade judiciária *o juiz, o juiz de instrução e o MP, cada um relativamente aos actos processuais que cabem na sua competência* (cfr. o art. 1.º, als. c) e b), respectivamente).

Introdução   23

a terceiros (civilmente responsáveis), quando esteja em causa o pagamento de indemnizações ou outras obrigações civis derivadas da prática do crime (cfr. os arts. 227.°, n.° 2 e 228.°, relativos à caução económica e ao arresto preventivo).

Sobre esta questão lembramos que, ao abrigo do disposto no n.° 1, do art. 73.°, o pedido de indemnização civil formulado no âmbito do processo criminal *pode ser deduzido contra pessoas com responsabilidade meramente civil e estas podem intervir voluntariamente no processo penal.*

Actualmente, as medidas de coacção e de garantia patrimonial podem ser aplicadas não apenas a uma pessoa singular como também a uma pessoa colectiva ou entidade equiparada, arguida em processo penal[21].

De acordo com a actual redacção do art. 11.°, do CP (recordamos que o Código Penal sofreu um conjunto de alterações implementadas pela Lei n.° 59/2007, de 4 de Setembro), as pessoas colectivas e entidades equiparadas podem assumir natureza jurídica de arguida, nos termos e com as limitações decorrentes dessa norma legal.

No que concerne à aplicação de medidas de coacção é essencial considerar a natureza jurídica da arguida, de molde a verificar se a aplicação de tais medidas se revelam (in)compatíveis com o cumprimento das obrigações delas decorrentes, *v. g.*, não é possível a aplicação a uma pessoa colectiva, arguida no processo, da medida de obrigação de apresentação periódica (cfr. o art. 198.°).

A este propósito, convém ainda referir o aditamento ao CP dos arts. 90.°-A a 90.°-M (relativos às penas aplicáveis às pessoas colectivas e publicidade da decisão condenatória) e os arts. 4.° a 8.°, da parte preambular da referida Lei n.° 59/2007, de 04.09 (os quais se referem aos diplomas legais que passam a abranger a responsabilidade das pessoas colectivas e entidades equiparadas).

2.4. *Impossibilidade de aplicação*

Conforme se encontra plasmado no n.° 2, do art. 192.°, nenhuma medida de coacção ou de garantia patrimonial deve ser aplicada quando houver fundados motivos (portanto, motivos inequívocos) para crer na exis-

---

[21] Sobre a responsabilidade criminal das pessoas colectivas ou equiparadas *vide* P. PINTO DE ALBUQUERQUE *in* "ROA", Ano 66, Setembro 2006, ps. 627 a 651.

tência de causas de isenção da responsabilidade[22] (*v. g.*, legítima defesa, estado de necessidade desculpante, cfr. os arts. 31.° e segs., do CP) ou de extinção do procedimento criminal (*v. g.*, prescrição, amnistia, cfr. os arts. 118.° e segs., do CP).

Sobre esta questão GERMANO MARQUES DA SILVA *in* "Curso...", Vol. II, p. 262, sustenta que nenhuma das medidas em apreço pode ser aplicada não só "quando a isenção da responsabilidade ou a extinção do procedimento criminal estejam demonstrados no processo, mas também quando haja dúvidas sobre a sua verificação."[23]

Tratando-se de medidas de garantia patrimonial cumpre lembrar que, por força do princípio da adesão, previsto no art. 71.°, o pedido de indemnização civil fundado na prática de um crime tem de ser deduzido no processo penal respectivo, só o podendo ser em separado, perante o tribunal civil, nos casos previstos na lei.

Em consonância com o referido, se o procedimento criminal se extinguir (*v.g.*, por amnistia) e o processo penal dever prosseguir para apreciação do pedido de indemnização civil (cfr. o art. 377.°), devem manter-se as medidas de garantia patrimonial já decretadas[24].

2.5. *Competência para aplicação*

Recai em especial sobre o arguido o dever de sujeitar-se a diligências de prova e a medidas de coacção e de garantia patrimonial especificadas na lei e ordenadas e efectuadas por entidade competente (cfr. a al. d), do n.° 3, do art. 61.°).

As medidas de coacção e de garantia patrimonial, uma vez que limitam os direitos, liberdades e garantias do arguido, são sempre aplicadas

---

[22] Não obstante esta regra, mostrando-se que o arguido a sujeitar a prisão preventiva sofre de anomalia psíquica, o juiz pode impor que, enquanto a anomalia persistir, em vez da prisão tenha lugar internamento preventivo em hospital psiquiátrico ou outro estabelecimento análogo adequado, adoptando as cautelas necessárias para prevenir os perigos de fuga e de cometimento de novos crimes (cfr. o n.° 2, do art 202.°).

[23] Acrescenta o mesmo Autor que é necessário "evitar uma inútil e injustificada limitação da liberdade pessoal e se a dúvida sobre a verificação da causa de isenção de responsabilidade ou de extinção do procedimento deve determinar a absolvição não se justifica que entretanto possa ser aplicada uma medida de coacção ao arguido." (*ob. cit.*, p. 263).

[24] *Vide* RODRIGO SANTIAGO *in* "Liber Discipulorum...", p. 1532.

Introdução

por despacho judicial (proferido por um juiz), com excepção do termo de identidade e residência, o qual pode ser aplicado pelo MP ou por órgão de polícia criminal[25] (cfr. o n.° 1, do art. 194.°).

Vejamos, assim, sobre que entidade recai a competência para aplicar medidas de coacção e de garantia patrimonial, nas respectivas fases processuais:

i) Durante o inquérito, a aplicação das medidas em apreço é um acto processual da competência do *juiz de instrução criminal*[26], a requerimento do MP[27] (cfr. os arts. **17.°**, 268.°, n.° 1, al. b), 382.°, **n.° 3** (no âmbito do processo sumário) e o art. 79.°, da LOFTJ).

Lembramos que, sendo o inquérito a fase processual realizada sob a titularidade e direcção do MP (cfr. os arts. 53.°, n.° 2, al. b), 263.° e 267.°), ao qual compete a prática de actos de investigação e de recolha de provas, só ele tem a noção real da situação de facto e da necessidade, ou não, de aplicar uma medida de coacção ao arguido. Porém, conforme resulta da actual redacção do **n.° 3**, do art. 219.°, inserido no CPP pela Lei n.° 48/2007, de 29.08, a decisão que indeferir a aplicação as medidas de coacção é irrecorrível.

Não podemos olvidar que o juiz de instrução criminal só pode actuar na fase do inquérito quando aí se tenham que praticar actos necessários à salvaguarda dos direitos, liberdades e garantias do arguido e de outras matérias que a lei reserva ao juiz. Na realidade, o juiz de instrução, na fase do inquérito, "não controla o exercício da acção penal mas é um garante de liberdades, avalia judicialmente as iniciativas do Ministério Público que atingem as liberdades fundamentais do indivíduo visado pelo inquérito, quer dizer a liberdade pessoal e patrimonial..."[28].

---

[25] Cfr. os arts. 196.°, n.° 1, 268.°, n.° 1, al. b) *in fine* e 382.°, **n.° 3**.

Os órgãos de polícia criminal são *todas as entidades e agentes policiais a quem caiba levar a cabo quaisquer actos ordenados por uma autoridade judiciária ou determinados pelo CPP* (cfr. a al. c), do art. 1.°).

[26] O juiz deve decidir no prazo máximo de 24 horas, com base na informação que, conjuntamente com o requerimento, lhe for prestada, dispensando a apresentação dos autos sempre que a não considerar imprescindível (cfr. o n.° 4, do art. 268.°).

[27] Paralelamente, dispõe o n.° 1, do art. 3.°, da Lei n.° 122/99, de 20 de Agosto, quanto à decisão de utilização de meios de vigilância electrónica.

[28] *Vide* PAULO DÁ MESQUITA *in* "Direcção do Inquérito...", p. 177.

I – A competência do Juiz de Instrução durante a fase de inquérito – presidida pelo

26   *As Medidas de Coacção e de Garantia Patrimonial*

Concomitantemente, estando em causa a obtenção de prova através de escutas telefónicas, o novo **n.º 7**, do art. 188.º, introduzido no texto legal pela Lei n.º 48/2007, de 29.08, prevê que durante o inquérito, o juiz determina, a requerimento do MP, a transcrição e junção aos autos das conversações e comunicações[29] indispensáveis para fundamentar a aplicação de medidas de coacção (com excepção do TIR) e de garantia patrimonial.

De realçar que a violação desta condição determina a nulidade do acto, nos termos do art. 190.º.

Na fase do inquérito, ao abrigo do n.º 2, do art. 268.º, para além do MP, também a autoridade de polícia criminal[30], em caso de urgência ou de perigo na demora, pode requerer ao juiz de instrução a aplicação de uma medida de coacção ou de garantia patrimonial.

Atenta a sua posição e atribuições processuais, também o assistente poderá sugerir, através de requerimento assinado pelo seu advogado, a aplicação de tais medidas (cfr. os arts. 69.º, 70.º, n.º 1, 1ª parte, 98.º, n.º 2 e 268.º, n.ºs 1, al. b) e 2).

Aliás, tratando-se da defesa do seu direito à indemnização, o assistente (neste caso quando coincida com a figura do lesado) tem todo o interesse em requerer que o arguido ou o civilmente responsável prestem caução económica, a qual é uma medida de garantia patrimonial (cfr. o n.º 2, do art. 227.º).

Importa ainda salientar que, na sequência das alterações introduzidas no CPP pela referida Lei n.º 48/2007, o legislador deu por

---

Ministério Público – está reservada para actos que interferem com direitos fundamentais e outras matérias que a lei reserva ao juiz, obedecendo a um quadro de intervenção tipificada, em que o Juiz é completamente alheio à estratégia investigatória delineada pelo MP, não exercendo qualquer controlo sobre o exercício da acção penal. Este é o reflexo da estrutura acusatória do nosso sistema processual penal; II – (...).

(Ac. da RL, de 17.10.2007 in www.dgsi.pt (Proc. n.º 6918/2007-3))

[29] Este regime é correspondentemente aplicável às conversações ou comunicações transmitidas por qualquer meio técnico diferente do telefone, designadamente correio electrónico ou outras formas de transmissão de dados por via telemática, mesmo que se encontrem guardadas em suporte digital, e à intercepção das comunicações entre presentes (cfr. o **n.º 1**, do art. 189.º).

[30] Em virtude do disposto na al. d), do art. 1.º, considera-se autoridade de polícia criminal os *directores, oficiais, inspectores e subinspectores de polícia e todos os funcionários policiais a quem as leis respectivas reconhecerem aquela qualificação.*

Introdução 27

encerrada uma questão outrora bastante discutida na nossa doutrina[31], transpondo para a lei o entendimento dominante, de acordo com o qual, durante a fase do inquérito, o juiz de instrução não pode aplicar medida de coacção ou de garantia patrimonial mais grave que a requerida pelo MP, sob pena de nulidade[32] (cfr. o **n.° 2**, do art. 194.°).

Refira-se que tal nulidade, não se encontrando expressamente prevista como insanável no art. 119.°, configura uma nulidade dependente de arguição pelos interessados (cfr. os arts. 118.° e 120.°).

Não obstante, fundamentadamente, é permitido ao juiz de instrução, durante a fase processual de inquérito, aplicar medida de coacção diversa da requerida pelo MP, desde que a mesma seja menos gravosa para o arguido. Nesse caso, ou seja, se o juiz aplicar medida de coacção inferior à requerida pelo MP, a decisão judicial é irrecorrível, de acordo com a nova redacção do **n.° 3**, do art. 219.° (o mesmo se diga da decisão de não aplicação de qualquer medida de coacção).

ii) Durante a fase da instrução, a competência recai sobre o *juiz de instrução criminal* (cfr. o n.° 2, do art. 290.°), mesmo oficiosamente (neste caso ouvido o MP);

iii) Durante a fase do julgamento, a competência é do *juiz de julgamento* (cfr. os arts. 322.° e 323.°), mesmo oficiosamente (também ouvido o MP).

Na fase do julgamento as medidas de coacção podem ser aplicadas, *v. g.*, nas situações referidas nos arts. 336.° (*Caducidade da declaração de contumácia*), **n.° 2** e 375.° (*Sentença condenatória*), n.° 4.

Acrescente-se ainda a possibilidade do STJ aplicar medidas de coacção ou de garantia patrimonial, designadamente, na situação prevista no n.° 2, do art. 473.° (*Suspensão da execução*).

A falta de audição do MP durante as fases da instrução e do julgamento constitui uma irregularidade (cfr. os arts. 118.°, n.° 2 e 123.°)[33].

---

[31] Sobre esta temática *vide*, entre outros, GERMANO MARQUES DA SILVA *in* "Curso...", Vol. II, ps. 275/276; DAVID CATANA *in* "Apontamentos...", Vol. II, p. 96; PAULO DÁ MESQUITA *in* "Direcção do Inquérito...", p. 193 e ODETE MARIA DE OLIVEIRA *in* "Jornadas de Direito Processual – O Novo...", p. 171.

[32] Neste sentido pugnavam, designadamente, o Ac. da RL, de 06.06.2006 *in* CJ, Ano XXXI, Tomo III, p. 141 e o Ac. da RE, de 05.07.2005 *in* CJ, Ano XXX, Tomo IV, p. 275.

[33] Todavia, há quem entenda que tal falta gera uma nulidade insanável, nos termos

28 *As Medidas de Coacção e de Garantia Patrimonial*

Tratando-se especificamente de medida de garantia patrimonial, para além do MP, também o lesado que haja deduzido pedido de indemnização civil pode requerer que o arguido (ou o civilmente responsável) prestem caução económica ou que seja decretado o arresto preventivo (cfr. os arts. 227.°, n.° 2 e 228.°, n.° 1). Salientemos, no entanto, que, ao contrário do que se verifica com a aplicação de medidas de coacção, o juiz não pode promover oficiosamente medidas de garantia patrimonial (mesmo nas fases processuais posteriores ao inquérito).

As medidas de coacção ou de garantia patrimonial ordenadas pelo tribunal declarado incompetente conservam a sua eficácia mesmo após a declaração de incompetência, mas devem, no mais breve prazo, ser convalidadas ou infirmadas pelo tribunal competente (cfr. o n.° 3, do art. 33.°[34]). Cfr., ainda, os arts. 36.° (*Resolução do conflito*), **n.° 4**, 38.° (*Apreciação e decisão*), **n.° 2**, parte final e 142.° (*Juiz de instrução competente*).

A aplicação de medidas de coacção e de garantia patrimonial por entidade sem competência para esse efeito torna o acto inexistente, podendo o arguido exercer o direito de resistência, nos termos do art. 21.°, da CRP.

O arguido pode reagir à aplicação de uma medida de coacção que lhe tenha sido imposta da seguinte forma: requerendo a sua revogação ou substituição (cfr. os arts. 212.° e 213.°), recorrendo dessa decisão (cfr. o art. 219.°) ou, tratando-se de prisão preventiva, através da providência de *habeas corpus* (cfr. o art. 31.°, da CRP e os arts. 222.° e 223.°).

Se a medida aplicada for de garantia patrimonial a impugnação deve ser feita através do recurso (cfr. a al. c), do **n.° 2**, do art. 407.°).

Jurisprudência

Na fase de inquérito, o Juiz de Instrução não pode aplicar medida mais grave do que a promovida pelo Ministério Público nem determinar uma forma mais penosa do respectivo cumprimento.

(Ac. da RE, de 05.07.2005 *in* CJ, Ano XXX, Tomo IV, p. 275)

---

da al. b), do art. 119.° (neste sentido, *vide* a doutrina citada por AUGUSTO TOLDA PINTO *in* "A Tramitação...", p. 436, nota n.° 487).

[34] A violação das regras de competência do tribunal constitui nulidade insanável, nos termos da al. e), do art. 119.°.

Introdução 29

O cidadão estrangeiro detido por se encontrar em situação ilegal deve, obrigatoriamente, ser interrogado pelo juiz a que seja apresentado, para validação da detenção e aplicação da medida de coacção, se for caso disso.
(Ac. da RL, de 23.09.2004 *in* CJ, Ano XXIX, Tomo IV, p. 139)

I – A violação das regras de competência do tribunal constitui nulidade insanável, mas as medidas de coacção ou de garantia patrimonial ordenadas pelo tribunal competente conservam eficácia mesmo após a declaração de incompetência;
II – Contudo, tais medidas devem, no mais curto espaço de tempo, ser convalidadas ou infirmadas pelo tribunal competente.
(Ac. da RL, de 17.03.2004 *in* CJ, Ano XXIX, Tomo II, p. 130)

Se um cidadão estrangeiro, detido por permanecer, ilegalmente, em Portugal, não for interrogado pelo juiz, quando lhe seja apresentado para validação da detenção e aplicação de medida de coacção adequada, tal omissão, integra nulidade insanável que afecta a decisão, bem como da medida de coacção aplicada, e da ordem de comparência do CEF.
(Ac. da RL, de 02.03.2004 *in* CJ, Ano XXIX, Tomo II, p. 122)

O cidadão estrangeiro detido, por permanência ilegal, no território nacional, e aquando da sua apresentação ao juiz competente para apreciação da validade da detenção e aplicação de medida de coacção, deve ser sempre submetido a interrogatório judicial.
(Ac. da RL, de 24.09.2003 *in* CJ, Ano XXVIII, Tomo IV, p. 131)

São os tribunais de pequena instância criminal ou, não os havendo, os criminais de comarca, e não os Juízos de instrução criminal, os competentes para validar a detenção de cidadão estrangeiro que tenha entrado e permanecido, irregularmente, em território português e aplicar-lhe eventuais medidas de coacção, com vista a garantir a eficácia do processo de extradição.
(Ac. da RE, de 09.04.2003 *in* CJ, Ano XXVIII, Tomo II, p. 257). No mesmo sentido o Ac. da RE, de 17.06.2003 *in* CJ, Ano XXVIII, Tomo III, p. 263.

2.6. *Oportunidade*

A aplicação de medidas de coacção pode ter lugar no acto de primeiro interrogatório judicial (o qual segue as formalidades previstas no art. 141.º)[35] ou em qualquer outro momento (até ao trânsito em julgado

---

[35] *É obrigatória a submissão a interrogatório judicial de cidadão estrangeiro detido em situação ilegal pelo SEF e ulteriormente apresentado ao Ministério Público, no*

30   *As Medidas de Coacção e de Garantia Patrimonial*

da sentença, condenatória[36] ou absolutória), quando tal se revelar necessário para acautelar as finalidades processuais (cfr. o **n.º 3**, do art. 194.º e o n.º 2, do art. 142.º)[37].

Podemos, contudo, afirmar que o inquérito e a instrução são as fases processuais onde a aplicação das medidas de coacção é mais usual.

As medidas de garantia patrimonial também podem ser requeridas e aplicadas em qualquer momento processual logo que se verifique o fundado receio de que faltem ou diminuam substancialmente as garantias de pagamento das imposições pecuniárias referidas nos n.ºs 1 e 2, do art. 227.º.

Importa realçar que o regime jurídico atinente ao interrogatório do arguido sofreu múltiplas alterações por força da Lei n.º 48/2007, de 29 de Agosto, sendo, desde logo, de destacar a obrigatoriedade de assistência de defensor[38] nos interrogatórios de arguido detido ou preso (cfr. a **al. a)**, do n.º 1, do art. 64.º).

Para além disso, durante o interrogatório judicial, o arguido e o seu defensor podem consultar[39] os elementos do processo determinantes da aplicação da medida de coacção e de garantia patrimonial (à excepção do TIR). É o que resulta do actual **n.º 6**, do art. 194.º, aditado pela Lei n.º 48/2007.

Outra novidade a ter em conta prende-se com o período de tempo durante o qual é permitido realizar o interrogatório do arguido.

Assim, no regime vigente, o interrogatório não pode ser efectuado entre as 0 e as 7 horas, salvo em acto seguido à detenção[40]:

---

caso de este não determinar a libertação do detido, mas em que requeira a realização de interrogatório nos termos do art. 117.º, n.º 1, do RJE, tendo em vista a aplicação de uma medida de coacção.

(Ac. da RL, de 12.10.2006 *in* CJ, Ano XXXI, Tomo IV, p. 123)

[36] Se a sentença for de condenação, sempre que necessário, o tribunal procede ao reexame da situação do arguido, sujeitando-o às medidas de coacção admissíveis e adequadas às exigências cautelares que o caso requerer (cfr. o n.º 4, do art. 375.º).

[37] O mesmo se diga quanto à revogação e substituição das medidas de coacção (cfr. os arts. 212.º e 213.º).

[38] A ausência do defensor, nos casos em que a lei exige a respectiva comparência, constitui nulidade insanável, ao abrigo da al. c), do art. 119.º.

[39] O regime jurídico da consulta dos autos encontra-se previsto no art. 89.º.

[40] Até 15.09.2007 (data em que entrou em vigor a Lei n.º 48/2007), o interrogatório do arguido não podia, sob pena de nulidade, ser efectuado entre as 0 e as 6 horas, salvo em acto seguido à detenção.

Introdução 31

– Nos casos de terrorismo, criminalidade violenta ou altamente organizada (cujos conceitos legais constam das actuais **als. i)**, **j)** e **m)**, do art. 1.°), quando haja fundados indícios da prática iminente de crime que ponha em grave risco a vida ou a integridade de qualquer pessoa (cfr., articuladamente, a **al. a)**, **do n.° 3**, do art. 103.° e a **al. a)**, **do n.° 5**, do art. 174.°) ou

– Quando o próprio arguido o solicite (cfr. a **al. b)**, **do n.° 3**, do art. 103.°).

Com o intuito não perturbar a capacidade de memória ou de avaliação por parte do arguido no decorrer do interrogatório, deve este ter a duração máxima de 4 horas, podendo ser retomado, em cada dia, por uma só vez e idêntico prazo máximo, após um intervalo mínimo de 60 minutos (cfr. o **n.° 4**, do art. 103.° e a al. b), do n.° 2, do art. 126.°).

O desrespeito pelos limites temporais acima enunciados tem como consequência a nulidade das declarações prestadas pelo arguido (das declarações prestadas para além desses limites), não podendo ser utilizadas como prova (cfr. o **n.° 5**, do art. 103.°).

Quanto ao dever de comunicação ao arguido do respectivo interrogatório, na fase de inquérito, cfr. os n.ºs 2 a 4, do art. 272.°.

2.7. *Prévia audição do arguido*

A Lei n.° 48/2007, de 29 de Agosto, também provocou alterações no regime da audição do arguido, em momento anterior à aplicação de uma medida de coacção ou de garantia patrimonial.

Em homenagem às garantias de defesa, designadamente, ao respeito pelo princípio do contraditório (cfr. o art. 32.°, n.° 5, 2ª parte, da CRP, art. 61.°, n.° 1, al. b) e 3.°, do CPC), a aplicação de medidas de coacção e de garantia patrimonial deve ser precedida de audição do arguido[41], ressalvados os casos de impossibilidade devidamente fundamentada (cfr. os arts. 194.°, **n.° 3** e 97.°, **n.° 5** e o art. 205.°, n.° 1.°, da CRP, estes últimos, a propósito do dever de fundamentação das decisões).

---

[41] E do responsável civil, quando for requerida medida de garantia patrimonial contra ele.

Diga-se, no entanto, que o arresto preventivo deve ser decretado *sem audiência da parte contrária* (art. 408.°, n.° 1, do CPC *ex vi* art. 228.°, n.° 1, 1ª parte).

32   *As Medidas de Coacção e de Garantia Patrimonial*

Na versão anterior à Lei n.º 48/2007, a audição do arguido não revestia de carácter obrigatório, só devendo realizar-se sempre que tal fosse possível e conveniente, de acordo com o prudente arbítrio do juiz.

Essa conveniência, à luz do regime anterior, *devia aferir-se em razão da finalidade processual que se pretendia acautelar*[42] (podendo suceder que, na situação concreta, a prévia audição do arguido viesse a prejudicar tal cautela).

Não se pode obliterar que o arguido goza, entre outros, dos direitos de estar presente nos actos processuais que directamente lhe disserem respeito, bem como de ser ouvido pelo tribunal ou pelo juiz de instrução sempre que eles devam tomar qualquer decisão que pessoalmente o afecte (cfr. as als. a) e b), do n.º 1, do art. 61.º).

Em resultado da reforma do CPP, decorrente da Lei n.º 48/2007, durante a prévia audição, o juiz hoje deve sempre prestar ao arguido as seguintes informações (art. 141.º, **n.º 4** *ex vi* art. 194.º, **n.º 3**, parte final):

    – <u>Dos direitos que lhe assistem, os quais se encontram elencados, em termos gerais, no n.º 1, do art. 61.º, explicando-lhos se isso for necessário;</u>
    – <u>Dos motivos da detenção;</u>
    – <u>Dos factos que lhe são concretamente imputados, incluindo, sempre que forem conhecidas, as circunstâncias de tempo, lugar e modo</u> (note-se que, no mesmo sentido, mas em termos gerais, pugna a nova **al. c),** do **n.º 1**, do art. 61.º, ao estipular que o arguido goza do direito de ser <u>informado dos factos que lhe são imputados antes de prestar declarações perante qualquer entidade);</u> e
    – <u>Dos elementos do processo que indiciam os factos imputados, sempre que a sua comunicação não puser em causa a investigação, não dificultar a descoberta da verdade nem criar perigo para a vida, a integridade física ou psíquica ou a liberdade dos participantes processuais ou das vítimas do crime.</u>

Importa sublinhar que os *elementos* ou *factos do processo* que não tiverem sido comunicados ao arguido, durante a sua prévia audição, <u>não podem ser considerados para fundamentar a aplicação ao arguido de</u>

---

[42] Cfr. o Ac. da RE, de 04.04.2000 *in* CJ, Ano XXV, Tomo II, p. 285.

Introdução 33

medida de coacção (à excepção do TIR) ou de garantia patrimonial (cfr. o **n.º 5**, do art. 194.º).

Ou seja, o juiz, quando decide aplicar uma das medidas em apreço tem, obrigatoriamente, que fundamentar a sua decisão em factos ou elementos previamente comunicados ao arguido durante a audição.

No entanto, de forma a não prejudicar a finalidade e o objecto do processo penal, o legislador exlui os casos em que tal comunicação ponha gravemente em causa a investigação, impossibilite a descoberta da verdade ou crie perigo para a vida, a integridade física ou psíquica ou a liberdade dos participantes processuais ou das vítimas do crime (cfr., articuladamente, os **n.ᵒˢ 5, 3** e **4, al. b)**, do art. 194.º).

A audição prévia do arguido é uma regra a observar, não só aquando da aplicação de medidas de coacção e de garantia patrimonial, como também, de harmonia com o **n.º 4**, do art. 212.º, quando se procede à revogação e substituição dessas medidas (nestes casos, também com a ressalva da impossibilidade devidamente fundamentada).

Uma vez que estamos perante um acto processual legalmente obrigatório, a aplicação de medida de coacção ou de caução económica em violação do princípio da audição prévia padece da nulidade prevista no art. 120.º, n.º 2, al. **d)**[43].

Jurisprudência

I – Sempre que o Juiz, ao aplicar uma medida de coacção e de garantia patrimonial, não deu ao arguido a possibilidade de se pronunciar a tal respeito, deve fundamentar, com base nos conceitos de possibilidade e conveniência, porque não procedeu à sua audição prévia;

II – A não audição prévia do arguido sobre a matéria de medida de coacção patrimonial aplicada e a não fundamentação das razões dessa não audição consubstanciam uma irregularidade processual, a arguir nos três dias seguintes a contar da notificação do despacho que a tenha decretado, de harmonia com o disposto no art. 123.º do CPP.

(Ac. da RC, de 27.10.2004 *in* CJ, Ano XXIX, Tomo IV, p. 50)

I – A audição do arguido sobre a aplicação de uma medida de coacção não é obrigatória;

---

[43] *Vide* P. Pinto de Albuquerque *in* "Comentário do Código...", p. 522.

II – Essa audição será mesmo inútil se foi o próprio arguido quem reque-
reu a revogação ou a substituição da medida aplicada.
(Ac. da RC, de 29.03.2000 *in* CJ, Ano XXV, Tomo II, p. 53)

I – O juiz, antes de aplicar uma medida de coacção ao arguido, ouvi-lo-á,
mas só se entender que essa audição é conveniente;
II – Por isso, não se comete qualquer irregularidade, se o juiz aplicar a
medida de cocção sem previamente ouvir o arguido;
III – Mas, mesmo que se entenda que essa audição prévia é obrigatória,
a falta de audição constitui mera irregularidade que, se não for arguida de ime-
diato, fica sanada.
(Ac. da RP, de 05.01.2000 *in* CJ, Ano XXV, Tomo I, p. 229)

I – O arguido tem que ser notificado para estar presente na diligência onde
deva decidir-se o pedido de prestação de caução económica e ouvido, a fim de se
pronunciar sobre o objecto da diligência;
II – O despacho que, com omissão de tais formalidades impôs ao arguido a
obrigação de prestar caução económica, é nulo, como nula é a diligência em que
o mesmo foi proferido.
(Ac. da RP, de 10.02.1999 *in* CJ, Ano XXIV, Tomo I, p. 240)

2.8. *Fundamentação do despacho de aplicação*

Como bem ensina GERMANO MARQUES DA SILVA *in* "Curso…", Vol. II, p. 278, a fundamentação do despacho de aplicação das medidas aqui em análise "permite o controlo da actividade jurisdicional, por uma parte, e serve para convencer da sua correcção e justiça, por outra parte. A exigência de fundamentação actua também como meio de autocontrolo do próprio juiz, pela necessidade de justificar a ocorrência das condições legais de aplicação da medida.".

Com a entrada em vigor da Lei n.º 48/2007, de 29 de Agosto, verificou-se um reforço das exigências dos elementos que devem fazer parte da fundamentação do despacho que aplicar uma medida de coacção ou de garantia patrimonial.

Em conformidade com o novo texto inserido no **n.º 4**, do art. 194.º, com excepção do TIR (cfr. o art. 196.º), essa fundamentação deve conter os elementos seguintes:

Introdução 35

a) A descrição dos factos concretamente imputados ao arguido, incluindo, sempre que forem conhecidas, as circunstâncias de tempo, lugar e modo;

b) A enunciação dos elementos do processo que indiciam os factos imputados (o que releva sobretudo no âmbito do direito de defesa do arguido, cfr. o art. 97.º, **n.º 5** e o art. 205.º, n.º 1, da CRP). Refira-se que é fundamental que a comunicação desses elementos não coloque gravemente em causa a investigação, impossibilite a descoberta da verdade ou crie perigo para a vida, a integridade física ou psíquica ou a liberdade dos participantes processuais ou das vítimas do crime;

c) A qualificação jurídica dos factos imputados;

d) A referência aos factos concretos que preenchem os pressupostos de aplicação da medida, incluindo os previstos nos arts. 193.º (relativo aos princípios da necessidade, adequação e proporcionalidade) e 204.º (quanto aos requisitos gerais de aplicação das medidas de coacção).

Destaque-se que o legislador comina de nulidade a falta dos elementos da fundamentação acima enunciados, nulidade essa dependente de arguição dentro do prazo estabelecido na al. c), do n.º 3, do art. 120.º[44]. Cfr., sobre essa matéria, os arts. 118.º e segs..

Ainda em virtude das inovações introduzidas no CPP pela Lei n.º 48/ /2007, só podem ser considerados para fundamentar a aplicação ao arguido[45] de medida de coacção (à excepção do TIR) ou de garantia patrimonial, quaisquer factos ou elementos do processo que lhe tenham sido comunicados pelo juiz durante a prévia audição[46] (cfr. o **n.º 5**, do art. 194.º).

Todavia, a lei ressalva a possibilidade de o juiz poder mencionar na fundamentação do despacho de aplicação das medidas em causa *factos* ou *elementos do processo* que não tenham sido previamente comunicados ao

---

[44] *Vide* MAIA GONÇALVES *in* "Código de Processo...", p. 446, anot. 2.

[45] Ou ao civilmente responsável, tratando-se de medida de garantia patrimonial.

[46] Conforme já se disse, ao abrigo do **n.º 3**, do art. 194.º, a aplicação de medidas de coacção e de garantia patrimonial é, em regra, precedida de audição do arguido (ressalvados os casos de impossibilidade devidamente fundamentada) devendo, nesse momento, o juiz prestar ao arguido as informações constantes do actual **n.º 4**, do art. 141.º.

36 As Medidas de Coacção e de Garantia Patrimonial

arguido durante a sua audição: sempre que tal comunicação puser gravemente em causa a investigação, impossibilite a descoberta da verdade ou
crie perigo para a vida, a integridade física ou psíquica ou a liberdade dos
participantes processuais ou das vítimas do crime (cfr., articuladamente, a
al. b), do **n.º 4**, e o **n.º 5**, ambos do art. 194.º).

O juiz de instrução criminal pode determinar, durante o inquérito,
a requerimento do MP, a transcrição e junção aos autos das conversações
e comunicações indispensáveis para fundamentar a aplicação de medidas
de coacção ou de garantia patrimonial, à excepção do TIR (cfr. o **n.º 7**, do
art. 188.º).

O Ac. da RL, de 18.12.2007 *in* www.dgsi.pt (Proc. n.º 8853/2007-5)
acrescenta que tal requerimento não tem que *ser cumulativo com a promoção para a aplicação de uma medida de coacção*.

Por imposição do actual **n.º 7**, do art. 194.º, do despacho de aplicação de medidas de coacção e de garantia patrimonial deve ainda constar
a advertência das consequências do incumprimento das obrigações impostas[47] (quais sejam, no âmbito das medidas de coacção, a possibilidade
de o juiz, tendo em conta a gravidade do crime imputado ao arguido e os
motivos da violação, impor outra ou outras das medidas de coacção admissíveis no caso, cfr. o **n.º 1**, do art. 203.º).

2.9. *Notificação do despacho*

A convocação para aplicação de uma medida de coacção ou de garantia patrimonial reveste a forma de notificação, a qual indica a finalidade da
convocação ou comunicação, por transcrição, cópia ou resumo do despacho ou mandado que a tiver ordenado (cfr. a al. d), do n.º 3, do art. 112.º).

O despacho que determina a aplicação de medidas de coacção e de
garantia patrimonial deve ser notificado pessoalmente ao arguido.

Sendo aplicada prisão preventiva, <u>o despacho é comunicado de imediato ao defensor e, sempre que o arguido o pretenda, a parente ou a pessoa da sua confiança</u>[48] (cfr. o art. 194.º, **n.º 8** e o art. 28.º, n.º 3, da CRP).

---

[47] Refira-se que já assim era antes da entrada em vigor da Lei n.º 48/2007, de 29.08.

[48] Na versão anterior à Lei n.º 48/2007, de 29.08, tal despacho era, com o consentimento do arguido, de imediato comunicado a parente, a pessoa da sua confiança ou ao
defensor indicado pelo arguido, prescindindo-se de tal consentimento quando o arguido
fosse menor de 18 anos.

Introdução 37

Para além do arguido, deve ainda notificar-se o civilmente responsável, sendo caso disso (cfr. os arts. 227.º, n.º 2 e 228.º), bem como o advogado ou o defensor nomeado (cfr. os arts. 194.º, **n.º 7** *in fine* e 113.º, n.º 9).

Tratando-se de acto em que o arguido esteja presente (*v. g.*, no primeiro interrogatório judicial), a notificação pode efectuar-se de acordo com o disposto na al. a), do n.º 7, do art. 113.º.

As notificações ao advogado ou ao defensor nomeado, quando outra forma não resultar da lei, são feitas nos termos das als. a), b) e c), do n.º 1, do art. 113.º, ou por telecópia (cfr. o n.º 10, do art. 113.º).

Conjuntamente com o despacho que designa dia para a audiência de julgamento, qualquer despacho relativo a medidas de coacção ou de garantia patrimonial, deve ser comunicado aos restantes juízes que fazem parte do tribunal (cfr. o art. 314.º, n.º 2 *in fine*).

Havendo dificuldade em efectuar uma notificação, o funcionário de justiça pode, se for necessário, recorrer à colaboração da força pública, a qual deverá ser requisitada para esse efeito (cfr. o art. 115.º).

Jurisprudência

I – A lei processual civil estabeleceu um regime presumido de recepção das notificações por via postal registada e do modo como a presunção pode ser afastada;

II – O regime referido no item antecedente estrutura-se e desenvolve-se nos momentos seguintes:

a) Estabelecimento de uma dilação de três dias sobre a data do registo da carta, tempo que se considerou conferir uma margem de segurança suficiente para um eventual atraso nos serviços do correio;

b) Constatado o facto-base – a expedição da carta sob registo dirigida ao notificando –, fica assente, por presunção juris tantum, *o facto desconhecido de a carta ter sido entregue ao notificando no terceiro dia posterior ao do registo ou no primeiro dia útil seguinte;*

c) A presunção só pode ser ilidida pelo notificado pela prova de que a carta de notificação não lhe foi entregue ou o foi em dia posterior à presumida por razões que lhe não sejam imputáveis.

III – Na confrontação deste regime com o estabelecido na lei processual penal – n.º 2 do artigo 113.º (na redacção dada pelo Decreto-Lei n.º 320-C/2000, de 15.12 – constata-se que enquanto na lei processual civil a contagem do prazo se presume efectuada no terceiro dia posterior ao registo, o legislador processual penal estabeleceu uma presunção ilidível para a notificação por carta registada, qual seja a de que foi efectuada no 3.° dia útil posterior ao do envio, ou seja, no terceiro dos três dias úteis posteriores ao registo;

IV – Para o caso da notificação por via postal simples, o n.° 3 do artigo 113.° fixou uma data concreta: a da declaração de depósito da carta na caixa do correio do notificando, a que aditou um prazo contínuo de 5 dias, considerando-se a notificação efectuada no 5.° dia posterior à data do depósito;

V – Não estabelecendo o Código de Processo Penal nenhum regime específico que indique ao intérprete em que circunstâncias pode ser ilidida a presunção a que alude o n.°2 do artigo 113.° deve ser entendido que rege para o efeito o regime de subsidiariedade estabelecido no artigo 4.° do Código de Processo Penal e, portanto, a presunção aí estabelecida só poderá ilidida a pedido do notificado e no seu interesse.

(Ac. da RC, de 09.04.2008 *in* www.dgsi.pt (Proc. n.° 206/06.9TACDN-A.C1))

A previsão do artigo 113.°, n.° 9 do Código de Processo Penal, devidamente conjugado com a letra e espírito do artigo 6.°, n.° 3, al. a) da Convenção Europeia dos Direitos do Homem, exigem, no caso de arguido que não entenda a língua portuguesa, que sejam devidamente traduzidas as notificações respeitantes à acusação, à decisão instrutória, à designação de dia para julgamento e à sentença, bem como as relativas à aplicação de medidas de coacção e de garantia patrimonial e à dedução do pedido de indemnização civil.

(Ac. da RE, de 01.04.2008 *in* www.dgsi.pt (Proc. n.° 331/08-1))

I – A menos que se verifique o condicionalismo do n.° 8 do art. 113.° do C.P.P., a convocação do arguido para comparecer a qualquer diligência, nomeadamente, interrogatório, declarações, debate instrutório, audiência ou aplicação de medida de coacção ou de garantia patrimonial, tem de respeitar as regras da notificação pessoal constantes do n.° 1 daquele preceito;

II – (...).

(Ac. da RL, de 20.05.2003 *in* CJ, Ano XXVIII, Tomo III, p. 130)

3. Publicidade e Consulta dos Autos

Um dos aspectos mais relevantes que sobressai da reforma do CPP, introduzida pela Lei n.° 48/2007, de 29 de Agosto, prende-se com a *libertação* do segredo de justiça da fase do inquérito (fase processual onde, normalmente, são aplicadas medidas de coacção, cfr. o **n.° 3**, do art. 194.°).

Introdução 39

Com efeito, o processo penal passou, sob pena de nulidade, a ser público, *ressalvadas as excepções previstas na lei* (cfr. o **n.º 1**, do art. 86.º)[49].

A publicidade do processo penal tem como principal objectivo evitar a desconfiança da comunidade quanto à realização da justiça.

Como corolários do princípio da publicidade são de destacar os seguintes direitos, consagrados no actual **n.º 6**, do art. 86.º:

a) Assistência, pelo público em geral, à realização dos actos processuais (cfr. o art. 87.º);

b) Narração dos actos processuais, ou reprodução dos seus termos, pelos meios de comunicação social (cfr. o art. 88.º);

c) Consulta do auto e obtenção de cópias, extractos e certidões de quaisquer partes dele (cfr. os arts. 89.º e 90.º).

Cfr. os arts. 106.º (*Custo das certidões, traslados e cópias*) e 110.º (*Pagamento das custas dos actos e diligências avulsos*), ambos do CCJ.

O novo Regulamento das Custas Processuais, aprovado pelo Dec.--Lei n.º 34/2008, de 26 de Fevereiro, entrará em vigor no dia 01.09.2008. Nessa data serão revogados, designadamente, o CCJ, bem como algumas disposições do CPP, relativas à responsabilidade por custas[50].

O art. 9.º, desse RCP, respeitante à fixação das taxas relativas a actos avulsos, dispõe que as taxas devidas pela emissão de certidões, traslados, cópias ou extractos são fixadas nos termos das várias alíneas do seu n.º 3[51].

---

[49] No regime anterior, o processo penal era, sob pena de nulidade, público a partir da decisão instrutória ou, se a instrução não tivesse lugar, do momento em que já não pudesse ser requerida. O então n.º 1, do art. 86.º, acrescentava que o processo podia ainda ser público a partir do recebimento do requerimento para abertura da instrução, se essa fase processual fosse requerida apenas pelo arguido e este, no requerimento, não declarasse que se oponha à publicidade.

[50] Cfr. os arts. 25.º, n.º 2, als. a) e c) e 26.º, ambos da parte preambular desse Dec.--Lei n.º 34/2008, de 26.02.

[51] Cujo teor transcrevemos: a) *Até 25 páginas, o valor a pagar pelo conjunto é de um oitavo de 1 UC;* b) *De 26 até 50 páginas, o valor a pagar pelo conjunto é de um quinto de 1 UC;* c) *Acima de 50 páginas, ao valor referido na alínea anterior é acrescido um quinto de 1 UC por cada conjunto de 50 páginas ou um décimo de 1 UC se não se ultrapassarem as 25 páginas.*

De acrescentar que as certidões, traslados, cópias ou extractos que sejam entregues por via electrónica dão origem ao pagamento de taxa de justiça no valor de um décimo de 1 UC (cfr. o n.º 4, do art. 9.º, do RCP).

40   *As Medidas de Coacção e de Garantia Patrimonial*

Nos termos do n.º 5, ainda do mencionado art. 9.º, do RCP, o custo dos actos avulsos é apurado e pago imediatamente ou no prazo de 10 dias após notificação para o efeito (neste caso, se o interessado não se encontrar presente).

Em regra as alterações às leis do processo e o RCP aplicam-se apenas aos processos iniciados a partir do dia 1 de Setembro de 2008, salvo, entre outros, do art. 9.º, do RCP, que se aplica aos processos pendentes a partir dessa data (cfr. os n.ºs 1 e 5, do art. 27.º (*Aplicação no tempo*), da parte preambular do Dec.-Lei n.º 34/2008).

Não obstante a actual regra da publicidade do processo penal, durante a fase do inquérito, <u>o juiz de instrução pode determinar a sujeição do processo a segredo de justiça</u>:

    – <u>Mediante requerimento do arguido, do assistente ou do ofendido (e ouvido o MP), quando entenda que a publicidade *prejudica os direitos daqueles sujeitos ou participantes processuais*. Neste caso, o despacho do juiz é irrecorrível</u> (cfr. o **n.º 2**, do art. 86.º);

    – <u>Validando, no prazo máximo de 72 horas, a decisão do MP em sujeitar o processo a segredo de justiça por entender que os interesses da investigação ou os direitos dos sujeitos processuais o justificam). Neste caso, o MP, oficiosamente ou mediante requerimento do arguido, do assistente ou do ofendido, pode determinar o seu levantamento em qualquer momento do inquérito</u>[52] (cfr. os **n.ºs 3 e 4**, do art. 86.º).

Reportando-se ao acesso ao direito e tutela jurisdicional efectiva, o n.º 3, do art. 20.º, da CRP, estipula que a *lei define e assegura a adequada protecção do segredo de justiça*.

O crime de violação de segredo de justiça encontra-se previsto no art. 371.º, do CP (alterado pela Lei n.º 59/2007, de 4 de Setembro).

Conforme já referimos, a publicidade do processo implica, entre outros, o direito de consulta dos autos e obtenção de cópias, extractos e certidões de quaisquer partes dele (cfr. a al. c), do **n.º 6**, do art. 86.º).

---

[52] Refira-se, no entanto, que, <u>no caso de o arguido, o assistente ou o ofendido requererem o levantamento do segredo de justiça, mas o MP não o determinar, os autos são remetidos ao juiz de instrução para decisão, por despacho irrecorrível</u> (cfr. o **n.º 5**, do art. 86.º).

Durante o inquérito, o arguido, o assistente, o ofendido, o lesado e o responsável civil podem consultar, mediante requerimento, o processo ou elementos dele constantes[53], bem como obter os correspondentes extractos, cópias ou certidões, salvo quando, tratando-se de processo que se encontre em segredo de justiça, o MP a isso se opuser[54] por considerar, fundamentadamente, que pode prejudicar a investigação ou os direitos dos participantes processuais ou das vítimas (cfr. o **n.º 1**, do art. 89.º).

Portanto, actualmente, não se observando tal condicionalismo, o arguido e o seu defensor podem aceder, sem restrições, aos autos, durante a fase do inquérito[55].

Todavia, quando é aplicada ao arguido uma medida de coacção ou de garantia patrimonial, o acesso aos autos está sujeito a certas condições, quais sejam: que a consulta dos elementos do processo determinantes da aplicação de uma dessas medidas (à excepção do TIR) não coloque gravemente em causa a investigação, não impossibilite a descoberta da verdade ou crie perigo para a vida, a integridade física ou psíquica ou a liberdade dos participantes processuais ou das vítimas do crime.

Não se observando essa restrição, a consulta dos elementos do processo, por parte do arguido[56], nos termos enunciados, pode realizar-se

---

[53] Para esse efeito, os autos ou as partes dos autos a que o arguido, o assistente, o ofendido, o lesado e o responsável civil devam ter acesso são depositados na secretaria, por fotocópia e em avulso, sem prejuízo do andamento do processo, e persistindo para todos o dever de guardar segredo de justiça (cfr. o **n.º 3**, do art. 89.º).

[54] Se o MP se opuser à consulta ou à obtenção dos elementos, o requerimento é presente ao juiz, que decide por despacho irrecorrível (cfr. o **n.º 2**, do art. 89.º).

[55] Até 15.09.2007 (data em que entrou em vigor a Lei n.º 48/2007, de 29.08) a consulta dos autos, durante a fase do inquérito, era realizada com as seguintes limitações: o arguido (entre outros) só podia ter acesso a auto na parte respeitante a declarações prestadas e a requerimento e memoriais por ele apresentados, bem como a diligências de prova a que pudesse assistir ou a questões incidentais a que pudesse intervir, sem prejuízo da possibilidade de a autoridade judiciária poder facultar o acesso a acto ou documento em segredo de justiça, se tal se afigurasse conveniente para o esclarecimento da verdade. Esta regra resultava da articulação dos anteriores arts. 89.º, n.º 2 e 86.º, n.º 5.

Sobre o segredo de justiça e acesso ao processo, no domínio do regime anterior, *vide* FREDERICO DE LACERDA DA COSTA PINTO *in* "Jornadas...", ps. 67 e segs..

[56] Sobre a questão de saber se o arguido, para efeitos de impugnação do despacho que impôs ou manteve uma medida de coacção, durante o inquérito, pode ter acesso aos autos, *vide*, à luz do regime jurídico anterior à Lei n.º 48/2007, de 29.08, MARIA JOÃO ANTUNES *in* "Liber Discipulorum...", ps. 1237 e segs..

42 *As Medidas de Coacção e de Garantia Patrimonial*

durante o interrogatório judicial e no prazo previsto para a interposição de recurso (cfr., articuladamente, os **n.ᵒˢ 6** e **4, al. b)**, do art. 194.°).

Findos os prazos máximos fixados para a duração do inquérito, previstos nos n.ᵒˢ 1 e 2, do art. 276.°[57], o arguido, o assistente e o ofendido podem consultar todos os elementos do processo que se encontre em segredo de justiça a não ser que se verifique o circustancialismo previsto no **n.° 6**, do art. 89.°: o juiz de instrução determinar, a requerimento do MP, que o acesso aos autos seja adiado por um período máximo de 3 meses[58].

De notar que o exame gratuito dos autos fora da secretaria se pode realizar nos termos e condições constantes dos **n.ᵒˢ 4** e **5**, do art. 89.°. A este propósito, cfr., ainda, os arts. 169.° (*Confiança do processo*) e 170.° (*Falta de restituição do processo dentro do prazo*), do CPC.

Nos termos do art. 108.°, do CCJ, pela confiança de processos a quem não seja mandatário constituído pelas partes no processo, magistrado do MP ou não exerça o patrocínio oficioso é devida metade de 1 UC[59].

Jurisprudência

I – Com a entrada em vigor das alterações introduzidas ao Código de Processo Penal pela Lei n.° 48/2007, de 29 de Agosto, não se iniciam novos prazos de duração máxima do inquérito;

II – É correcta a recusa do juiz de instrução de validar a decisão do Ministério Público que determinou a aplicação do segredo de justiça a inquérito iniciado há mais de 15 meses.

(Ac. da RP, de 27.02.2008 *in* www.dgsi.pt (Proc. n.° 0747210))

---

[57] Tais prazos não sofreram alterações com a entrada em vigor da Lei n.° 48/2007, de 29.08.

[58] O prazo de 3 meses pode ser prorrogado, por uma só vez, quando estiver em causa crimes de terrorismo, criminalidade violenta, criminalidade especialmente violenta e criminalidade altamente organizada (cujos conceitos constam das actuais als. i) a m), do art. 1.°), e por um prazo objectivamente indispensável à conclusão da investigação.

[59] Por força do Dec.-Lei n.° 34/2008, de 26 de Fevereiro (aprova o RCP) esse pagamento deixará de ser devido, uma vez que o CCJ será revogado (cfr. a al. a), do n.° 2, do art. 25.°, da parte preambular desse diploma legal) e, por outro lado, o n.° 7, do art. 9.°, do RCP, dispõe que não é devido o pagamento de qualquer taxa para os casos que não se encontram previstos nesse Regulamento.

Introdução 43

I – (…);

II – O despacho que recusar a confiança do processo, tem que ser devidamente fundamentado, e é recorrível;

III – O facto de o arguido poder consultar o processo na secretaria e, bem assim, a circunstância de se tratar de um processo volumoso não são fundamento para recusar o pedido de confiança do processo, feito pelo arguido.
(Ac. da RP, de 09.11.2005 *in* CJ, Ano XXX, Tomo V, p. 214)

Encontrando-se o processo em fase de investigação, ou seja em segredo de justiça, o arguido, e bem assim, o assistente e as partes civis só podem ter acesso a auto na parte respeitante a declarações prestadas e a requerimentos e memoriais por eles apresentados, bem como a diligências de prova a que pudessem assistir ou a questões incidentais em que devessem intervir, para o que essas peças processuais ficam avulsas na secretaria por fotocópia pelo prazo de três dias.
(Ac. da RC, de 28.01.2004 *in* CJ, Ano XXIX, Tomo I, p. 48)

As partes que beneficiem de apoio judiciário, na modalidade de dispensa de pagamento de custas, não têm direito à emissão gratuita de certidões de peças processuais que requeiram.
(Ac. da RL, de 12.06.2003 *in* CJ, Ano XXVIII, Tomo III, p. 138)

Se, na fase de inquérito, o réu pretender impugnar a decisão que lhe tenha imposto a medida de prisão preventiva, só tem direito a consultar as peças processuais que a fundamentaram.
(Ac. da RL, de 20.03.2002 *in* CJ, Ano XXVII, Tomo II, p. 141)

O arguido, que pretenda recorrer da decisão que lhe aplicou a medida de coacção de prisão preventiva, tem direito a que lhe seja facultada cópia das declarações das testemunhas que esse despacho referiu como tendo sido determinantes para afastar a alegação de legítima defesa e para impor tal medida ao arguido.
(Ac. da RP, de 24.01.2001 *in* CJ, Ano XXVI, Tomo I, p. 226)

I – É ao juiz – e não ao M.° P.° – que cabe decidir o pedido de consulta do inquérito, formulado pelo arguido, a quem foi imposta a medida de coacção de prisão preventiva, com vista a impugnar essa medida de coacção;

II – De facto, nessa questão estão em causa direitos fundamentais do arguido, que este se propõe defender.
(Ac. da RP, de 20.12.2000 *in* CJ, Ano XXV, Tomo V, p. 235)

4. Prática de Actos Processuais

Como consideração prévia importa referir que, por força do n.º 5, do art. 20.º, da CRP, *a lei assegura aos cidadãos procedimentos judiciais caracterizados pela celeridade e prioridade, de modo a obter tutela efectiva e em tempo útil contra ameaças ou violações* dos direitos, liberdades e garantias pessoais (os quais constam dos arts. 24.º a 47.º, da CRP).

Destarte, a tutela jurisdicional efectiva cabe ao legislador ordinário, a quem compete concretizar tal imposição constitucional.

Em regra, os actos processuais praticam-se nos dias úteis, às horas de expediente dos serviços de justiça[60] e fora do período de férias judiciais[61], salvo tratando-se de actos processuais urgentes, nomeadamente, os relativos a arguidos detidos ou presos, ou indispensáveis à garantia da liberdade das pessoas (aqui se incluindo os actos relativos a quaisquer medidas de coacção e de garantia patrimonial).

Convém salientar que, dada a especial natureza dos valores em causa (restrição ou privação da liberdade), os prazos relativos a processos nos quais devam praticar-se os actos acima referidos correm em férias (cfr. os arts. 103.º, n.os 1 e 2, al. a) e 104.º, **n.º 2**), por exemplo, o prazo de interposição de recurso por parte de arguido preso preventivamente (cfr. os arts. 219.º e 399.º e segs.).

Devemos, no entanto, ter presente que a pessoa em benefício da qual o prazo for estabelecido pode renunciar ao seu decurso, mediante requerimento endereçado à autoridade judiciária que dirigir a fase do processo a que o acto respeitar, a qual deve despachar em 24 horas (cfr. o n.º 1, do art. 107.º).

O prazo geral para os funcionários de justiça lavrarem os termos do processo (trata-se de actos de expediente da secretaria) e passarem os man-

---

[60] As secretarias funcionam (cfr. os n.os 1, 3 e 4, do art. 122.º, da LOFTJ):
– Nos dias úteis, das 9 horas às 12 horas e 30 minutos e das 13 horas e 30 minutos às 17 horas (encerrando ao público uma hora antes do termo do horário diário) e
– Aos sábados e feriados que não recaiam em domingo, quando seja necessário assegurar serviço urgente, em especial o previsto no CPP e na Organização Tutelar de Menores.

[61] As férias judiciais decorrem de 22 de Dezembro a 3 de Janeiro, do domingo de Ramos à segunda-feira de Páscoa e de 1 a 31 de Agosto (cfr. o art. 12.º, da LOFTJ, com a redacção introduzida pela Lei n.º 42/2005, de 29 de Agosto).

Introdução 45

dados (*v. g.*, de notificação, cfr. os arts. 111.°, n.° 3, al. a) e 112.°, n.° 3) é de 2 dias, a não ser que, nomeadamente, haja arguidos que se encontrem detidos ou presos e esse prazo (de 2 dias) afectar o tempo de privação da liberdade. Neste caso, os actos devem ser praticados imediatamente e têm preferência sobre qualquer outro serviço (cfr. os n.ºs 1 e 2, do art. 106.°).

À contagem dos prazos para a prática de actos processuais aplicam-se as disposições da lei do processo civil (cfr. o n.° 1, do art. 104.°), designadamente, quanto à regra da continuidade dos prazos (cfr. o art. 144.°, do CPC[62]). Cfr., ainda, as regras previstas no art. 279.°, do CC, quanto ao cômputo do termo.

Já se o acto processual for urgente (cfr. as als. a) a e), do n.° 1, do art. 103.°), a regra é a de que correm em férias os prazos relativos a esses processos (cfr. o **n.° 2**, do art. 104.°).

Ao abrigo do actual n.° 1, do art. 150.°, do CPC, com a redacção introduzida pelo Dec.-Lei n.° 303/2007, de 24 de Agosto, *os actos processuais que devam ser praticados por escrito pelas partes são apresentados a juízo preferencialmente por transmissão electrónica de dados, nos termos definidos na portaria prevista no n.° 1, do artigo 138.°-A, valendo como data da prática do acto processual a da respectiva expedição* (cfr., ainda, o regime previsto nos números seguintes do art. 150.°, do CPC)[63].

A aplicabilidade do art. 150.°, do CPC, em processo penal, foi objecto de alguma controvérsia nos nossos tribunais, que viria a dar origem ao Assento do STJ n.° 2/2000 de 07.02.2000, publicado do DR, I Série A, que fixou a seguinte jurisprudência: *O n.° 1 do artigo 150.° do Código de Processo Civil é aplicável em processo penal, por força do artigo 4.° do Código de Processo Penal.*

Acresce que, nos termos da al. f), do n.° 1, do art. 45.°, da Lei n.° 47/ /2007, de 28 de Agosto[64], os profissionais forenses participantes no sis-

---

[62] Nos termos do n.° 1, desta disposição legal, *o prazo processual, estabelecido por lei ou fixado por despacho do juiz, é contínuo, suspendendo-se, no entanto, durante as férias judiciais, salvo se a sua duração for igual ou superior a seis meses ou se tratar de actos a praticar em processos que a lei considere urgentes.*

[63] Conforme dispõe o n.° 4, do art. 143.°, do CPC, que também foi modificado pelo Dec.-Lei n.° 303/2007, de 24.08, os actos processuais podem ser praticados *por transmissão electrónica de dados ou através de telecópia, em qualquer dia e independentemente da hora da abertura e do encerramento dos tribunais.*

Cfr., ainda, a Portaria n.° 114/2008, de 6 de Fevereiro.

[64] Este diploma legal alterou algumas disposições da Lei n.° 34/2004, de 29 de Julho (que aprovou o regime de acesso ao direito e aos tribunais).

46   *As Medidas de Coacção e de Garantia Patrimonial*

tema de acesso ao direito devem utilizar todos os meios electrónicos disponíveis no contacto com os tribunais, designadamente, no que respeita ao envio de peças processuais e requerimentos autónomos[65].

Sobre a prática de actos processuais fora do prazo e respectivas consequências, ver o art. 107.° (*Renúncia ao decurso e prática de acto fora do prazo*); os arts. 145.° (*Modalidades do prazo*), n.os 4 e segs. (note-se que esta norma sofreu alterações substanciais pelo Dec.-Lei n.° 34/2008, de 26 de Fevereiro (aprovou o Regulamento das Custas Processuais) e 146.° (*Justo impedimento*), do CPC.

Conectada com esta questão encontra-se a nova regra relativa à sanção pela prática extemporânea de actos processuais, no âmbito do processo penal.

Com efeito, sem prejuízo do disposto no art. 107.°, à prática extemporânea de actos processuais penais aplica-se o disposto no art. 145.°, n.os 5 a 7, do CPC, com as alterações seguintes: a multa é equivalente a 0,5 UC, 1 UC ou 2 UC, consoante o acto seja praticado no 1.°, 2.° ou 3.° dia (cfr. o novo art. 107.°-A, aditado ao CPP pelo Dec.-Lei n.° 34/2008, de 26.02, que aprovou o RCP[66]).

A decisão de aplicação de medidas de coacção e de garantia patrimonial deve ser notificada ao arguido (e/ou civilmente responsável) e ao advogado ou defensor nomeado. Neste caso, o prazo para a prática de acto processual subsequente conta-se a partir da data da notificação efectuada em último lugar (cfr. o n.° 9, do art. 113.°).

Contudo, o arguido pode sempre (em qualquer fase do processo) apresentar exposições, memoriais e requerimentos (os quais são sempre integrados nos autos), embora não assinados pelo defensor, desde que se contenham dentro do objecto do processo ou tenham por finalidade a salvaguarda dos seus direitos fundamentais (cfr. o n.° 1, do art. 98.°).

Nos casos expressamente previstos, havendo vários arguidos, quando o prazo para a prática de actos subsequentes à notificação termine em dias diferentes, o acto pode ser praticado por todos ou por cada um

---

[65] No mesmo sentido rege o art. 13.° (*Utilização de meios electrónicos*) da Portaria n.° 10/2008, de 3 de Janeiro, que procedeu à regulamentação da Lei n.° 34/2004, de 29.07, na redacção dada pela Lei n.° 47/2007, de 28.08.

[66] Até à entrada em vigor do RCP (que será no dia 01.09.2008), a sanção pela prática extemporânea dos actos resulta do art. 81.°-A, do CCJ. Nessa data o CCJ, entre outros, será revogado.

Introdução 47

deles até ao termo do prazo que começou a correr em último lugar (cfr. o n.º 12, do art. 113.º).

Importa ainda anotar que, por força do já referido Dec.-Lei n.º 34/2008, de 26.02, da nova redacção do n.º 1, do art. 521.º, resulta que à prática de quaisquer actos em processo penal é aplicável o disposto no CPC *quanto à condenação no pagamento de taxa sancionatória excepcional*, a qual se encontra prevista no art. 447.º-B (aditado ao CPC pelo mesmo diploma). Essa taxa é fixada pelo juiz entre 2 UC e 15 UC (art. 10.º, do RCP).

Diga-se, finalmente, que os arts. 521.º, do CPP, 447.º-B, do CPC e o 10.º, do RCP, aplicam-se aos processos pendentes a partir do dia 01.09.2008, data de entrada em vigor do Dec.-Lei n.º 34/2008 (cfr. os n.ºs 3, 4 e 5, do art. 27.º, da parte preambular desse diploma).

Jurisprudência

Nos processos onde haja arguidos presos a urgência imposta à tramitação do processo torna-se genérica, contagiando não apenas os actos praticados ou a praticar pelos arguidos presos ou os actos que a eles respeitem, mas de igual modo os restantes actos a praticar no processo pelos arguidos não presos como também os actos a praticar pelos restantes sujeitos processuais [MP, assistentes, defensor, juiz] e os próprios actos da secretaria.

(Ac. da RC, de 09.04.2008, *in* www.dgsi.pt (Proc. n.º 18/06.0PELRA)

I – A notificação de arguido preso é requisitada ao director do respectivo estabelecimento prisional e feita na pessoa do notificando por funcionário designado para o efeito;

II – Por isso, cometeu-se nulidade insanável se, achando-se o arguido preso, em vez de se requisitar a sua notificação para comparecer na audiência de julgamento, se remeteu aviso postal simples para a residência que, a par do estabelecimento prisional, constava do TIR, o que teve como consequência que ele não comparecesse na primeira sessão de julgamento, na qual foram inquiridas as testemunhas de acusação.

(Ac. da RP, de 02.05.2007 *in* CJ, Ano XXXII, Tomo III, p. 204)

Num processo com arguidos presos, os prazos processuais, estabelecidos para eles, são também aplicáveis aos que, no mesmo processo, não se encontrem naquela situação e aos demais intervenientes nos autos, bem como aos actos do tribunal e da sentença.

(Ac. da RE, de 21.06.2005 *in* CJ, Ano XXX, Tomo III, p. 265)

48 As Medidas de Coacção e de Garantia Patrimonial

I – O prazo para recorrer da decisão final é de 15 dias a contar do depósito da sentença na secretaria, quer o recurso verse apenas matéria de direito, quer verse também matéria de facto;

II – Tal prazo, havendo arguidos presos, corre em férias judiciais;

III – O arguido preso pode, no entanto, renunciar ao benefício de ver correr em férias judicias o prazo para interposição do recurso.

(Ac. da RG, de 01.03.2004 *in* CJ, Ano XXIX, Tomo II, p. 286)

I – Sendo vários os arguidos, todos eles presos preventivamente; estando designada data para o seu julgamento; e vindo um deles, que só foi notificado da acusação quando se lhe notificou a data do julgamento, requerer tempestivamente a abertura da instrução; deve o juiz ordenar a separação de processos quanto a ele, e prosseguir com o julgamento dos restantes;

II – Os arguidos, a quem a acusação foi notificada no momento próprio, não beneficiam da notificação tardia do outro arguido, para o efeito de poderem ainda requerer a abertura da instrução, pois, quanto a eles, o processo tem de considerar-se estabilizado.

(Ac. da RP, de 03.07.2002 *in* CJ, Ano XXVII, Tomo IV, p. 201)

I – Os arguidos presos preventivamente podem prescindir, desde que para o efeito manifestem essa vontade, dos prazos estabelecidos pela lei que impõe uma maior celeridade processual, designadamente aqueles que deveriam correr durante as férias judiciais;

II – Nos casos de renúncia a esse regime de excepção de prazos, que está consagrado essencialmente em benefício dos arguidos presos preventivamente, passa a vigorar o regime regra da contagem dos prazos para actos processuais.

(Ac. do STJ, de 22.05.2002 *in* CJ, Ano X, Tomo II, p. 204)

II – MEDIDAS DE COACÇÃO

1. Regime Comum das Medidas de Coacção

1.1. *Medidas de coacção previstas no CPP*

Conforme referimos no capítulo anterior, existe um conjunto de princípios processuais que devem ser respeitados sempre que o julgador entenda aplicar uma medida de coacção: legalidade, <u>necessidade</u>, adequação, proporcionalidade e subsidiariedade da prisão prisão preventiva e da <u>obrigação de permanência na habitação</u> (cfr. os arts. 191.°, n.° 1, 193.° e o art. 28.°, n.° 2, da CRP).

Assentando nos princípios supra mencionados, as medidas de coacção encontram-se legalmente previstas segundo uma ordem crescente de gravidade, sendo elas:

    – O termo de identidade e residência (cfr. o art. 196.°);
    – A caução (cfr. o art. 197.°);
    – A obrigação de apresentação periódica (cfr. o art. 198.°);
    – A suspensão do exercício de profissão, de função, de actividade e de direitos (cfr. o art. 199.°);
    – A proibição e imposição de condutas (cfr. o art. 200.°);
    – A obrigação de permanência na habitação (cfr. o art. 201.°) e
    – A prisão preventiva (cfr. o art. 202.°).

De realçar que a aplicação de medidas de coacção não tem carácter obrigatório, sendo, outrossim, uma faculdade que assiste ao julgador, em função das exigências processuais que vise acautelar. Nesse sentido, dispõem os arts. 197.°, n.° 1; 198.°, **n.° 1**; 199.°, n.° 1; 200.°, n.° 1, 201.°, **n.° 1** e 202.°, n.° 1, quando estipulam que *o juiz pode impor* as referidas medidas.

50 *As Medidas de Coacção e de Garantia Patrimonial*

Devemos, no entanto, ressalvar o termo de identidade e residência, uma vez que se trata da única medida de coacção que é sempre aplicada logo que o agente assuma a qualidade de arguido (cfr. os arts. 196.° e 61.°, n.° 3, al. c)).

Convém precisar que, ao abrigo do disposto no n.° 2, do art. 191.°, não se considera medida de coacção a obrigação de identificação perante a autoridade competente, nos termos e com os efeitos previstos no art. 250.°, o qual se refere à identificação de suspeito e pedido de informações.

Aliás, o art. 250.° encontra-se inserido no CPP no capítulo relativo às medidas cautelares e de polícia as quais têm em vista "acautelar a obtenção de meios de prova, que sem elas poderiam perder-se, mediante uma tomada imediata de providências pelos órgãos de polícia criminal, mesmo sem prévia autorização da autoridade judiciária competente, e isto pelo carácter urgente das diligências a praticar ou pela natureza perecível dos meios de prova a recolher."[67]

Ainda atinente ao citado art. 250.°, *vide* o Parecer do Conselho Consultivo da Procuradoria Geral da República n.° 1/2008 *in* DR, n.° 8, II Série de 11.01.2008 juntamente com a respectiva Rectificação n.° 198/ /2008 *in* DR, II Série de 06.02.2008.

1.2. *Requisitos gerais de aplicação*

A decisão de imposição de medidas de coacção tem, necessariamente, como finalidade, não a punição do arguido, mas antes evitar ou travar a ocorrência de alguma ou algumas das circunstâncias discriminadas no art. 204.° (portanto, ao juiz é exigível ter o domínio da factualidade que as demonstre[68]).

Com efeito, é a existência, em concreto, de qualquer dos perigos enunciados no art. 204°, e não a gravidade do crime indiciariamente cometido, que fundamenta a imposição de medidas de coacção[69].

---

[67] *Vide* MAIA GONÇALVES *in* "Código de Processo...", p. 549, anot. 2.

[68] Concomitantemente, a **al. d)**, do **n.° 4**, do art. 194.°, sufraga que a fundamentação do despacho que aplicar qualquer medida de coacção (à excepção do TIR), contém, sob pena de nulidade, designadamente, a referência aos factos concretos que preenchem os pressupostos de aplicação da medida, incluindo os previstos nos arts. 193.° e 204.°.

[69] Neste sentido *vide*, entre outros, o Ac. da RE, de 18.04.2006 *in* www.dgsi.pt (Proc. n.° 617/06-1) e o Ac. da RL, de 08.06.2005 *in* www.dgsi.pt (Proc. N.° 4753/2005-3)).

Medidas de Coacção 51

Os requisitos gerais de aplicação das medidas de coacção (com excepção do TIR) têm subjacentes interesses de ordem pública.

De acordo com o art. 204.°, nenhuma medida de coacção, à excepção do termo de identidade e residência (cfr. o art. 196.°), pode ser aplicada se, em concreto, se não verificar um dos seguintes requisitos (tais requisitos ou condições são alternativos bastando que se verifique qualquer um deles), no momento da aplicação da medida:

a) Fuga ou perigo de fuga (por forma a garantir a presença do arguido nos actos processuais a que deva comparecer, bem como a própria exequibilidade da decisão final[70]). De acordo com o entendimento de M. SIMAS SANTOS/M. LEAL HENRIQUES *in* "Código de Processo...", Vol. I, p. 1004, "Uma anterior *fuga* do arguido é sintoma de que eventualmente poderá ocorrer nova fuga, justificando-se assim a aplicação de uma medida de coacção...";

b) Perigo de perturbação do decurso do inquérito ou da instrução do processo e, nomeadamente, perigo para a aquisição, conservação ou veracidade da prova (neste caso pretende-se evitar, por exemplo, que o arguido destrua provas que são essenciais para o processo[71]).

De realçar que a expressão *instrução do processo* deve ser entendida num sentido amplo, englobando não só a fase processual da instrução (cfr. os arts. 286.° e segs.), como também "toda actividade instrutória (=recolha e produção de prova no processo), quer decorra na fase do inquérito, quer no julgamento, quer nos recursos.", GERMANO MARQUES DA SILVA *in* "Curso...", Vol. II, p. 266; ou

c) Perigo, em razão da natureza e das circunstâncias do crime ou da personalidade do arguido, de que este continue com a actividade criminosa ou perturbe gravemente a ordem e a tranquilidade públicas.

---

[70] Por força nas alterações introduzidas no CPP pela Lei n.° 48/2008, de 29 de Agosto, o **n.° 1**, do art. 257.°, passou a estipular que, fora de flagrante delito, a detenção só pode ser efectuada, por mandado do juiz ou, nos casos em que for admissível prisão preventiva, do MP, quando houver fundadas razões para considerar que o visado se não apresentaria espontaneamente perante autoridade judiciária no prazo que lhe fosse fixado.

[71] Não obstante, ao arguido assiste sempre o direito de intervir no inquérito e na instrução, oferecendo provas e requerendo as diligências que se lhe afigurarem necessárias (cfr. a **al. g)**, do n.° 1, do art. 61.°).

De realçar que o *perigo*, circunstância comum a todas as alíneas constantes do art. 204.°, deve ser "real e iminente, não meramente hipotético, virtual ou longínquo."[72]

Constatando, em concreto, alguma ou algumas das situações supra mencionadas, o julgador deverá escolher a medida de coacção que se revele menos gravosa para o arguido, mas que seja eficaz para garantir a exigência processual que se pretende acautelar[73].

Para além disso, o juiz deve orientar-se pelos princípios da legalidade, <u>necessidade</u>, adequação, proporcionalidade e subsidiariedade da prisão preventiva e da <u>obrigação de permanência na habitação</u>, uma vez que estão em causa restrições aos direitos fundamentais do arguido, nomeadamente a "restrição da liberdade ambulatória, ou seja, da sua liberdade de movimento."[74]. Sobre os princípios estruturantes das medidas de coacção *vide* o capítulo da introdução.

Cumulativamente, o juiz tem que verificar o preenchimento dos pressupostos específicos definidos na lei processual penal para cada uma das medidas de coacção (cfr. os arts. 197.° a 202.°) e, dessa feita, aplicar aquela que melhor se ajuste à natureza ou a gravidade do caso concreto.

Alterações introduzidas pela Lei n.° 48/2007, de 29 de Agosto

No que concerne aos requisitos gerais de aplicação das medidas de coacção importa destacar que, no actual regime, os mesmos devem, obrigatoriamente, verificar-se no momento da respectiva aplicação, conforme impõe o actual corpo do art. 204.°.

Por seu turno, a al. c), da mesma norma, impõe que a perturbação da ordem e da tranquilidade públicas por parte do arguido seja grave, exigência esta que até 15 de Setembro de 2007 (data de entrada em vigor da Lei n.° 48/2007) não constava do texto legal.

---

[72] *Vide* FREDERICO ISASCA *in* "Jornadas...", p. 109.

[73] Ao invés, se não se observar, em concreto, qualquer uma das situações previstas nas als. a), b) ou c), do art. 204.°, mesmo que se verifiquem os requisitos específicos de cada medida de coacção, só pode ser imposta ao arguido a medida prevista no art. 196.° (TIR).

[74] *Vide* DAVID CATANA *in* "Apontamentos...", Vol. II, p. 97.

Jurisprudência

1 – A presença e disponibilidade do arguido, que a inclusão do perigo de fuga como o primeiro dos fundamentos de imposição de uma medida de coacção visa assegurar, tornam-se necessárias para o normal desenvolvimento do processo penal por diversos motivos;

2 – Antes de mais, porque é preciso criar condições para que a decisão que vier a ser tomada, se condenatória e, em especial, se privativa da liberdade, se possa tornar efectiva. Para isso, é necessária a presença do arguido;

3 – O próprio desenvolvimento do processo e, nomeadamente, as diligências de prova, podem carecer do arguido. Também para este efeito ele deve estar presente [artigo 61.º, n.º 3, alínea d)];

4 – O julgamento, não obstante poder hoje decorrer sem a presença do arguido, aconselha-a vivamente (artigo 332.º), tanto mais que o efectivo exercício do direito de defesa não é um mero assunto privado que apenas ao próprio interesse. Ele é uma garantia da realização da justiça;

5 – Daí que a violação dos deveres de presença e disponibilidade deva ser incluída no conceito de fuga;

6 – Se a fuga e o perigo de fuga não estivessem relacionados com a violação das obrigações decorrentes dos artigos 61.º e 196.º o seu incumprimento poderia não acarretar qualquer consequência desvantajosa para o violador, o que denotaria a completa impotência e incapacidade de as autoridades competentes reagirem a esse mesmo incumprimento agravando as medidas de coacção previamente impostas.

(Ac. da RL, de 19.09.2007 *in* www.dgsi.pt (Proc. n.º 6945-A/2007-3))

A aplicação de uma medida de coacção não pode servir para acautelar a prática de qualquer crime pelo arguido, mas tão só a continuação a actividade criminosa pela qual o arguido está indiciado.

(Ac. da RP, de 22.03.2006 *in* www.dgsi.pt (Proc. n.º 0640699))

I – (…);

II – Antes de proceder à audição do detido, na sequência de um mandado de detenção europeu (MDE), o juiz relator deve previamente averiguar da suficiência ou não das informações que acompanham esse mandado, sem prejuízo de poder solicitar, com urgência, as informações complementares que entenda necessárias;

III – A medida de coacção a aplicar na sequência de um MDE não está sujeita aos requisitos exigidos pelo art. 204.º do CPP, estando apenas em causa a suficiência e a adequação da medida a aplicar para o cumprimento desse mandado, que é a entrega efectiva da pessoa procurada;

54   *As Medidas de Coacção e de Garantia Patrimonial*

IV e V – (…).
(Ac. do STJ, de 29.11.2005 *in* CJ, Ano XIII, Tomo III, p. 222)

Para que se possa afirmar que existe o perigo previsto na alínea b) do artigo 204° do Código de Processo Penal é necessário saber em que é que se traduz, em concreto, esse perigo, nomeadamente, quais são as provas que a arguida, em liberdade, poderia impedir que viessem a ser recolhidas.
(Ac. da RL, de 08.06.2005 *in* www.dgsi.pt (Proc. n.° 4753/2005-3))

1.3. *Determinação da pena*

De harmonia com o disposto no art. 195.°, se a aplicação de uma medida de coacção depender da pena aplicável[75], atende-se, na sua determinação, ao máximo da pena correspondente ao crime que justifica a medida[76].

Convém precisar que a medida da pena aplicável "serve em regra para estabelecer o parâmetro da gravidade do crime e limite objectivo de garantia para o arguido no que concerne à proporcionalidade da medida."[77]

Vejamos o seguinte exemplo: se o arguido estiver indiciado pelo crime de rapto (punível com pena de prisão de 2 a 8 anos, cfr. o art. 161.°, do CP) o juiz, para determinar a medida de coacção a aplicar ao caso concreto, deverá ter em conta o limite máximo da pena prevista para este tipo de crime, ou seja, 8 anos.

---

[75] As medidas de coacção cuja aplicação depende da pena aplicável são:
– A obrigação de apresentação periódica (cfr. o art. 198.°, pena de prisão de máximo superior a 6 meses);
– A suspensão do exercício de profissão, de função, de actividade e de direitos (cfr. o art. 199.°, pena de prisão de máximo superior a 2 anos);
– A proibição e imposição de condutas (cfr. o art. 200.°, pena de prisão de máximo superior a 3 anos);
– A obrigação de permanência na habitação (cfr. o art. 201.°, pena de prisão de máximo superior a 3 anos) e
– A prisão preventiva (cfr. o art. 202.°, n.° 1, als. a) e b), pena de prisão de máximo superior 5 e a 3 anos, respectivamente).
[76] Não confundir com a previsão do art. 15.° (*Determinação da pena aplicável*), a qual é restrita à determinação da competência do tribunal.
[77] *Vide* GERMANO MARQUES DA SILVA *in* "Curso…", Vol. II, p. 274.

Medidas de Coacção 55

Ainda a este propósito, destaque-se a admissibilidade de aplicação das medidas previstas nos arts. 200.°, 201.° e 202.° (Proibição e imposição de condutas, Obrigação de permanência na habitação e Prisão preventiva), as quais exigem *fortes indícios* da prática de crime doloso, quando o MP tenha feito uso da faculdade conferida pelo n.° 3, do art. 16.°, com a ressalva da medida prevista na **al. a), do n.° 1**, do art. 202.°[78].

1.4. *Dificuldade de aplicação ou de execução de uma medida de coacção*

Havendo dificuldade em aplicar ou executar uma medida de coacção ao arguido é possível recorrer à colaboração da força pública, a qual deverá ser requisitada para esse efeito (cfr. o art. 115.° *ex vi* art. 209.°).

Na esteira do referido, o n.° 2, do art. 9.° (*Exercício da função jurisdicional penal*), prevê que no exercício da sua função, os tribunais e demais autoridades judiciárias têm direito a ser coadjuvados por todas as outras autoridades, devendo a colaboração solicitada preferir a qualquer outro serviço.

Se o juiz tiver elementos para supor que uma pessoa pretende subtrair-se à aplicação ou execução da prisão preventiva vale o regime consignado no art. 210.°.

1.5. *Consequência da violação das obrigações impostas*

Em caso de violação das obrigações impostas por aplicação de uma medida de coacção, o juiz deve analisar a gravidade do crime imputado ao arguido e os motivos que o terão levado ao incumprimento de tais obrigações.

Efectuada essa apreciação e respeitando sempre os princípios da legalidade, necessidade, adequação, proporcionalidade e subsidiariedade da prisão preventiva e da obrigação de permanência na habitação, o juiz pode impor ao arguido outra ou outras das medidas de coacção previstas

---

[78] Neste sentido *vide* P. PINTO DE ALBUQUERQUE *in* "Comentário do Código...", p. 533. Ainda no que concerne a essa matéria, *vide* ODETE MARIA DE OLIVEIRA *in* "Jornadas de Direito Processual – O Novo...", p. 172.

no CPP e admissíveis no caso (cfr. os arts. 203.°, **n.° 1**; 191.°, n.° 1, 193.°, **n.ᵒˢ 1** e **2** e o art. 28.°, n.° 2, da CRP).

No entanto, não se pode deixar de ter em linha de conta as restrições à aplicação conjunta de certas medidas de coacção, *v. g.*, a aplicação da obrigação de apresentação periódica com a obrigação de permanência na habitação (cfr. o **n.° 2**, do art. 198.°).

Estando em causa a violação da medida de obrigação de permanência na habitação, devemos considerar o disposto no **n.° 2**, do art. 203.°, nos termos do qual, nesse caso, o juiz pode impor a prisão preventiva, mesmo que ao crime caiba pena de prisão de máximo igual ou inferior a 5 e superior a 3 anos. Estamos perante uma das novidades decorrentes da Lei n.° 48/2007, de 29 de Agosto.

Dada a especificidade do tratamento dado pela lei à violação das obrigações decorrentes da aplicação das medidas de coacção fica afastada a eventual prática do crime de desobediência[79].

1.6. *Extinção das medidas de coacção*

Transpondo o entendimento de JOSÉ DA COSTA PIMENTA *in* "Código de Processo...", p. 693, a extinção das medidas em análise "é imediata ou *automática*, no sentido de que não depende, para existir e produzir efeitos, de qualquer decisão nesse sentido.".

Nos termos do **n.° 1**, do art. 214.°, as circunstâncias que levam à imediata extinção das medidas de coacção são as seguintes:

    a) O arquivamento do inquérito (cfr. o art. 277.°);

    b) A prolação do despacho de não pronúncia (cfr. os arts. 307.° e 308.°);

    c) A prolação do despacho que rejeitar a acusação (por considerá-la manifestamente infundada, cfr. a al. a), do n.° 2, do art. 311.°[80]);

---

[79] Nesse sentido *vide* MAIA GONÇALVES *in* "Código de Processo...", p. 465, anot. 2.

[80] A acusação considera-se manifestamente infundada: *a) Quando não contenha a identificação do arguido; b) Quando não contenha a narração dos factos; c) Se não indicar as diposições legais aplicáveis ou as provas que a fundamentam; ou d) Se os factos não constituírem crime* (cfr. o n.° 3, do art. 311.°).

Medidas de Coacção 57

d) A sentença absolutória[81], mesmo que dela tenha sido interposto recurso. Para além de se tratar de um reforço do princípio da presunção da inocência do arguido resultante de sentença absolutória, isto significa que o arguido "enquanto aguarda a decisão do recurso (...) não pode ficar sujeito a qualquer medida de coacção. Parece mesmo que o simples termo de identidade e residência não pode subsistir."[82]

Repare-se ainda que, no caso de ter sido interposto recurso de sentença absolutória, se o arguido vier a ser posteriormente condenado no mesmo processo pode, enquanto a sentença condenatória não transitar em julgado, ser sujeito a medidas de coacção previstas no CPP e admissíveis no caso (cfr. o n.º 3, do art. 214.º). Sem prejuízo do referido, as decisões penais absolutórias são exequíveis logo que proferidas (cfr. o n.º 2, do art. 467.º); ou

e) O trânsito em julgado da sentença condenatória (cfr. o art. 375.º), uma vez que, nesse caso, dá-se início ao cumprimento da pena de prisão.

Ainda de acrescentar a extinção automática das medidas de prisão preventiva <u>ou de obrigação de permanência na habitação</u> (cfr. os arts. 201.º e 202.º), quando <u>for proferida</u> sentença condenatória, ainda que dela tenha sido interposto recurso, se a pena aplicada não for superior à prisão ou obrigação de permanência já sofridas (cfr. o **n.º 2**, do art. 214.º).

Convém realçar que a prisão preventiva e a obrigação de permanência na habitação sofridas pelo arguido são descontadas por inteiro no cumprimento da pena de prisão, <u>ainda que tenham sido aplicadas em processo diferente daquele em que vier a ser condenado, quando o facto por que for condenado tenha sido praticado anteriormente à decisão final do processo no âmbito do qual as medidas foram aplicadas</u> (cfr. o art. 80.º, **n.º 1**, do CP, modificado pela Lei n.º 59/2007, de 4 de Setembro). Cfr., ainda, o n.º 2, do mesmo preceito legal, o art. 479.º e o art. 279.º, do CC.

O arguido sujeito a prisão preventiva e a obrigação de permanência na habitação é posto em liberdade logo que a medida se extinguir, salvo se

---

[81] De igual forma, a 1ª parte, do n.º 1, do art. 376.º, consagra que a sentença absolutória declara a extinção de qualquer medida de coacção

[82] *Vide* ODETE MARIA DE OLIVEIRA *in* "Jornadas de Direito Processual – O Novo...", p. 189.

58 *As Medidas de Coacção e de Garantia Patrimonial*

a prisão (ou a permanência na habitação) dever manter-se por outro processo (cfr. os arts. 217.º, n.º 1, 218.º, n.º 3 e 376.º, n.º 1).

Se o arguido for condenado em pena de prisão, a caução (se o arguido se encontrar sujeito a essa medida) só se extingue com o início da execução da pena (cfr. o n.º 4, do art. 214.º).

As medidas de coacção extinguem-se ainda quando tiverem decorrido os prazos máximos da sua duração (cfr. os arts. 215.º e 218.º), bem como quando forem revogadas ou substituídas, nos termos do art. 212.º.

É necessário ter presente que <u>a decisão que declarar extintas as medidas de coacção é irrecorrível</u> (cfr. o **n.º 3**, do art. 219.º).

Alterações introduzidas pela Lei n.º 48/2007, de 29 de Agosto

No domínio do regime anterior, o arquivamento do inquérito apenas implicava a imediata extinção das medidas de coacção se não fosse requerida a abertura da instrução (al. a), do n.º 1, do art. 214.º). Portanto, era necessário aguardar o decurso do prazo de 20 dias a contar da notificação do arquivamento (cfr. o corpo do n.º 1, do art. 287.º). Actualmente, o arquivamento do inquérito implica a extinção imeditada da medida de coacção.

De igual forma, as medidas de coacção extinguiam-se, designadamente, com o trânsito em julgado do despacho de não pronúncia e do despacho que rejeitasse a acusação nos termos da al. a), do n.º 2, do art. 311.º. A alteração, neste caso, reside no facto de, actualmente, ser com a prolação desses despachos (als. b) e c), do n.º 1, do art. 214.º).

Ainda de referir que o regime previsto no n.º 2, do art. 214.º (anteriormente referente apenas à prisão preventiva), estendeu-se à medida de obrigação de permanência na habitação.

Jurisprudência

1. Porque a decisão condenatória não transitou em julgado, não pode ela ser invocada como se de decisão definitiva se tratasse, pelo que tudo se passa, no que concerne à apreciação dos requisitos para aplicação de qualquer medida de coacção, inclusive da prisão preventiva, como se tal decisão não existisse, pelo que em caso de sentença condenatória, a extinção das medidas de coacção só ocorre com o trânsito em julgado (art. 214.º, n.º 1, al. e), do CPP);

Medidas de Coacção 59

2. Diferentemente seriam as coisas se estivéssemos perante uma decisão absolutória, ainda que não transitada – caso em que estariam então afastados aqueles indícios e deixariam de poder ser invocados os aludidos perigos, razão por que, em tal circunstância, determina a lei (art. 214.°, n.° 1, al. d)), a imediata extinção da medida de coacção que tiver sido decretada –, ou ainda, nas situações em que na decisão, embora condenatória, se procede à aplicação de uma pena igual ou inferior à prisão já sofrida, caso em que haverá, também, extinção imediata da medida de prisão preventiva, ainda que tenha sido interposto recurso;

3. A pena de prisão concretamente aplicada na sentença não se pode confundir com a "pena aplicável" ao crime indiciado – pena abstracta prevista na norma incriminadora –, pois é desta que se trata quando o art. 202.°, n.° 1 al. a) fala em "crime doloso punível com pena de prisão superior a três anos".
(Ac. da RL, de 23.01.2007 *in* www.dgsi.pt (Proc. n.° 10920/2006-5))

A condenação em pena de prisão, não transitada, não implica, por si só, a necessidade de alterar a medida de coacção e a aplicação da de prisão preventiva, por virtude de, para se eximir ao cumprimento da pena, se entender verificado o perigo de fuga.
(Ac. da RL, de 24.09.2003 *in* www.dgsi.pt (Proc. n.° 6921/2003-3))

1.7. *Constituição de Advogado*

O direito de escolher defensor e de ser por ele assistido em todos os actos do processo constitui uma garantia constitucional do arguido, competindo ao legislador ordinário a concretização dos casos e das fases em que tal assistência é obrigatória (cfr. o art. 32.°, n.° 3, da CRP e ao art. 6.°, n.° 3, al. c), da CEDH[83]).

Ademais, a Lei Fundamental assegura que todos têm o direito à informação e consultas jurídicas, ao patrocínio judiciário e a fazer-se acompanhar por advogado perante qualquer autoridade (cfr. o n.° 2, do art. 20.°, da CRP).

O regime jurídico do defensor encontra-se previsto nos arts. 62.° e segs..

---

[83] Por força deste preceito, o acusado tem o direito de, designadamente, *defender-se a si próprio ou ter a assistência de um defensor da sua escolha e, se não tiver meios para remunerar um defensor, poder ser assistido gratuitamente por um defensor oficioso, quando os interesses da justiça o exigirem.*

60 As Medidas de Coacção e de Garantia Patrimonial

Conforme já referimos, a aplicação de medidas de coacção pode ter lugar no primeiro interrogatório judicial (cfr. o **n.º 3**, do art. 194.º).

Saliente-se que, nos interrogatórios de arguido detido ou preso é obrigatória a assistência do defensor[84] (cfr. os arts. 64.º, n.º 1, **al. a)**, 141.º, n.º 2 e 144.º, **n.º 3)**.

A falta de defensor, quando a lei exige a respectiva comparência, constitui uma nulidade insanável, que deve ser oficiosamente declarada em qualquer fase do procedimento (cfr. a al. c), do art. 119.º).

Tratando-se de arguido em liberdade, a entidade que proceder ao interrogatório informa-o previamente de que tem o direito de ser assistido por advogado (cfr. o **n.º 4**, do art. 144.º, aditado pela Lei n.º 48/2007, de 29.08).

O arguido tem o direito de, em qualquer fase do processo, constituir advogado ou solicitar a nomeação de um defensor (cfr. os arts. 61.º, n.º 1, al. **e)** e 62.º, n.º 1)[85].

A constituição de advogado opera-se mediante a outorgação de procuração forense (cfr. os arts. 35.º e segs., do CPC), a qual confere ao advogado poderes para representar o arguido[86].

Por imperativo constitucional, a justiça não pode ser *denegada por insuficiência de meios económicos* (cfr. a última parte do n.º 1, do art. 20.º, da CRP). Concomitantemente, o arguido que se encontre nessa situação, pode requerer o benefício do apoio judiciário, na(s) modalidade(s) constante(s) do art. 16.º[87], da Lei n.º 34/2004, de 29 de Julho (aprovou o re-

---

[84] No domínio do regime anterior à reforma do CPP pela Lei n.º 48/2007, de 29.08, a obrigatoriedade de assistência de defensor, neste âmbito, circunscrevia-se ao primeiro interrogatório judicial de arguido detido.

[85] Em consonância com o referido, o arguido tem ainda o direito de ser assistido por defensor em todos os actos processuais em que participar e, quando detido, comunicar, mesmo em privado, com ele. Neste caso a comunicação deve ocorrer à vista quando assim o impuserem razões de segurança, mas em condições de não ser ouvida pelo encarregado da vigilância (cfr. o art. 61.º, n.os 1, **al. f)** e 2). Cfr., ainda, o art. 73.º, do EOA.

[86] *I – A procuração é o negócio jurídico pelo qual uma pessoa confere a outra poderes de representação, isto é, para, em nome dela, concluir um ou mais negócios jurídicos; II – O mandato, diversamente, é o contrato pelo qual uma das partes se obriga a praticar um ou mais actos jurídicos por conta da outra; III – O mandato é independente da procuração, podendo ser com representação ou sem ela.*

(Ac. da RP, de 18.02.2008 *in* www.dgsi.pt (Proc. n.º 0756565))

[87] De acordo com o n.º 1, dessa disposição legal, na redacção dada pela Lei n.º 47//2007, de 28.08, o apoio judiciário compreende as seguintes modalidades: *a) Dispensa de*

Medidas de Coacção 61

gime de acesso ao direito e aos tribunais), alterado pela Lei n.º 47/2007, de 28 de Agosto.

O pedido de apoio judiciário, no campo criminal, pode ser requerido *até ao termo do prazo de recurso em 1ª instância* (cfr. a parte final, do n.º 1, do art. 44.º). No regime anterior à Lei n.º 47/2007, de 28.08, o requerimento podia ser apresentado até ao trânsito em julgado da decisão final.

A nomeação oficiosa[88] de um defensor obedece às condições previstas nos arts. 39.º e segs. (referentes às disposições especiais sobre processo penal) da Lei n.º 34/2004, de 29.07, com as alterações decorrentes da Lei n.º 47/2007, de 28.08.

Para efeitos de assistência, designadamente, ao primeiro interrogatório de arguido detido[89], o art. 41.º, na redacção introduzida pela Lei n.º 47/2007, em substituição das *escalas de presença*, passou a prever *escalas de prevenção* de advogados e advogados estagiários, organizadas para esse efeito.

Os termos da organização dessas escalas estão definidos na Portaria n.º 10/2008, de 3 de Janeiro (a qual procede à regulamentação da Lei n.º 34/2004, de 29.07, na redacção dada pela Lei n.º 47/2007, de 28.08), mais precisamente nos seus arts. 3.º (*Nomeação para diligências urgentes*) e 4.º (*Escalas de prevenção*).

De notar que o art. 3.º foi, entretanto, alterado pela Portaria n.º 210//2008, de 29 de Fevereiro, a qual, conforme resulta do respectivo preâmbulo, teve *em conta o entendimento alcançado entre o Ministério da Justiça e a Ordem dos Advogados sobre as condições da prestação das defesas oficiosas por advogados em matéria de acesso ao direito.*

---

taxa de justiça e demais encargos com o processo; b) Nomeação e pagamento da compensação de patrono; c) Pagamento da compensação de defensor oficioso; d) Pagamento faseado de taxa de justiça e demais encargos com o processo; e) Nomeação e pagamento faseado da compensação de patrono; f) Pagamento faseado da compensação de defensor oficioso; g) Atribuição de agente de execução.

[88] *Constitui justa causa para efeitos de substituição ao arguido do defensor oficioso nomeado em sede de primeiro interrogatório judicial, a especial relação de confiança criada entre aquele e o advogado que lhe vem prestando apoio pessoal e jurídico no Estabelecimento Prisional onde se encontra recluso.*
(Ac. da RL, de 04.10.2007 *in* CJ, Ano XXXII, Tomo IV, p. 155)

[89] Bem como para audiência em processo sumário ou para outras diligências urgentes previstas no CPP (*v. g.*, os actos previstos no n.º 2, do art. 103.º).

No âmbito das escalas de prevenção, a nomeação deve recair em defensor que, constando das respectivas listas, se apresente no local de realização da diligência após a sua chamada (cfr. o n.º 2, do art. 41.º, da Lei n.º 34/2004, de 29.07, na redacção dada pela Lei n.º 47/2007, de 28.08).

As notificações respeitantes à aplicação de medidas de coacção devem ser feitas ao arguido e ao advogado ou defensor nomeado (cfr. o art. 112.º, n.º 3, al. d) e 113.º, n.º 9). Cfr., ainda, o n.º 4, do art. 272.º.

Vejamos alguns dos actos que podem ser exercidos pelo defensor[90], como garantia da defesa dos direitos do arguido, no âmbito das medidas de coacção:

– Requerimento de declaração de impedimento do juiz[91] (cfr. o art. 41.º);

– Recurso do despacho em que o juiz não reconheça o impedimento que lhe tenha sido oposto (cfr. o art. 42.º);

– Requerimento de declaração de impedimento, requerimento de recusa e pedido de escusa dirigidos contra um magistrado do MP (cfr. o art. 54.º);

– Requerimento ao juiz de instrução para sujeição do processo, durante a fase do inquérito, a segredo de justiça (cfr. o **n.º 2**, do art. 86.º);

– Requerimento de levantamento do segredo de justiça, em qualquer momento do inquérito, quando a sujeição do processo a segredo parta da inciativa do MP (cfr. o **n.º 4**, do art. 86.º);

– Requerimento para consulta do processo ou elementos dele constantes durante a fase do inquérito, bem como a obtenção dos correspondentes extractos, cópias ou certidões (cfr. o **n.º 1**, do art. 89.º e o art. 74.º, do EOA);

---

[90] *Nos casos em que seja obrigatória a assistência por defensor, o advogado que tenha a qualidade de arguido num processo penal não pode ser defensor de si mesmo, nem dos outros co-arguidos.*

(Ac. da RP, de 12.03.2008 *in* www.dgsi.pt (Proc. n.º 0716463))

[91] Uma das inovações decorrentes da Lei n.º 48/2007, de 29.08, prende-se com o facto de nenhum juiz poder intervir em julgamento, recurso ou pedido de revisão relativos a processo em que, designadamente, tiver aplicado a medida de proibição e imposição de condutas, de obrigação de permanência na habitação e de prisão preventiva (cfr. a al. **a)**, do art. 40.º e os arts. 200.º, 201.º e 202.º).

Medidas de Coacção 63

– Requerimento para o exame gratuito dos autos fora da secretaria. Quanto à falta de restituição do processo dentro do prazo devido é correspondentemente aplicável as disposições da lei do processo civil (cfr. os n.os **4** e **5**, do art. 89.° e os arts. 169.° e 170.°, do CPC);

– Consulta de todos os elementos de processo que se encontre em segredo de justiça, findos os prazos de duração máxima estipulados para a fase do inquérito (cfr. o art. 276.°) se não se observar a ressalva prevista na 2ª parte, do **n.° 6**, do art. 89.°;

– Justificação de falta de comparecimento do arguido a acto para o qual se encontre regularmente convocado (cfr. o art. 117.°);

– Durante o primeiro interrogatório judicial de arguido detido, o defensor, sem prejuízo da possibilidade de arguir nulidades, abstém-se de qualquer interferência, todavia o juiz pode permitir que suscite pedidos de esclarecimentos das respostas dadas pelo arguido. Findo esse interrogatório, o defensor pode requerer ao juiz que formule ao arguido as perguntas que entender relevantes para a descoberta da verdade. Neste caso o juiz decide, por despacho irrecorrível, se o requerimento há-de ser feito na presença do arguido e sobre a relevância das perguntas (cfr. o n.° 6, do art. 141.°). O mesmo se diga em relação ao primeiro interrogatório não judicial de arguido detido, nos termos do **n.° 2**, do art. 143.°;

– Durante o interrogatório judicial e no prazo previsto para a interposição de recurso, o defensor pode consultar os elementos do processo determinantes da aplicação da medida de coacção, à excepção do TIR, desde que tal consulta não ponha gravemente em causa a investigação, impossibilite a descoberta da verdade ou crie perigo para a vida, a integridade física ou psíquica ou a liberdade dos participantes processuais ou das vítimas do crime (cfr., articuladamente, os **n.os 6** e **4, al. b)**, ambos do art. 194.°);

– Nos casos de terrorismo, criminalidade violenta ou altamente organizada[92], apenas o defensor pode comunicar com o arguido, antes do primeiro interrogatório judicial (cfr. o n.° 4, do art. 143.°);

– Requerimento para revogação ou substituição de uma medida de coacção (cfr. o art. 212.°);

---

[92] Os conceitos de terrorismo, criminalidade violenta ou criminalidade altamente organizada, constam das actuais **als. i)**, **j)** e **m)**, do art. 1.°, introduzidas pela Lei n.° 48//2007, de 29.08.

64 *As Medidas de Coacção e de Garantia Patrimonial*

– Requerimento para que o juiz solicite a elaboração de perícia sobre a personalidade e de relatório social ou de informação dos serviços de reinserção social[93], com vista à substituição ou revogação das medidas de obrigação de permanência na habitação e de prisão preventiva (cfr. os arts. 213.°, **n.° 4**, 201.° e 202.°);

– Requerimento para suspensão da execução da prisão preventiva (cfr. o art. 211.°);

– Recurso da decisão que aplicar, mantiver ou substituir medidas de coacção (cfr. os arts. 219.°, 399.° e segs. e 213.°, **n.° 5**). A obrigatoriedade de assistência[94] de defensor nos recursos decorre da al. d), do n.° 1, do art. 64.°;

– Tratando-se de prisão preventiva ilegal, formulação e apresentação da petição de *habeas corpus* (cfr. o art. 31.°, da CRP e os arts. 222.° e 223.°);

– Requerimento de indemnização pelos danos sofridos por detenção, obrigação de permanência na habitação ou prisão preventiva, nos termos e condições previstas no art. 225.°.

1.8. *Modos de impugnação das medidas de coacção*

1.8.1. *Revogação e substituição*

i) *Fundamentos da revogação*

Tenhamos presente que a aplicação de medidas de coacção não possui um carácter definitivo, desde logo, sob pena de violação do princípio constitucional de presunção de inocência do arguido (cfr. o n.° 2, do art. 32.°, da CRP).

Em conformidade com o n.° 1, do art. 212.°, as medidas de coacção devem ser imediatamente revogadas sempre que se verificar uma das situações seguintes:

---

[93] Os conceitos de *relatório social* e de *informação dos serviços de reinserção social* constam das als. g) e h), do art. 1.°. Quanto à *perícia sobre a personalidade* rege o art. 160.°.

[94] A Ausência do defensor, nos casos em que a lei exige a respectiva comparência, constitui nulidade insanável, que deve ser oficiosamente declarada em qualquer fase do procedimento (cfr. a al. c), do art. 119.°).

Medidas de Coacção

a) Terem sido aplicadas fora das hipóteses ou das condições previstas na lei (*v. g.*, se o juiz aplicou ao arguido a medida de suspensão do exercício de profissão, de função, de actividade e de direitos (cfr. o art. 199.°), quando o crime em causa era punível com pena de prisão inferior a 2 anos) ou

b) Terem deixado de subsistir as circunstâncias que justificaram a sua aplicação (ou seja, posteriormente a ser prestada a medida de coacção, as exigências cautelares que determinaram a sua aplicação deixaram de se verificar).

As medidas de coacção estão sujeitas à condição *rebus sic stantibus* no sentido de que devem manter a sua validade e eficácia enquanto permanecerem inalterados os pressupostos em que assentam.

Segundo as palavras de TERESA PIZARRO BELEZA *in* "Apontamentos...", Vol. II, p. 16, "a manutenção das medidas pressupõe a manutenção de uma situação de facto que lhes deu fundamento ou origem...".

Portanto, quando os pressupostos em que assentou a aplicação de uma medida de coacção se alteram, deve ser proferida uma outra decisão (que, naturalmente, altera a anterior) mais adequada, proporcional e necessária para satisfação das exigências cautelares correspondentes.

As medidas de coacção revogadas podem ser aplicadas de novo, no âmbito do mesmo processo, se sobrevierem motivos que legalmente justifiquem a sua (re)aplicação (cfr. o n.° 2, do art. 212.°), sem prejuízo da unidade dos prazos que a lei estabelecer, isto é, "havendo lugar a nova aplicação de uma medida de coacção dentro do mesmo processo, respeitar-se-á sempre a unidade dos prazos que a lei estabelece, talqualmente sucederia se a medida fosse executada continuamente."[95]

De salientar que a decisão que mantiver a medida de coacção imposta ao arguido é susceptível de recurso ordinário, todavia a decisão que revogar tais medidas é irrecorrível (cfr. os **n.ºs 1** e **3**, do art. 219.°).

Estando em causa as medidas de prisão preventiva e de obrigação de permanência na habitação, devemos ainda considerar o disposto no art. 213.° (referente ao reexame dos pressupostos dessas medidas de coacção).

A decisão que fixa a vigilância electrónica também pode ser revogada, nos termos do art. 8.°, da Lei n.° 122/99, de 20 de Agosto (cfr. o **n.° 3**, do art. 201.°).

---

[95] *Vide* MAIA GONÇALVES *in* "Código de Processo...", p. 473, anot. 2.

66 *As Medidas de Coacção e de Garantia Patrimonial*

Além do mais, a revogação de uma medida de coacção também se pode dar por esgotamento dos prazos máximos da sua duração (cfr. os arts. 215.° e 218.°).

ii) *Substituição*

Uma vez que a liberdade das pessoas apenas pode ser limitada *em função de exigências processuais de natureza cautelar*, quando se verificar uma atenuação dessas exigências cautelares que determinaram a aplicação da medida de coacção, o juiz deve, de harmonia com os princípios da <u>necessidade</u>, da adequação e da proporcionalidade (cfr. os arts. 212.°, n.° 3, 191.°, n.° 1 e 193.°, **n.° 1**):

– Substitui-la por outra menos grave (neste caso, deverá iniciar--se a contagem de novo prazo[96]) ou
– Determinar uma forma menos gravosa para a sua execução.

Pelo contrário, se se verificar um agravamento dessas exigências cautelares (*v. g.*, se o arguido sujeito à medida de coacção prevista no art. 198.° cumpriu essa obrigação durante uma semana e posteriormente tentou colocar-se em fuga para o estrangeiro), o juiz pode substituir a medida aplicada por outra(s) mais grave(s) ou determinar uma forma mais gravosa para a sua execução.

Conforme já referimos, as medidas de coacção podem ser modificadas ou substituídas por outras, em caso de violação das obrigações impostas por aplicação de uma medida de coacção. É o que estipula o **n.° 1**, do art. 203.°.

A substituição das medidas cautelares, após o esgotamento do respectivo prazo, obedece ao princípio de que "tendo uma medida de coacção sido aplicada pelo período de duração máximo permitido por lei, ela não pode ser substituída por medida mais gravosa, uma vez que as exigências cautelares diminuem à medida que o tempo passa."[97]

---

[96] *Vide* José António Barreiros *in* "Boletim do Ministério da Justiça", n.° 371, p. 25.

[97] *Vide* P. Pinto de Albuquerque *in* "Comentário do Código...", p. 577.

Medidas de Coacção 67

iii) *Legitimidade e oportunidade*

Por imposição do **n.º 4**, do art. 212.º, a revogação e a substituição das medidas de coacção são sempre decretadas por despacho do juiz[98] e têm lugar (a todo o tempo):

– Oficiosamente;
– A requerimento do MP (lembramos que, por força do actual **n.º 2**, do art. 194.º, durante o inquérito <u>o juiz não pode aplicar medida de coacção mais grave que a requerida pelo MP, sob pena de nulidade</u>. O mesmo se diga em relação ao requerimento de substituição de uma medida de coacção) ou
– A requerimento do arguido (neste caso, se o juiz julgar o requerimento manifestamente infundado, condena-o no pagamento de uma soma entre 6 e 20 UC). O requerimento é manifestamente infundado "se foi feito de má fé ou com grave negligência, ou seja, o arguido tinha conhecimento ou pelo menos não podia desconhecer que, atendendo às circunstâncias concretas, o mesmo seria indeferido."[99]

iv) *Audição do MP e do arguido*

Por força das alterações introduzidas no CPP pela Lei n.º 48/2007, de 29 de Agosto, visando o reforço da tutela do princípio do contraditório, o MP e o arguido devem ser ouvidos quanto à revogação ou substituição das medidas de coacção, <u>salvo nos casos de impossibilidade devidamente fundamentada</u> (cfr. os arts. 212.º, **n.º 4**, 1ª parte *in fine*; 194.º, **n.º 3** e 61.º, n.º 1, al. b); 97.º, **n.º 5** e 205.º, n.º 1, da CRP).

De realçar que, no regime anterior, o juiz devia ouvir o MP e o arguido apenas quando entendesse necessário.

---

[98] Salientemos que, com excepção do TIR (cfr. o art. 196.º), só o juiz tem legitimidade para aplicar, revogar e substituir as medidas de coacção (cfr. os arts. 194.º, n.º 1 e 212.º, n.º 1, proémio).

A fim de fundamentar as decisões sobre a manutenção, substituição ou revogação da prisão preventiva ou <u>da obrigação de permanência na habitação</u>, o juiz, oficiosamente ou a requerimento do MP ou do arguido, <u>pode solicitar a elaboração de perícia sobre a personalidade e de relatório social ou de informação dos serviços de reinserção social</u>, desde que o arguido consinta na sua realização (cfr. os arts. 213.º, **n.º 4**, 97.º, **n.º 5** e 1.º, als. g) e h)).

[99] *Vide* FERNANDO GONÇALVES/MANUEL JOÃO ALVES *in* "A Prisão Preventiva...", p. 139.

Uma vez que se trata de <u>acto processual legalmente obrigatório</u>, a omissão de audição do MP e do arguido, constitui uma nulidade dependente de arguição, nos termos do art. 120.º, n.º 2, **al. d)**[100].

v) Jurisprudência

1 – O princípio "rebus sic stantibus", válido para frequentemente se indeferir o pedido de substituição da prisão preventiva por medida mais favorável, é também de seguir nas situações inversas, em que está em causa a aplicação ao arguido de medida mais gravosa que a anterior, o que impedirá qualquer alteração para situação mais desfavorável, sem alteração superveniente das circunstâncias tidas em conta pelos despachos anteriores já transitados;

2 – A agravação da medida de coacção só é consentida se se verificar incumprimento pelo arguido das obrigações resultantes da sujeição a essa medida ou o incumprimento dos deveres processuais que a aplicação de tal medida visa acautelar – ou, no mínimo, o perigo e/ou eminência da sua violação – ou alteração das circunstâncias;

3 – A prolação de decisão condenatória, não transitada em julgado, não constitui alteração daquelas circunstâncias;

4 – Não tendo existido qualquer alteração das circunstâncias que justificaram a definição da situação coactiva do recorrente, por despachos anteriores transitados, não podia o tribunal recorrido ter alterado as medidas de coacção, para uma situação mais gravosa para o recorrente.

(Ac. da RE, de 27.11.2007 *in* www.dgsi.pt (Proc. n.º 2720/07-1))

I – Quando, no art. 375.º, n.º 4 do C.P.Penal, se prescreve que na sentença (ou no acórdão; cf. al. c) do n.º 1 do art. 97.º), sempre que necessário, o tribunal procede ao reexame da situação do arguido, sujeitando-o às medidas de coacção admissíveis e adequadas às exigências cautelares que o caso requerer, *está-se a querer dizer que as medidas de coacção devem ser alteradas por quem profere a sentença, se os factos então apurados justificarem a alteração;*

II – A letra e o espírito de tal preceito aconselham até a que, terminado o julgamento, e mesmo que a sentença não seja desde logo proferida, se o Juiz se convencer que virá a decidir fixar factos que afastarão a necessidade de cautelas coactivas, se devam alterar de imediato as medidas de coacção, apenas com base nos indícios que a audiência revelou e que foram publicamente conhecidos;

---

[100] *Vide* P. Pinto de Albuquerque *in* "Comentário do Código...", p. 561.

Medidas de Coacção 69

III – Tratando-se de Tribunal Colectivo, as coisas devem passar-se da mesma forma: não sendo possível relatar de imediato o acórdão, o Tribunal deve decidir, face aos indícios recolhidos, ou alterando a medida ou mandando abrir conclusão para que o Juiz titular, no seu exclusivo critério, mas ainda com fundamento na prova já produzida, altere a medida aplicada;
IV – Com a entrada em vigor do citado n.º 4 do art. 375.º, parece que ficou esclarecido que tanto o Juiz singular como Tribunal Colectivo devem proceder ao reexame da situação do arguido sempre que necessário, isto é, quando, face à decisão que tomaram, entendam como inadmissíveis e inadequadas as exigências cautelares que o caso requeria;
V – Uma decisão do Tribunal Colectivo que apenas consigna que a medida de coacção imposta ao arguido extinguir-se-á com o trânsito em julgado do presente acórdão, *nem altera nem extingue a medida de coacção, limitando-se, inocuamente, a inscrever um princípio geral expressamente previsto na lei, sem que se tenha debruçado sobre os pressupostos concretos de que depende a alteração daquelas medidas;*
VI – Decidindo o Tribunal Colectivo a aplicação de uma pena de prisão suspensa na sua execução (seria o mesmo se o arguido fosse absolvido), não faz sentido que se mantivesse a prisão preventiva, a mais gravosa das medidas de coacção, pois, pelo menos, houve um Tribunal que formulou sobre o arguido um juízo de prognose favorável à sua reinserção social;
VII – À alteração da medida de coacção subsequente à aplicação de pena de prisão suspensa na sua execução, não obsta o facto de o Ministério Público ter feito saber no processo que iria recorrer da decisão final.
(Ac. da RG, de 12.11.2007 *in* www.dgsi.pt (Proc. n.º 1626/07-2))

I – (…);
II – Durante o Inquérito, o Juiz só pode realizar diligências probatórias relativamente a matérias em que seja admitida a intervenção ex officio *(arts. 212º e 213º, do CPP), incidindo apenas sobre factos susceptíveis de alterar as medidas coactivas, de modo a obter os elementos julgados necessários para tomar a decisão, não podendo, como em última análise pretendia o recorrente, deferir a realização de diligências que nada têm que ver directamente com a tomada desta decisão, e que bem poderiam conduzir a uma investigação paralela ou ao arrastar da investigação.*
(Ac. da RL, de 17.10.2007 *in* www.dgsi.pt (Proc. n.º 6918/2007-3))

As diligências requeridas por um arguido para ver reapreciada a medida de coacção, se respeitarem à matéria do próprio crime em investigação, isto é, se tiverem como objectivo discutir a existência dos factos delituosos que o arguido entende não existirem, não são diligências da competência do juiz de instrução,

70 As Medidas de Coacção e de Garantia Patrimonial

já que não se trata de diligências que tenham de ser por si autorizadas ou levadas a cabo, nos termos dos citados arts. 268.° e 269.° CPP, mas sim, diligências da esfera da competência do MP, entidade que tem a direcção do inquérito.
(Ac. da RG, de 18.06.2007 *in* www.dgsi.pt (Proc. n.° 956/07-2))[101]

I – O artigo 213.°, do CPP, impondo um controlo jurisdicional, especialmente apertado, das exigências da medida coactiva de prisão preventiva em cada momento, assume, claramente, uma finalidade de reforço das garantias de defesa do arguido, visando evitar a manutenção da privação da liberdade do arguido por inércia, nomeadamente do próprio arguido, não obstante o mecanismo de controlo constituído e garantido pelo artigo 212.°, do mesmo Código;
II – Contudo, estando as medidas de coacção sujeitas à condição rebus sic standibus, a substituição de uma medida de coacção por outra menos grave apenas se justifica quando se verifique uma atenuação das exigências cautelares que tenham determinado a sua aplicação;
III – A decisão que impõe a prisão preventiva, apesar de não ser definitiva, é intocável e imodificável enquanto não se verificar uma alteração, em termos atenuativos, das circunstâncias que a fundamentaram, ou seja, enquanto subsistirem inalterados os pressupostos da sua aplicação;
IV – Não está vedada ao juiz a revisão oficiosa da medida de coacção aplicada, em função dos factos posteriormente conhecidos através de relatório social elaborado pelo IRS, no inquérito ordenado já em vista de uma possível alteração da medida em questão.
(Ac. da RL, de 31.01.2007 *in* www.dgsi.pt (Proc. n.° 10919/2006-3))

I – (...);
II – O princípio "rebus sic stantibus", válido para frequentemente se indeferir o pedido de substituição da prisão preventiva por medida mais favorável, é também de seguir nas situações inversas, em que está em causa a aplicação ao arguido de medida mais gravosa que a anterior, o que impedirá qualquer alteração para situação mais desfavorável, sem alteração superveniente das circunstâncias tidas em conta pelos despachos anteriores já transitados;
III – A prolação de decisão condenatória, não transitada em julgado, não constitui alteração daquelas circunstâncias.
(Ac. da RL, de 11.10.2006 *in* www.dgsi.pt (Proc. n.° 6936/2006-3))

---

[101] Ainda neste sentido, cfr. os Acs. da RP, de 18.02.2004 *in* CJ, Ano XXIX, Tomo I, p. 218 e de 15.03.2000 *in* CJ, Ano XXV, Tomo II, p. 234 (cujos sumários se encontram inseridos na jurisprudência relativa à prisão preventiva).

Medidas de Coacção 71

I – O princípio da presunção de inocência não permite atribuir à condenação não transitada valor superior que o de comprovação de fortes indícios da prática do crime por que o agente foi condenado, pois a inocência e a presunção desta não admitem graduação;

II – Estando esses fortes indícios já reconhecidos em despachos anteriores e tendo o arguido cumprido, desde o 1.º interrogatório e até ao acto de leitura do acórdão condenatório em 1ª instância, todas as obrigações que decorriam da medida de coacção fixada no início do processo, a condenação não transitada, só por si, não justifica qualquer agravamento de situação coactiva do arguido;

III – O princípio "rebus sic stantibus", válido para frequentemente se indeferir pedido de substituição da prisão preventiva por medida mais favorável, é também de seguir nas situações inversas, em que está em causa a aplicação ao arguido de medida mais gravosa que a anterior, o que impedirá qualquer alteração para situação mais desfavorável, sem alteração superveniente das circunstâncias tidas em conta pelos despachos anteriores já transitados;

IV – (...).

(Ac. da RL, de 14.02.2006 *in* www.dgsi.pt (Proc. n.º 1133/2006-5))

Não tendo havido alteração dos pressupostos que determinaram a aplicação da medida de prisão preventiva, não deve a mesma ser substituída por outra menos gravosa na sua execução.

(Ac. da RP, de 16.11.2005 *in* www.dgsi.pt (Proc. n.º 0515288))

I – Em matéria de medidas de coacção vigora a regra rebus sic stantibus, *só se mantendo a sua validade e eficácia enquanto permanecerem inalterados os pressupostos em que se amparam;*

II – Daí que, logo que verificada a alteração desses pressupostos, a decisão seja modificável, mesmo que não tenha transitado em julgado, podendo ser proferida uma outra que se mostre ser a adequada, suficiente e necessária, podendo ser menos ou mais gravosa que a anterior;

III – Uma decisão que recusa a apreciação do pedido de substituição de uma medida coactiva baseada nas condições pessoais, sociais e profissionais do arguido, ainda não ponderadas para o efeito, viola o direito de audição do arguido.

(Ac. da RG, de 19.09.2005 *in* www.dgsi.pt (Proc. n.º 1708/05-2))

I – O simples facto de um arguido não estar a repetir os factos indiciados e estar a cumprir a medida de coacção que lhe foi imposta, no caso a de apresentações periódicas, não justifica que se altere tal medida, a saber, alterando a periodicidade das apresentações;

II – Este entendimento subsiste mesmo que se trate de um arguido jovem e que as apresentações diárias dificultem a sua inserção profissional, pois tais factos já eram conhecidos à data da aplicação da medida.
(Ac. da RG, de 19.09.2005 *in* www.dgsi.pt (Proc. n.º 1214/05-2))

I – Quando não se trate de prazo de duração máxima de prisão preventiva, a omissão de apreciação do que tenha sido imposto, nos prazos estabelecidos no art. 213.º/1 do CPP, constitui irregularidade sanável, oficiosamente ou a requerimento do interessado;
II – A contagem do prazo de 3 meses para efeitos de reapreciação dos pressupostos da prisão preventiva, nos termos do disposto no art. 213.º do CPP, faz-se a partir da última vez em que foi reapreciada a medida de coacção aplicada, v. g. em consequência de requerimento do arguido.
(Ac. da RL, de 07.10.2004 *in* www.dgsi.pt (Proc. n.º 7125/2004-9))

A decisão que aplicou a prisão preventiva só pode ser reformada se ocorrerem alterações fundamentais ou significativas da situação existente à data daquela decisão.
(Ac. da RP, de 28.04.2004 *in* www.dgsi.pt (Proc. n.º 0441521))

O despacho que reaprecia e mantém a prisão preventiva é irregular por falta de fundamentação se remeter para a fundamentação, ela também deficiente, do despacho que, findo o 1.º interrogatório, determinou a prisão preventiva.
(Ac. da RL, de 10.03.2004 *in* www.dgsi.pt (Proc. n.º 460/2004-3))

Interposto recurso do despacho do juíz que revoga a prisão preventiva e ordena a libertação do arguido, se este, na semana seguinte, é condenado, por acórdão, em pena de prisão suspensa na sua execução, configura-se uma situação de inutilidade superveniente da lide.
(Ac. da RL, de 15.01.2004 *in* www.dgsi.pt (Proc. n.º 7510/2003-9))

Em vista da requerida substituição da prisão preventiva por medida de coação menos gravosa, suscitando o requerente a realização de relatório social, face a matéria sobreveniente, importa que o juíz de instrução determine a realização de tal relatório ou, ao menos, que fundamente a não determinação do mesmo pelo IRS.
(Ac. da RL, de 17.12.2003 *in* www.dgsi.pt (Proc. n.º 9262/2003-3))

A decisão condenatória não pode, só por si mesma, desacompanhada de qualquer outro facto novo, servir para alterar a medida de coação vigente a essa data.
(Ac. da RP, de 17.12.2003 *in* www.dgsi.pt (Proc. n.º 0344780))

Medidas de Coacção 73

Se a um arguido é imposta a medida de prisão preventiva num processo (onde foi sujeito a interrogatório judicial) e é arguido noutro onde os factos que lhe são imputados são os mesmos, não faz sentido, por manifestamente inútil e desnecessário, haver lugar a nova apresentação (no segundo) para interrogatório idêntico, com vista à manutenção da aludida medida de coacção.
(Ac. da RP, de 11.06.2003 *in* www.dgsi.pt (Proc. n.º 0342904))

Não havendo alteração das exigências cautelares nem tendo decorrido desde a data em que foi aplicada a prisão preventiva um período de tempo significativo, em termos de afectar a proporcionalidade entre a gravidade do crime e a duração concreta da medida de coação, é de manter a prisão preventiva.
(Ac. da RL, de 27.11.2002 *in* www.dgsi.pt (Proc. n.º 0078813))

Tendo sido imposta ao arguido prisão preventiva na sequência de acórdão condenatório em pena de prisão e constatando-se que, se não fora essa condenação, não teria sido aplicada tal medida coactiva, deve esta ser revogada se a Relação ordenou o reenvio do processo para novo julgamento.
(Ac. da RL, de 28.08.2002 *in* www.dgsi.pt (Proc. n.º 0067043))

I – Não havendo qualquer alteração ao despacho determinativo da prisão preventiva, que fundamente se considerou adequada, proporcional e suficiente, é de manter tal prisão por força da regra "rebus sic stantibus";
II – É suficiente a fundamentação de um despacho que mantém a prisão preventiva, dando por reproduzidos o teor de dois despachos anteriores e respectivos fundamentos, acrescentando inexistir qualquer alteração dos pressupostos de facto.
(Ac. da RL, de 13.08.2002 *in* www.dgsi.pt (Proc. n.º 0066349))

O tribunal não pode alterar a posição já tomada sobre a subsistência dos pressupostos determinativos da prisão preventiva, na ausência de alteração factual, se aquela medida tiver sido tomada no respeito da lei, sob pena de instabilidade jurídica e desprestigio do mesmo tribunal.
(Ac. da RL, de 19.07.2002 *in* www.dgsi.pt (Proc. n.º 0044879))

A condenação não transitada em julgado não constitui alteração dos pressupostos para com tal fundamento alterar a medida de coação que a arguida vinha cumprindo, pela da prisão preventiva.
(Ac. da RL, de 29.05.2002 *in* www.dgsi.pt (Proc. n.º 0036883))

I – O juiz pode, oficiosamente, decretar a revogação da medida de coacção a que o arguido esteja sujeito, bem como a sua substituição por outra mais gra-

74 *As Medidas de Coacção e de Garantia Patrimonial*

vosa, sem previamente o ouvir, bem como o M.°P.°, desde que especifique as razões de facto e de direito justificativas da desnecessidade dessa audição;
II – Se não o fizer, verificar-se-á uma irregularidade que pode e deve ser conhecida, oficiosamente, pelo tribunal ad quem.
(Ac. da RL, de 17.10.2001 *in* CJ, Ano XXVI, Tomo IV, p. 150)

I – Decretada, por decisão transitada em julgado, a medida de prisão preventiva, só é legalmente admissível a sua revogação ou a sua substituição por outra menos grave desde que supervenientemente àquela decisão ocorram razões que impliquem uma atenuação das exigências cautelares que determinaram a aplicação da medida revidenda (artigo 212 do Código de Processo Penal);
II – O recurso não é o meio directo adequado de reagir contra irregularidades processuais. Estas devem ser arguidas previamente perante o tribunal que as cometeu e da decisão que sobre a arguição for tomada é que pode caber recurso.
(Ac. da RP, de 23.05.2001 *in* www.dgsi.pt (Proc. n.° 0140466))

1.8.2. *Recurso*

O direito ao recurso goza de protecção constitucional, consagrando o n.° 1, do art. 32.°, da Lei Fundamental, que *o processo criminal assegura todas as garantias de defesa, incluindo o recurso* (cfr., ainda, o art. 5.°, n.° 4, da CEDH[102] e o art. 8.°, da DUDH[103]).

Por força do actual **n.° 1**, do art. 219.°, a decisão que aplicar, mantiver (isto é, que não revogar) ou substituir medidas de coacção é susceptível de recurso ordinário.

O arguido pode interpor recurso, por exemplo, quando não forem respeitados os prazos de duração máxima da medida aplicada (cfr. os arts. 215.° e 218.°) ou quando forem violados os princípios gerais subjacentes às medidas de coacção (cfr. o art. 193.°, **n.os 1 e 2** e o art. 28.°, n.° 2, da CRP).

---

[102] De acordo com este preceito *Qualquer pessoa privada da sua liberdade por prisão ou detenção tem direito a recorrer a um tribunal, a fim de que este se pronuncie, em curto prazo de tempo, sobre a legalidade da sua detenção e ordene a sua libertação, se a detenção for ilegal.*
[103] O teor desta norma é o seguinte: *Toda a pessoa tem direito a recurso efectivo para as jurisdições nacionais competentes contra os actos que violem os direitos fundamentais reconhecidos pela Constituição ou pela lei.*

Medidas de Coacção 75

De acordo com o texto legal inserido no **n.° 5**, do art. 213.° (aditado pela Lei n.° 48/2007, de 29 de Agosto), <u>a decisão que mantenha a prisão preventiva ou a obrigação de permanência na habitação é susceptível de recurso nos termos gerais, todavia não determina a inutilidade superveniente de recurso interposto de decisão prévia que haja aplicado ou mantido a medida em causa.</u>

Na esteira da actual **1ª parte**, do **n.° 1**, do art. 219.°, <u>só gozam de legitimidade para interpor recurso da decisão que aplicar, mantiver ou substituir medidas de coacção</u>:

– <u>O arguido</u> (lembramos que o arguido goza, em qualquer fase do processo, do direito de recorrer das decisões contra ele proferidas e que lhe forem desfavoráveis (cfr. os arts. 61.°, n.° 1, **al. i)** e 401.°, n.° 1, al. b)) e

– <u>O MP, no interesse do arguido</u> (cfr. o art. 401.°, n.° 1, al. a) e o art. 219.°, da CRP).

Antes da última reforma ao CPP (levada a cabo pela Lei n.° 48/2007, de 29.08), a admissibilidade de interposição de recurso da decisão de *não aplicação* ou *revogação* de qualquer medida de coacção era objecto de discussão doutrinal[104].

Esta querela foi resolvida pelo legislador, consagrando expressamente no **n.° 3**, do art. 219.°, a <u>irrecorribilidade da decisão que indeferir a aplicação, revogar ou declarar extintas as medidas de coacção.</u>

Tratando-se de prisão preventiva ilegal, para além do recurso, o arguido pode lançar mão da providência de *habeas corpus*, naturalmente desde que observados os respectivos pressupostos (cfr. os arts. 222.° e 223.° e o art. 31.°, da CRP). Para mais desenvolvimentos vejam-se as anotações constantes do ponto 8.13 da presente obra.

Ainda no que concerne a esse expediente legal, resulta do actual **n.° 2**, do art. 219.°, que <u>não existe relação de litispendência ou de caso julgado entre o recurso da decisão que aplicar, mantiver ou substituir medidas de coacção previstas no CPP e a providência de *habeas corpus*, independentemente dos respectivos fundamentos.</u>

---

[104] Sobre essa matéria *vide*, entre outros, MAIA GONÇALVES *in* "Código de Processo...", p. 479, anot. 4; M. SIMAS SANTOS/M. LEAL HENRIQUES *in* "Código de Processo...", Vol. I, ps. 1050/1051 e GERMANO MARQUES DA SILVA *in* "Curso...", Vol. II, p. 320.

Note-se que os fundamentos do *habeas corpus* encontram-se estritamente previstos no n.º 2, do art. 222.º, ao passo que os fundamentos do recurso ordinário têm um alcance mais abrangente.

A litispendência e o caso julgado são excepções dilatórias que obstam a que o tribunal conheça do mérito da causa (cfr. os arts. 493.º, n.º 2 e 494.º, al. i), do CPC).

A este propósito, Maia Gonçalves *in* "Código de Processo...", p. 492, anot. 2, sustenta que "se houver decisão que, no processo de *habeas corpus*, contrarie a que foi aplicada, cumprir-se-á, haja ou não caso julgado ou litispendência, aquela decisão. E se houver litispendência, por estar a correr termos recurso interposto, será caso de inutilidade superveniente da lide logo que haja decisão no processo de *habeas corpus*.".

O regime geral dos recursos encontra-se regulado nos arts. 399.º e segs.. No que diz respeito ao recurso da decisão que aplicar, mantiver ou substituir medidas de coacção importa destacar o seguinte:

– O prazo para a sua interposição é de <u>20 dias</u> e conta-se a partir da notificação da decisão (cfr. o art. 411.º, **n.º 1, al a)**);

– É obrigatória a assistência do defensor (cfr. os arts. 64.º, n.º 1, al. d), 61.º, n.º 1, **al. e)** e 119.º, al c) e o art. 32.º, n.º 3, da CRP);

– O requerimento de interposição é sempre motivado, sob pena da sua não admissão, devendo enunciar especificamente os fundamentos do recurso e terminar pela formulação de conclusões, deduzidas por artigos, em que o recorrente resume as razões do pedido (cfr. os arts. 411.º, **n.º 3**, 1.º parte e 412.º, n.º 1)[105];

– Sobe em separado (juntamente com todos os elementos necessários do processo) e imediatamente (cfr. os arts. 406.º, n.º 2 e 407.º, **n.º 2**, al. c));

---

[105] <u>Versando matéria de direito, as conclusões indicam ainda</u>: a) as normas jurídicas violadas; b) o sentido em que, no entendimento do recorrente, o tribunal recorrido interpretou cada norma ou com que a aplicou e o sentido em que ela devia ter sido interpretada ou com que devia ter sido aplicada; e c) em caso de erro na determinação da norma aplicável, a norma jurídica que, no entendimento do recorrente, deve ser aplicada.

Quando impugne a decisão proferida sobre matéria de facto, o recorrente deve especificar: **a)** os <u>concretos</u> pontos de facto que considera incorrectamente julgados; **b)** as <u>concretas</u> provas que impõem decisão diversa da recorrida; c) as provas que devem ser renovadas (cfr. os **n.ºs 2** e **3**, do art. 412.º).

Medidas de Coacção   77

– Tem efeito devolutivo (cfr. o art. 408.°, *a contrario*), não obstante o recurso do despacho que julgar quebrada a caução possuir efeito suspensivo (cfr. o art. 408.°, n.° 2, al. b));

– Quando interposto para a Relação é julgado em conferência, já que não se trata de decisão final (cfr. os arts. 427.° e 419.°, **n.° 3, al. b**))[106];

– Deve ser julgado no prazo máximo de 30 dias a partir do momento em que os autos forem recebidos no tribunal superior (cfr. o **n.° 4**, do art. 219.°). Trata-se de um prazo meramente ordenador, sem consequências processuais em caso de incumprimento (sem prejuízo de eventual responsabilidade disciplinar).

Custas Processuais

No regime vigente é devida taxa de justiça pela interposição de recurso correspondente a 2 UC (cfr. o n.° 1, do art. 86.°, do CCJ), cujo pagamento deve ser efectuado de acordo com as regras previstas no art. 80.°, do CCJ[107].

Em consonância com as recentes reformas legislativas, o Código das Custas Judiciais (aprovado pelo Dec.-Lei n.° 224-A/96, de 26 de Novembro) será revogado no dia 1 de Setembro de 2008 pelo Dec.-Lei n.° 34//2008, de 26 de Fevereiro, diploma que aprovou o Regulamento das Custas Processuais.

Para além do CCJ, serão ainda revogadas e alteradas algumas normas, designadamente, do CPC e o CPP (cfr. os arts. 25.°, n.° 2, als. a), b) e c), e 26.°, da parte preambular do Dec.-Lei n.° 34/2008).

No que diz respeito a esta matéria, destaque-se, designadamente, a alteração dos valores da taxa de justiça pela interposição de recurso, os

---

106 Se a decisão sobre a medida de coacção for, alegadamente, inconstitucional, o arguido pode interpor recurso para o Tribunal Constitucional.

107 A taxa de justiça que seja condição de seguimento de recurso, deve ser auto-liquidada e o documento comprovativo do seu pagamento junto ao processo com a apresentação do requerimento na secretaria ou no prazo de 10 dias a contar da sua formulação no processo. Note-se que a omissão do pagamento da taxa de justiça determina que o recurso seja considerado sem efeito (cfr. os n.os 1 e 3, do art. 80.°, do CCJ).

A taxa de justiça a fixar na decisão do recurso no Tribunal da Relação varia entre 2 e 30 UC (cfr. o art. 87.°, n.° 1, al. b), do CCJ).

quais variam consoante o Tribunal *ad quem*: o recurso para o Tribunal da Relação é fixado entre 3 a 6 UC e o recurso para o STJ entre 5 a 10 UC.

De notar que a taxa de justiça deve ser paga a final, sendo fixada pelo juiz de acordo com a complexidade da causa, dentro dos valores constantes da tabela III (cfr. o n.° 5, do art. 8.° e a tabela III, ambos do RCP).

Os pagamentos decorrentes do RCP são efectuados, preferencialmente, através dos meios electrónicos disponíveis, sendo, porém, obrigatório o pagamento por via electrónica, designadamente, quando se trate de quantias superiores a 10 UC (cfr. o regime do pagamento voluntário constante do art. 32.°, do RCP).

Se o responsável pelas custas se encontrar em cumprimento de medida privativa da liberdade, há que considerar o disposto nos n.os 6 e 7, do art. 32.°, do RCP.

De notar que o art. 32.°, do RCP, entre outros, aplica-se aos processos pendentes a partir do dia 01.09.2008 (cfr. o n.° 5, do art. 27.° (*Aplicação no tempo*), da parte preambular do Dec.-Lei n.° 34/2008).

Quando o valor a pagar for igual ou superior a 3 UC o responsável pode requerer, fundamentadamente, o pagamento faseado das custas, nos termos e condições reguladas no art. 33.°, do RCP.

Nos termos do n.° 2, do art. 522.°, os arguidos presos gozam de isenção de taxa de justiça pela interposição de recurso em 1ª instância, bem como nos incidentes que requererem ou a que fizerem oposição[108] (quanto ao valor da taxa de justiça nos incidentes vale o disposto no art. 84.°, do CCJ). Ora, também essa norma do CPP será revogada no dia 01.09.2008 pelo Dec.-Lei n.° 34/2008, de 26.02 (cfr. a al. c), do n.° 2, do art. 25.°, da parte preambular desse diploma legal).

Todavia, também o novo RCP prevê a isenção de custas[109], entre outros, dos arguidos detidos ou sujeitos a prisão preventiva, nos termos e condições da al. j), do n.° 1, do art. 4.°.

Importa acrescentar que ficam dispensados do pagamento prévio da taxa de justiça, nomeadamente, os arguidos nos processos criminais ou nos

---

[108] Sobre esta questão, à luz do regime anterior ao RCP, o Ac. da RP, de 16.01.2008 *in* www.dgsi.pt (Proc. n.° 0746305) sustenta que *Os arguidos presos gozam de isenção de custas nos incidentes que requererem, mas não nas ocorrências estranhas ao normal desenvolvimento do processo a que derem causa.*

[109] As custas processuais abrangem a taxa de justiça, os encargos e as custas de parte (cfr. o n.° 1, do art. 3.°, do RCP).

habeas corpus e nos recursos que apresentem em quaisquer tribunais (cfr. a al. c), do art. 15.°, do RCP).

Quanto à possibilidade de o arguido solicitar a concessão de apoio judiciário vale o disposto nos arts. 39.° e segs. da Lei n.° 34/2004, de 29 de Julho (regime de acesso ao direito e aos tribunais), alterada pela Lei n.° 47/2007, de 28 de Agosto[110].

Mesmo que o processo esteja pendente, as alterações às leis de processo, bem como o RCP aplicam-se imediatamente, entre outros, aos recursos que tenham início após o dia 01.09.2008 (cfr. o n.° 2, do art. 27.°, da parte preambular do Dec.-Lei n.° 34/2008).

Jurisprudência

É inválido o acto de envio a tribunal de uma motivação de recurso através de aparelho de telecópia de advogado que não consta da lista oficial organizada pela Ordem dos Advogados.
(Ac. da RP, de 14.11.2007 *in* www.dgsi.pt (Proc. n.° 0745542))

A decisão do relator que mantenha a detenção ou a substitua por medida de coacção em processo de mandado de detenção europeu é recorrível directamente para o Supremo Tribunal de justiça.
(Ac. do STJ, de 11.07.2007 *in* CJ, Ano XV, Tomo III, p. 177)

I – O prazo de decisão do recurso sobre a aplicação da medida de prisão preventiva, previsto no art. 219.° do CPP, onde se determina que deve ser julgado "no prazo máximo de 30 dias a partir do momento em que os autos forem recebidos", não é um prazo máximo da prisão preventiva, mas da prática desse acto processual;
II – O facto do recurso do despacho que aplicou a prisão preventiva ter sido recebido no Tribunal da Relação de Lisboa em 20 de Novembro de 2006 e de mais de 30 dias volvidos sobre essa data ainda não estar decidido, implica uma irregularidade processual, invocável no respectivo processo, mas não afecta a legalidade da prisão preventiva cujos prazos e pressupostos se mantêm independentemente da decisão desse recurso, cujo efeito, aliás, não é suspensivo. (art. 408.° do CPP).
(Ac. do STJ, de 08.02.2007 *in* www.dgsi.pt (Proc. n.° 07P462))

---

[110] Ainda referente ao regime do apoio judiciário cfr., nomeadamente, a Portaria n.° 10/2008, de 3 de Janeiro (que regulamenta a Lei n.° 34/2004, de 29.07), entretanto alterada pela Portaria n.° 210/2008, de 29 de Fevereiro.

2. Termo de identidade e residência

2.1. *Aplicabilidade*

O termo de identidade e residência[111] (também designado por TIR) tem como principal escopo, por um lado, assegurar o contacto entre os serviços ou o tribunal respectivo com o arguido e, por outro, evitar que as notificações que lhe são dirigidas sejam levadas a cabo sem sucesso (muitas das vezes intencionalmente) e, por via disso, se retarde indefinidamente o prosseguimento dos autos.

Por força do n.º 1, do art. 196.º, a autoridade judiciária ou o órgão de polícia criminal[112] sujeitam a TIR, lavrado no processo, todo aquele que for constituído arguido[113], ainda que já tenha sido identificado nos termos do art. 250.º (norma atinente à identificação de suspeito e pedido de informações[114]).

A aplicação do TIR tem como pressuposto a continuidade do processo e, apesar de ser a medida de coacção de menor gravidade (apesar de limitador da liberdade pessoal), possui uma natureza automática, uma vez que a sua aplicação não se encontra condicionada pelos critérios da necessidade, da adequação e da proporcionalidade (cfr. o **n.º 1**, do art. 193.º).

Estamos, assim, perante uma medida aplicável em qualquer processo, independentemente da espécie ou gravidade do crime em causa, não dependendo sequer do preenchimento dos requisitos gerais previstos no art. 204.º.

---

[111] Sobre esta medida de coacção *vide* TELMA MARIA DOS SANTOS FERNANDES *in* "I Congresso…", ps. 345 e segs..

[112] Considera-se autoridade judiciária *o juiz, o juiz de instrução e o MP, cada um relativamente aos actos processuais que cabem na sua competência.*

Por sua vez, os órgãos de polícia criminal *são todas as entidades e agentes policiais a quem caiba levar a cabo quaisquer actos ordenados por uma autoridade judiciária ou determinados pelo CPP* (cfr. as als. b) e c), do art. 1.º).

[113] O TIR é obrigatoriamente prestado logo após a constituição de arguido (cfr. os arts. 58.º, n.º 1, al. b) e 61.º, n.º 3, al. c)).

Também o n.º 1, do art. 192.º, prevê que a aplicação de medidas de coacção depende da prévia constituição como arguido (nos termos do art. 58.º), da pessoa que delas for objecto.

[114] Recordamos que, ao abrigo do disposto no n.º 2, do art. 191.º, não se considera medida de coacção a obrigação de identificação perante a autoridade competente, nos termos e com os efeitos previstos no art. 250.º.

Para além do mais, o **n.º 4**, do art. 194.º, exclui expressamente a obrigatoriedade de fundamentação do despacho que aplicar o TIR.

Em virtude do actual art. 11.º, do CP, na versão introduzida pela Lei n.º 59/2007, de 4 de Setembro, as pessoas colectivas e entidades equiparadas são também susceptíveis de responsabilidade criminal. Em consequência disso, podem ser sujeitas à aplicação de medidas de coacção, designadamente, de TIR, neste caso, para que as notificações sejam efectuadas para a respectiva sede ou local onde funciona a administração.

A não sujeição do arguido a esta medida de coacção constitui irregularidade processual (cfr. os arts. 118.º, n.º 2 e 123.º). No entanto, há quem entenda tratar-se de uma nulidade sanável, já que se trata de uma diligência imposta por lei (cfr. o art. 120.º, n.º 1, **al d**))[115].

Cumpre realçar que o TIR é a única medida de coacção que pode ser aplicada pelo MP (durante a fase do inquérito, cfr. os arts. 194.º, n.º 1 e 268.º, n.º 1, al. b) *in fine*) ou por órgãos de polícia criminal[116] (nesse caso, a competência resulta do n.º 1, do art. 270.º, o qual se reporta aos actos que podem ser delegados pelo MP durante a fase do inquérito).

Todas as outras medidas de coacção têm de ser aplicadas por despacho do juiz, conforme resulta da redacção do n.º 1, do art. 194.º.

Uma nota final para referir que o regime jurídico relativo ao TIR não sofreu quaisquer alterações com a Lei n.º 48/2007, de 29.08.

2.2. *Elementos obrigatórios*

O arguido, de modo a que possa ser sempre avisado das suas obrigações (*v. g.*, para comparência em determinado acto processual), deve indicar a sua residência, o local de trabalho ou outro domicílio à sua es-

---

[115] Nesse sentido *vide* P. PINTO DE ALBUQUERQUE *in* "Comentário do Código...", p. 535.

[116] Sobre a questão de saber como funciona o dispositivo do art. 219.º sobre a admissibilidade de recurso da decisão que aplicar o TIR, quando este é imposto pelo MP ou pelo órgão de polícia criminal, *vide* MAIA GONÇALVES *in* "Código de Processo...", p. 449, anot. 3, que admite a sua impugnação perante o juiz de instrução, e recurso da decisão deste. Em sentido discordante *vide* P. PINTO DE ALBUQUERQUE *in* "Comentário do Código...", p. 535.

colha, para o efeito de ser notificado mediante via postal simples[117] (cfr. o n.º 2, do art. 196.º).

Apesar disso, *a convocação de uma pessoa para comparecer a acto processual pode ser feita por qualquer meio destinado a dar-lhe conhecimento do facto, inclusivamente por via telefónica, lavrando-se cota no auto quanto ao meio utilizado* (cfr. o n.º 1, do art. 112.º).

Ainda de referir a possibilidade de o arguido poder indicar pessoa, com residência ou domicílio profissional situados na área de competência territorial do tribunal, para o efeito de receber as notificações, as quais se consideram com tendo sido feitas ao próprio notificações (cfr. o n.º 8, do art. 113.º).

Convém sublinhar que o TIR "como acto que deve constar do processo e fazer fé, no plano endoprocessual, das injunções comunicadas ao arguido, por virtude do estatuto que a sua constituição lhe confere, assume a forma de acto processual reduzido a escrito, assumindo normalmente a feição de um acto escrito em fórmula pré-impressa."[118]. A propósito da forma escrita dos actos, cfr. o n.º 3, do art. 94.º.

No momento em que presta o TIR, o arguido, caso ainda não tenha constituído advogado, deve proceder à emissão de uma declaração relativa ao rendimento, património e despesa permanente do seu agregado familiar (cfr. o n.º 3, do art. 39.º, da Lei n.º 47/2007, de 28 de Agosto, a qual altera a Lei n.º 34/2004, de 29 de Julho, que aprovou o regime de acesso ao direito e aos tribunais)[119].

---

[117] Nos termos da al. c), do n.º 1, do art. 113.º (relativo às regras gerais sobre notificações).

É do seguinte teor a redacção dos n.os 3 e 4, do art. 113º: *Quando efectuadas por via postal simples, o funcionário judicial lavra uma cota no processo com a indicação da data da expedição da carta e do domicílio para a qual foi enviada e o distribuidor do serviço postal deposita a carta na caixa de correio do notificando, lavra uma declaração indicando a data e confirmando o local exacto do depósito, e envia-a de imediato ao serviço ou ao tribunal remetente, considerando-se a notificação efectuada no 5º dia posterior à data indicada na declaração lavrada pelo distribuidor do serviço postal, cominação esta que deverá constar do acto de notificação* (n.º 3).

Se for impossível proceder ao depósito da carta na caixa de correio, o distribuidor do serviço postal lavra nota do incidente, apõe-lhe a data e envia-a de imediato ao serviço ou ao tribunal remetente (n.º 4).

[118] Cfr. o Ac. da RC, de 12.09.2007 *in* www.dgsi.pt (Proc. n.º 613/03.9TAACB.C1)

[119] Posteriormente, a secretaria do tribunal deve apreciar a insuficiência económica do arguido e proceder de acordo com o estipulado nesse art. 39.º, do diploma legal mencionado.

Medidas de Coacção   83

Esta declaração, que deve ser reduzida a escrito ou outro suporte de registo visa "determinar a situação económica do arguido no confronto com os custos da defesa oficiosa, certo que, na maioria dos actos processuais, é legalmente obrigatória a sua assistência por advogado."[120]

Para além da identificação do arguido e da indicação do local onde este possa ser encontrado sempre que o tribunal assim o entender, do termo (de identidade e residência) deve ainda constar que ao arguido foi dado conhecimento (cfr. o n.º 3, do art. 196.º):

a) Da obrigação de comparecer perante a autoridade competente ou de se manter à disposição dela sempre que a lei o obrigar ou para tal for devidamente notificado (cfr. a al. a), do n.º 3, do art. 61.º);

b) Da obrigação de não mudar de residência nem dela se ausentar por mais de 5 dias sem comunicar a nova residência ou o lugar onde possa ser encontrado;

c) De que as posteriores notificações serão feitas por via postal simples para a sua residência, local de trabalho ou outro domicílio por si indicado (cfr. o n.º 2, do art. 196.º), excepto se o arguido comunicar uma outra morada, através de requerimento entregue ou remetido por via postal registada à secretaria onde os autos se encontrarem a correr nesse momento.

2.3. *Consequências do incumprimento das obrigações*

Por imposição da al. d), do n.º 3, do art. 196.º, do termo (de identidade e residência) deve ainda constar que ao arguido foi dado conhecimento de que o incumprimento das suas obrigações processuais tem como efeito legitimar:

– A sua representação por defensor em todos os actos processuais nos quais tenha o direito ou o dever de estar presente (cfr. os arts. 62.º e segs. e 119.º, al. c)) e

– A realização da audiência na sua ausência, nos termos do art. 333.º, o qual se reporta à falta e julgamento na ausência do arguido notificado para a audiência[121].

---

[120] *Vide* SALVADOR DA COSTA *in* "O Apoio Judiciário", p. 242.

[121] Portanto, se o arguido prestou o TIR e faltar à segunda marcação do julgamento, pode este ser efectuado na sua ausência, nos termos da parte final da al. d), do n.º 3, do art. 196.º.

84 As Medidas de Coacção e de Garantia Patrimonial

Convém referir que, não tendo prestado o TIR e na impossibilidade de notificação do despacho que designa o dia para a realização da audiência de julgamento, o arguido deve ser declarado contumaz, de acordo com o regime previsto nos arts. 335.º e segs.[122] (sublinhe-se que o regime da contumácia não tem aplicação quando o arguido tiver validamente prestado o TIR).

Questão diferente é a da violação do próprio TIR, *v. g.*, referência de uma morada falsa aquando da prestação desse termo ou a não comunicação de mudança de residência.

Nestas circunstâncias, isto é, em caso de violação das obrigações impostas pelo TIR, o juiz pode impor ao arguido outra ou outras das medidas de coacção admissíveis no caso. Para esse efeito, deverá ter em conta a gravidade do crime imputado e os motivos que terão levado o arguido ao incumprimento de tais obrigações (cfr. o **n.º 1**, do art. 203.º).

2.4. *Cumulação com outras medidas de coacção*

A aplicação do TIR é sempre cumulável com qualquer outra medida de coacção ou de garantia patrimonial (cfr. o n.º 4, do art. 196.º).

2.5. *Prazos de duração máxima e extinção*

Ao contrário do que se verifica com a maioria das medidas de coacção (cfr. os arts. 215.º e 218.º), a lei não fixou um prazo máximo de duração para o TIR. Assim sendo, esta medida deve prolongar-se durante toda a pendência do processo, enquanto não for extinta nos termos gerais do n.º 1, do art. 214.º.

Diga-se, aliás, que estando esta medida indissociavelmente ligada à qualidade de arguido, deve igualmente conservar-se durante o decurso do processo, até ao trânsito em julgado da decisão que lhe puser fim (cfr. o n.º 2, do art. 57.º).

---

[122] Por força do **n.º 2**, do art. 336.º, logo que se apresente ou for detido, o arguido é sujeito a TIR, sem prejuízo da possibilidade de aplicação de outras medidas de coacção, observando-se o disposto nos n.os 2, 4 e 5, do art. 58.º (respeitantes às formalidades a obedecer quanto à constituição de arguido).

Jurisprudência

1. Não vale como notificação da acusação ao arguido a comunicação por via postal simples para a morada indicada aquando da prestação do termo de identidade e residência, se posteriormente indicou outra morada.
2. E também essa notificação não pode ser efectuada por via postal simples para a nova morada, se esta se situar em Espanha, por ali não ter aplicação o procedimento previsto no n.° 3 do art.113.° do Código de Processo Penal.
3. A invalidade da notificação da acusação ao arguido constitui uma irregularidade que pode ser conhecida oficiosamente no despacho proferido ao abrigo do art. 311.° do mesmo diploma legal.
(Ac. da RP, de 26.03.2008 *in* www.dgsi.pt (Proc. n.° 0840057))

Encontrando-se extinta a medida de coacção (TIR) e sendo a notificação efectuada ao arguido nos termos do n.° 1, alínea c., do n.° 1 do art. 113.° apenas permitida no âmbito do n.° 2, do art. 196.°, a notificação para comparecimento no IRS a fim de ser elaborado o PIR (Plano Individual de Readaptação) terá que se efectuar mediante uma das formas previstas nas alíneas a) e b), não sendo de aplicar o disposto no n.° 9, uma vez que estamos perante convocação para comparecimento em acto processual.
(Ac. da RC, de 12.03.2008 *in* www.dgsi.pt (Proc. n.° 377/06.4GBTNV.A.C1))

É uma medida desproporcionada e inadequada impor ao arguido comparência forçada, mediante detenção, sem que lhe tenha sido dada a possibilidade efectiva de previamente e por sua livre vontade comparecer livremente nos Serviços do Ministério Público, ou sem que tenha sido advertido dessa possibilidade, no caso de mudar de residência sem a comunicar.
(Ac. da RP, de 13.02.2008 *in* www.dgsi.pt (Proc. n.° 0713469))

1 – Tendo o arguido prestado termo de identidade e residência (TIR) e o despacho de acusação sido remetido para a morada por si indicada nesse TIR, por via postal simples, com prova de depósito, bem como sido notificado do despacho "de recebimento" da acusação e designação de data para audiência de julgamento e ainda do defensor nomeado, também por via postal simples com prova de depósito, foi o mesmo regularmente notificado dos actos cuja notificação pessoal a lei impõe;
2 – No que se refere ao julgamento, é de considerar que esteve legitimamente representado na audiência pelo seu defensor oficioso, sendo do seu conhecimento, a partir da prestação do TIR, que tal eventualidade poderia ocorrer, caso não desse cumprimento às obrigações constantes do mesmo TIR, como acabou por acontecer (arts. 196.°, alínea d) e 333.° do CPP);

86   *As Medidas de Coacção e de Garantia Patrimonial*

3 – A notificação por via postal simples nos termos indicados não ofende o núcleo essencial do direito de defesa do arguido, pois as garantias de que o legislador fez rodear a possibilidade de o arguido ser notificado por essa via são de molde a considerar-se como tendo chegado à esfera de conhecimento do arguido a notificação dos actos fundamentais do processo, nomeadamente aqueles em que se exige a sua presença, maxime, o julgamento, e que, se ele deles não tomou conhecimento foi por culpa sua, estando ciente das suas consequências;

4 – O julgamento na ausência, nessas condições, estando o arguido representado por defensor oficioso e sendo respeitadas as demais exigências legais impostas pelos números 1, 2 e 3 do art. 333.° do CPP, garantindo-se, além disso, o direito ao recurso com a exigência de notificação pessoal do arguido (pela sua voluntária apresentação ou através da sua detenção), não viola o essencial dos direitos de defesa, de presença e de audição, como se ponderou no Acórdão do Tribunal Constitucional n.° 206/2006, de 22/3, Proc. n.° 676/2005 e no Acórdão n.° 465/2004, de 23/6, Proc. n.° 249/2004;

5 a 7 – (...).

(Ac. do STJ, de 31.01.2008 *in* www.dgsi.pt (Proc. n.° 07P3272))

1. O regime do D.L. 144/99, de 31/8 admite a emissão de carta rogatória para a prestação de TIR fora do território português;

2. A emissão da carta rogatória para a notificação do arguido e prestação de TIR não é admissível quando desconhecido o paradeiro do arguido visado.

(Ac. da RC, de 31.10.2007 *in* www.dgsi.pt (Proc. n.° 1924/05.4TBACB-A.C1) e CJ, Ano XXXII, Tomo IV, p. 63)

I – Uma notificação judicial é um acto de soberania que não pode ser praticado num país estrangeiro se não existir convenção internacional que o autorize ou lei interna do país destinatário que o permita;

II – No que concerne a Espanha, as notificações em processo penal só se podem realizar directamente pelo correio desde 23 de Agosto de 2005, data em que entrou em vigor a Convenção de Bruxelas de 29 de Maio de 2000;

III – As notificações a que se refere o n.° 2 do artigo 196.° do Código de Processo Penal, pela sua própria especificidade, só podem ter lugar, nos termos previstos na lei, em Portugal.

(Ac. da RL, de 24.10.2007 *in* www.dgsi.pt (Proc. n.° 6945/2007-3))

1. Não obstante a possibilidade legal de se proceder à audiência de julgamento do arguido ausente quando o mesmo prestou termo de identidade e residência e se encontra devidamente notificado, atento o disposto nos artigos 196.° e 333.°, ambos do Cód. Proc. Penal, o arguido ausente deverá ser notificado pessoalmente da decisão condenatória, nos termos do prescrito no art. 113.°, n.° 9 do Cód. Proc. Penal;

Medidas de Coacção 87

2. *A notificação pessoal do arguido da sentença condenatória não inclui a sua notificação via postal simples para a morada constante do termo de identidade e residência, porquanto o legislador com a norma constante do art. 333.º, n.º 5 do Cód. Proc. Penal pretendeu afastar a regra geral das notificações, atento o especial cuidado e formalismo da notificação da sentença, evidenciado por razões óbvias, traduzidas na contagem do prazo de recurso.*
(Ac. da RC, de 26.09.2007 *in* www.dgsi.pt (Proc. n.º 225/01.1PBTMR-A.C1) e CJ, Ano XXXII, Tomo IV, p. 57)

A medida de coacção de termo de identidade e residência imposta ao arguido por termo nos Autos, lavrado em Auto, em diligência presidida pela Autoridade Judiciária Alemã, no caso sub judice *pelo Juiz, que explicou ao arguido e lhe deu a conhecer os seus deveres de acordo com o n.º 3, do artigo 196.º, do Código de Processo Penal, factos que o mesmo compreendeu e do qual recebeu um duplicado traduzido em língua germânica, Auto esse que foi redigido, assinado quer pela Autoridade Judiciária competente, quer pelo arguido e por uma terceira outra pessoa, é formal e substancialmente válida, ainda que o formulário "stricto sensu" do termo de identidade e residência, enviado para o efeito, não se mostre assinado pelo arguido.*
(Ac. da RC, de 12.09.2007 *in* www.dgsi.pt (Proc. n.º 613/03.9TAACB.C1) e CJ, Ano XXXII, Tomo IV, p. 50)

A validade do termo de identidade e residência pressupõe a veracidade dos pertinentes dados informativos do sujeito-arguido. No caso de se comprovar a inexistência da residência indicada (pelo funcionário distribuidor do serviço postal) impõe-se a conclusão da falsidade da prestação informativa (com a consequente infracção criminal) e tem de se considerar ilidida a presunção da notificação via postal para a referida residência.
(Ac. da RC, de 27.06.2007 *in* www.dgsi.pt (Proc. n.º 228/06.0GAMMV-A.C1))

I – No caso de o arguido se encontrar preso e sendo essa situação do conhecimento do Tribunal, deve ser notificado para comparecer em julgamento mediante requisição a efectuar ao Director do Estabelecimento Prisional, sendo irregular qualquer comunicação efectuada para uma das residências indicadas no TIR, enquanto perdurar essa prisão;
II – Não tendo o arguido sido notificado nas aludidas condições e tendo faltado ao julgamento, ocorre a nulidade insanável prevista no art. 119.º, al. c) do Código de Processo Penal.
(Ac. da RP, de 17.01.2007 *in* www.dgsi.pt (Proc. n.º 0416187))

88 As Medidas de Coacção e de Garantia Patrimonial

I – É inútil a expedição de carta rogatória para tomada de TIR a arguido contumaz com residência conhecida nos autos;
II – E é uma diligência contrária aos normativos que disciplinam as formalidades da audiência de julgamento se é conhecido o paradeiro do arguido que foi legalmente notificado para comparecer e não compareceu.
(Ac. da RC, de 13.12.2006 *in* www.dgsi.pt (Proc. n.º 44/94.0TACB-A.C1))

1 – Só quando se regista a não comparência na audiência, por não ser possível a notificação do arguido, que não prestou termo de identidade e residência, é que poderá haver lugar, observadas as diligências legalmente previstas, à declaração de contumácia;
2 – O que, necessariamente, pressupõe a marcação de uma efectiva data para a realização da audiência de julgamento.
(Ac. da RL, de 05.12.2006 *in* www.dgsi.pt (Proc. n.º 8666/2006-5))

1. Não é obrigatória a presença de defensor no momento em que o arguido presta TIR mesmo que o arguido seja analfabeto, se este não informa dessa condição e se assina o seu nome;
2. O normativo do art. 333.º CPC tem como pressuposto que o arguido tenha sido regularmente notificado;
3. (…).
(Ac. da RL, de 14.11.2006 *in* www.dgsi.pt (Proc. n.º 9119/2006-5))

I – A notificação por via postal simples só se considera feita com o depósito da carta na caixa do correio do notificando – art. 113.º, n.º 3, do CPP;
II – Não se tendo verificado o depósito numa caixa de correio de qualquer das cartas enviadas para notificação do arguido, de forma a que o mesmo pudesse ter conhecimento do seu conteúdo, terá de se considerar que o arguido não foi notificado na forma legal em qualquer das referidas situações;
III – A falta de notificação para o julgamento assume relevo processual intransponível, pois, não sendo caso de realização do julgamento na ausência do arguido ao abrigo do art. 333.º, n.º 1, do CPP, dado que aquele não se encontrava notificado, a sua presença na audiência era obrigatória, por força do disposto no art. 332.º, n.º 1, do mesmo diploma legal, sendo cometida a nulidade insanável prevista no art. 119.º, al. c), do CPP – ausência do arguido ou do seu defensor nos casos em que a respectiva comparência é obrigatória –, que no caso conduz à anulação do julgamento efectuado em 1.ª instância, nulidade que deve ser declarada oficiosamente em qualquer altura do processo (art. 119.º, n.º 1, do referido diploma legal);
IV – Este regime está de harmonia com a consagração dos direitos de defesa do arguido contemplada no art. 32.º da CRP.
(Ac. do STJ de 04.10.2006 *in* www.dgsi.pt (Proc. n.º 06P2048))

Medidas de Coacção 89

Tendo o arguido assinado o TIR sem se aperceber que a morada aí constante como sendo a da sua residência não era correcta e sendo para essa morada enviadas as cartas para a sua notificação – da acusação e do julgamento – que vieram devolvidas, pratica-se nulidade absoluta ao realizar-se o julgamento na ausência do arguido, que nunca chegou a ser notificado, apesar de no TIR constar o domicílio profissional do arguido, dois números de telefone e de nos autos constar a sua verdadeira morada.
(Ac. da RG, de 18.09.2006 *in* CJ, Ano XXXI, Tomo IV, p. 281)

É inexistente a notificação por via postal simples feita a arguido que não prestou termo de identidade e residência.
(Ac. da RP, de 21.06.2006 *in* www.dgsi.pt (Proc. n.º 0642778))

Tendo o arguido prestado TIR e tendo sido expedida carta (para notificação da data designada para julgamento) por via postal simples, para a morada que indicou, a qual veio devolvida sem ter sido atestado o depósito pelo distribuidor postal, não se pode considerar efectuada a notificação.
(Ac. da RC, de 24.05.2006 *in* www.dgsi.pt (Proc. n.º 239/06))

I – Os instrumentos de cooperação judiciária internacional não impedem a possibilidade de serem os arguidos, através dos mecanismos próprios, sujeitos à medida de coacção de termo de identidade e residência;
II – Com efeito, do disposto no art. 196.º do CPP não resulta a obrigatoriedade do TIR ser prestado apenas no território nacional, pelo que, dando-se conhecimento ao arguido do conteúdo do TIR, e assumindo este o respectivo conhecimento (assinando-o), não há razão substancial para o não considerar válido tendo emanado, como emanou, da autoridade competente e no contexto legal que o torna admissível.
(Ac. da RG, de 20.03.2006 *in* www.dgsi.pt (Proc. n.º 2430/05-2))

É válido o TIR prestado através de carta rogatória emitida para o efeito.
(Ac. da RG, de 20.03.2006 *in* CJ, Ano XXXI, Tomo II, p. 278)

Deve ser submetido a primeiro interrogatório judicial o cidadão estrangeiro detido em situação ilegal, ainda que a medida de coacção adequada e proporcional seja apenas a prestação de termo de identidade e residência.
(Ac. da RL, de 21.12.2005 *in* CJ, Ano XXX, Tomo V, p. 150)

A notificação ao arguido que tenha prestado termo de identidade e residência considera-se efectuada, apesar de a carta ter sido devolvida, desde que

90 As Medidas de Coacção e de Garantia Patrimonial

tenha sido enviada para a morada por ele indicada no termo de identidade e residência.
(Ac. da RP, de 09.06.2004 *in* www.dgsi.pt (Proc. n.º 0412931))

Não tendo o arguido prestado TIR de acordo com o estatuído no art. 196.º, n.º 3, al. d) do CPP, na versão introduzida pelo DL 320-C/2000, de 15/12 mas, isso sim, nos termos previstos no art. 196.º, n.º 3, al. c) do CPP, na versão introduzida pelo DL 59/98, de 25/8, o julgamento não pode ter lugar na 1ª data para esse efeito designada, sem a sua presença; tendo-o sido, verifica-se a nulidade insanável prevista no art. 119.º, al. c) do CPP.
(Ac. da RE, de 18.05.2004 *in* www.dgsi.pt (Proc. n.º 51/04-1))

I – De acordo com os n.ᵒˢ 1 e 2 do artigo 333.º do Código de Processo Penal, o prosseguimento da audiência sem a presença do arguido tem como pressuposto que ele tenha sido «regularmente notificado» da data para ela designada;
II – Embora essa notificação, porque o arguido tinha prestado termo de identidade e residência (artigo 313.º, n.º 3), pudesse ter sido feita por via postal simples, nos termos previstos no artigo 113.º, n.º 1, alínea c), do Código de Processo Penal, ela tinha de ser efectuada para a morada indicada pelo arguido para esse fim;
III – Uma vez que não se pode considerar que o arguido se encontrasse regularmente notificado da data da audiência e nela não esteve presente, não se pode deixar de considerar que foi cometida a nulidade insanável prevista na alínea c) do artigo 119.º do Código de Processo Penal, a qual determina a invalidade da audiência realizada e, consequentemente, a da sentença que, na sua sequência, foi proferida.
(Ac. da RL, de 25.02.2004 *in* www.dgsi.pt (Proc. n.º 10011/2003-3))

A notificação do arguido por meio de carta simples, para todos os actos posteriores à prestação de termo de identidade e residência não viola o seu direito de defesa (artigo 32 da Constituição).
(Ac. da RP, de 11.02.2004 *in* www.dgsi.pt (Proc. n.º 0312890))

I – Estando o arguido sujeito a termo de identidade e residência e tendo sido regularmente notificado para a audiência de julgamento, deve iniciar-se a audiência sem a presença do arguido – seja qual for o motivo da ausência – se o tribunal considerar que a presença daquele desde o início da audiência não é absolutamente indispensável para a descoberta da verdade material, sendo o arguido, para todos os efeitos, representado pelo seu defensor;

Medidas de Coacção 91

II – Dada sem efeito a primeira data marcada para a audiência de julgamento, por razões não imputáveis ao arguido e iniciada a audiência na ausência do arguido, por o tribunal considerar que a presença deste desde o início da audiência não era absolutamente indispensável para a descoberta da verdade material ou porque a falta do arguido teve como causa os impedimentos enunciados nos n.ᵒˢ 2 a 4 do art. 117.° do CPP, só há que designar nova data para o arguido prestar declarações se o tribunal o considerar necessário ou se o advogado constituído ou o defensor nomeado ao arguido requerer que este seja ouvido.
(Ac. da RE, de 03.02.2004 *in* www.dgsi.pt (Proc. n.° 2232/03-1))

Não tendo o arguido sido notificado da data para o julgamento com a cominação de que, faltando, a audiência teria lugar na sua ausência e, realizado assim mesmo o julgamento, não tendo sido documentados em acta os depoimentos oralmente prestados praticaram-se nulidades insanáveis que importam a repetição do acto.
(Ac. da RL, de 20.01.2004 *in* www.dgsi.pt (Proc. n.° 43/2003-5))

O arguido que prestou Termo de Identidade e Residência, nos termos do disposto no art.196° do C. P. Penal, na redacção dada pelo D.L. 320-C/2000 de 15/12 e verificando-se, posteriormente, mudança de residência sem comunicação ao processo, legitima a sua representação por defensor em todos os actos processuais em que tenha o direito ou dever de estar presente, ou seja, legitima, em relação ao arguido não cumpri dor das obrigações assumidas, a prática de todos os actos processuais posteriores à prestação de TIR. Face ao descrito, inexistem diligências praticadas por éditos em relação ao arguido, o que equivale a dizer que ao mesmo não se aplica o regime da Contumácia.
(Ac. da RC, de 05.11.2003 *in* www.dgsi.pt (Proc. n.° 2760/03))

Tendo o arguido prestado termo de identidade e residência, deve considerar-se regularmente notificado, designadamente para efeitos de prosseguimento dos autos e de realização da audiência de discussão e julgamento, ainda que tenham sido devolvidas as cartas contendo a sua notificação, desde que as mesmas tenham sido remetidas para a residência que tinha indicado no termo.
(Ac. da RL, de 25.02.2003 *in* CJ, Ano XXVII, Tomo I, p. 144)

É valida para a suspensão da contumácia a junção pelo arguido de procuração a advogado, e a pretensão de ser julgado na sua ausência bem como a prestação de termo de identidade e residência no Consulado Português do Canadá, país onde reside.
(Ac. da RL, de 15.05.2001 *in* www.dgsi.pt (Proc. n.° 0002345))

MINUTAS

(PROPOSTA DE) COMUNICAÇÃO DE ALTERAÇÃO DE RESIDÊNCIA (art. 196.°, n.° 3, al. c)[123], do CPP)

Exmo. Senhor Juiz do Tribunal Judicial da Comarca de...

Proc. n.°...
1.° Juízo Criminal

..., arguido nos autos à margem identificados vem, em cumprimento do disposto na al. c), do n.° 3, do art. 196.°, do CPP, comunicar que alterou a sua residência para a Rua....

JUNTA: Duplicados legais.

O Defensor,

---

[123] O arguido deve comunicar a alteração da sua residência, local de trabalho ou outro domicílio por si escolhido e indicado nos termos do n.° 2, do art. 196.°. Tal comunicação é feita por requerimento entregue ou remetido por via postal registada à secretaria onde os autos se encontrarem a correr nesse momento.

Medidas de Coacção 93

(PROPOSTA DE) COMUNICAÇÃO DE MUDANÇA DE RESIDÊNCIA POR MAIS DE CINCO DIAS (art. 196.°, n.° 3, al. b)[124], do CPP)

Exmo. Senhor Juiz do Tribunal Judicial da Comarca de...

Proc. n.°...
3.° Juízo Criminal

..., arguido nos autos à margem identificados, tendo necessidade de se deslocar, por motivos profissionais, para a cidade de... durante o período de.... a... de 2008, vem, em cumprimento do disposto na al. b), do n.° 3, do art. 196.°, do CPP, comunicar que poderá ser encontrado na seguinte morada: Rua....

Aproveita, ainda, para informar que poderá ser contactado através do telefone com o n.°.... e fax com o n.°....

JUNTA: Duplicados legais.

O Defensor,

---

[124] Aquando da prestação do TIR, ao arguido é dado conhecimento, designadamente, da obrigação de não mudar de residência nem dela se ausentar por mais de 5 dias sem comunicar a nova residência ou o lugar onde possa ser encontrado.

94 As Medidas de Coacção e de Garantia Patrimonial

3. Caução

3.1. *Nota prévia*

A caução é uma medida de coacção que, tal como as restantes, é restritiva dos direitos fundamentais do arguido, neste caso, do seu direito de propriedade (cfr. o art. 62.°, da CRP).

A prestação de caução implica a entrega de uma determinada quantia pecuniária à ordem do tribunal, visando garantir que, por via disso, o arguido cumprirá todas as suas obrigações processuais de carácter não pecuniário.

Não obstante tratar-se de uma medida de natureza patrimonial, esta caução (vulgarmente designada pela doutrina de *carcerária*) não se confunde com a prevista no art. 227.° (*Caução económica*), a qual é uma medida de garantia patrimonial com finalidades processuais distintas: garantir o cumprimento de obrigações de carácter pecuniário, *v. g.*, pagamento das custas do processo ou do pedido de indemnização civil.

No entanto, nada impede que o juiz possa determinar a cumulação dessas duas medidas.

A prestação de caução é um incidente processual com tramitação autónoma que corre por apenso à acção penal (cfr. o n.° 3, do art. 206.°).

Ainda de referir que o regime da caução, tal como o do TIR, não sofreu alterações em virtude da Lei n.° 48/2007, de 29 de Agosto.

3.2. *Aplicabilidade*

O juiz pode impor a obrigação de prestar caução se:

– O crime imputado ao arguido for punível com *pena de prisão*[125] (cfr. o n.° 1, do art. 197.°) e

– Em concreto, observar-se algum ou alguns dos requisitos enunciados no art. 204.°, no momento da aplicação da medida.

Na fixação do montante da caução, o juiz deve ter em conta os aspectos enunciados no n.° 3, do art. 197.°, quais sejam, os fins de natureza cau-

---

[125] Neste caso, atende-se à natureza da pena aplicável e não ao seu *quantum*.

Medidas de Coacção 95

telar a que se destina, a gravidade do crime imputado, o dano por este causado e a condição sócio-económica do arguido.

De destacar a possibilidade de aplicação desta medida de coacção aquando do esgotamento dos prazos de duração máxima da prisão preventiva ou da obrigação de permanência na habitação (cfr. os arts. 217.°, n.° 2 e 218.°, n.° 3).

3.3. *Modalidades de prestação da caução*

Ao abrigo do n.° 1, do art. 206.°, a caução pode ser prestada por um dos meios seguintes (nos concretos termos em que o juiz o admitir):

    – Depósito (no âmbito da lei civil o depósito pode ser de dinheiro, títulos de crédito, pedras ou metais preciosos (cfr. o art. 623.°, n.° 1, do CC);

    – Penhor (cfr. os arts. 666.° e segs., do CC);

    – Hipoteca (cfr. os arts. 686.° e segs., do CC);

    – Fiança bancária ou fiança (cfr. os arts. 627.° e segs., do CC).

Mediante autorização do juiz, pode o arguido que tiver prestado caução por qualquer um destes meios substituí-lo por outro, como será o caso, por exemplo, da substituição de depósito por hipoteca (cfr. o n.° 2, do art. 206.°).

3.4. *Substituição da caução por outra(s) medida(s) de coacção*

Conforme já se disse, na fixação do montante da caução, o juiz deve ter em conta, designadamente, a condição sócio-económica do arguido. Assim sendo, se o arguido se encontrar *impossibilitado* ou tiver *graves dificuldades* ou *inconvenientes* em prestar caução, o juiz pode substituí-la por outra ou outras medidas de coacção legalmente cabidas ao caso, as quais acrescerão a outras que já tenham sido impostas[126] (cfr. o n.° 2, do art. 197.°).

---

[126] Segundo MAIA GONÇALVES *in* "Código de Processo...", p. 451, anot. 6, este regime é igualmente aplicável ao arguido que não preste a caução que lhe foi imposta apesar de ter possibilidade de o fazer.

Refira-se que a impossibilidade, grave dificuldade ou inconveniência "devem ser apreciadas de um ponto de vista objectivo, segundo o padrão exigível a um homem comum que dispusesse da situação financeira do arguido."[127]

O juiz pode proceder à substituição da caução, nos termos mencionados, oficiosamente ou a requerimento do arguido ou do MP.

De acordo com o exposto no Ac. da RP, de 22.06.2005 *in* www.dgsi.pt (Proc. n.º 0511294) *O trânsito em julgado da decisão que impõe a medida de coacção da caução não impede a substituição desta por outra medida.*

Convém ainda evidenciar a impossibilidade, expressamente consignada na lei, de substituição da caução pelas medidas de prisão preventiva ou de obrigação de permanência na habitação (cfr. os arts. 201.º e 202.º), o que, de resto, está em consonância com o regime previsto no art. 205.º (relativo às medidas de coacção cumuláveis com a caução).

Dessa feita, o legislador teve em vista impedir que o arguido ficasse sujeito a uma dessas medidas de coacção (por sinal as mais restritivas da liberdade) em virtude da sua incapacidade financeira.

3.5. *Incumprimento da caução*

Se o arguido não cumprir a caução que lhe tiver sido imposta (encontrando-se em condições de a prestar), o juiz pode decretar o arresto preventivo dos seus bens, o qual será revogado no momento em que preste a caução (cfr., conjugadamente, os arts. 206.º, n.º 4 e 228.º).

Para além disso, pode haver lugar à aplicação do disposto no **n.º 1**, do art. 203.º, ou seja, o juiz, atendendo à gravidade do crime imputado e os motivos que levaram o arguido a violar a obrigação imposta, pode impor outra ou outras das medidas de coacção previstas no CPP e admissíveis no caso.

3.6. *Reforço ou modificação da caução*

A decisão que julgou válida a prestação de caução não é definitiva, porquanto, de acordo com os fins cautelares em causa, o juiz pode, nos ter-

---

[127] *Vide* P. Pinto de Albuquerque *in* "Comentário do Código…", p. 538.

Medidas de Coacção 97

mos do n.º 1, do art. 207.º, impor o seu reforço ou modificação se, posteriormente a ter sido prestada:

— Forem conhecidas circunstâncias que tornem a caução insuficiente (neste caso o juiz ordena a elevação do montante caucionado) ou
— Impliquem a modificação da modalidade de prestação (aqui o juiz ordena que, *v. g.*, a caução seja prestada por meio de depósito, quando havia sido por hipoteca).

Tendo o juiz procedido à substituição da prestação da caução (reforçando ou modificando a sua modalidade) e se o arguido estiver impossibilitado ou tiver graves dificuldades ou inconvenientes em prestá-la, pode o juiz, oficiosamente ou a requerimento, substituí-la por outra ou outras medidas de coacção, à excepção da prisão preventiva ou de obrigação de permanência na habitação (art. 197.º, n.º 2 *ex vi* art. 207.º, n.º 2).

Havendo incumprimento do despacho que impôs a substituição da prestação reforçada ou modificada, o juiz, tendo em conta a gravidade do crime imputado e os motivos da violação, pode impor outra ou outras das medidas de coacção previstas no CPP e admissíveis no caso (art. 203.º, **n.º 1** *ex vi* art. 207.º, n.º 2 *in fine*).

3.7. *Cumulação com outras medidas de coacção*

Ao abrigo do art. 205.º, a caução pode sempre ser cumulada com as seguintes medidas de coacção:

— O termo de identidade e residência (cfr. o n.º 4, do art. 196.º);
— A obrigação de apresentação periódica (cfr. o **n.º 2**, do art. 198.º);
— A suspensão do exercício de profissão, de função, de actividade e de direitos (cfr. o n.º 1, do art. 199.º);
— A proibição e imposição de condutas (cfr. o proémio, do n.º 1, do art. 200.º).

Ao invés, a caução não é cumulável com as medidas que implicam privação da liberdade, mais concretamente com a obrigação de permanência na habitação e com a prisão preventiva (cfr. os arts. 201.º e 202.º).

3.8. *Quebra da caução*

A caução considera-se quebrada quando se verificar uma das situações previstas no n.º 1, do art. 208.º:

– Falta injustificada do arguido a acto processual a que deva comparecer, isto é, a que se encontre regularmente convocado (note--se que este dever resulta, em termos gerais, do art. 61.º, n.º 3, al. a). Sobre a falta de comparência e sua justificação regem os arts. 116.º e 117.º) ou

– Incumprimento de obrigações derivadas de qualquer outra medida de coacção que tiver sido imposta ao arguido cumulativamente com a caução[128] (lembramos que a caução pode ser cumulada com qualquer outra medida de coacção com excepção da obrigação de permanência na habitação e da prisão preventiva, cfr. o art. 205.º).

De harmonia com o n.º 2, do art. 208.º, a quebra da caução determina a perda do seu valor para o Estado.

Do despacho que julgar quebrada a caução cabe recurso, o qual tem efeito suspensivo (cfr. a al. b), do n.º 2, do art. 408.º).

3.9. *Prazos de duração máxima e extinção*

Tal como no TIR, a lei não fixou um prazo máximo de duração para a caução (cfr. o art. 218.º, *a contrario*) sendo que a mesma deve subsistir até que se extinga nos termos gerais do n.º 1, do art. 214.º.

De assinalar que, se o arguido tiver prestado caução e vier a ser condenado em pena de prisão, aquela só se extingue com o início da execução da pena (cfr. o n.º 4, do art. 214.º).

A caução pode ainda ser revogada ou substituída nos termos do art. 212.º.

Nos levantamentos de cauções não há lugar a custas (cfr. a al. c), do art. 76.º, do CCJ)[129].

---

[128] Importa reter que, em caso de violação das obrigações impostas por aplicação de uma medida de coacção, o juiz, pode impor ao arguido outra(s) das medidas de coacção previstas no CPP e admissíveis no caso (cfr. o **n.º 1**, do art. 203.º).

[129] Com a entrada em vigor do Dec.-Lei n.º 34/2008, de 26.02 (aprova o Regulamento das Custas Processuais) no dia 01.09.2008, entre outros, o CCJ será revogado (cfr. a al. a), do n.º 2, do art. 25.º, da parte preambular desse diploma legal).

Jurisprudência

Tendo sido admitida a substituição da caução inicialmente prestada por depósito bancário, por caução prestada por fiança, deveria o despacho judicial que autorizou tal substituição ter ordenado a restituição do depósito objecto da primitiva prestação. É assim ilegal o despacho que indeferiu o pedido de restituição, com fundamento em tal quantia se mostrar necessária para garantia do pagamento do valor referido no artigo 7 da Lei n.5/2002, de 11 de Janeiro.
(Ac. da RP, de 15.12.2004 *in* www.dgsi.pt (Proc. n.° 0415799))

I – O facto de o valor da caução ter sido depositado pelo advogado dos arguidos não significa que o montante depositado pertença a esse advogado;
II – O que é certo é que, se o depósito foi feito a requerimento dos arguidos obrigados à prestação da caução, o tribunal nada tem a ver com o que se passou entre os arguidos e o advogado, respondendo as importâncias depositadas pelas custas da responsabilidade dos arguidos, nos termos do artigo 114 do Código das Custas Judiciais de 1996.
(Ac. da RP, de 12.02.2003 *in* www.dgsi.pt (Proc. n.° 0241048))

I – De acordo com o disposto no art. 206.°, n.° 1, do C.P.Penal, a caução pode ser prestada por meio de depósito, penhor, hipoteca, fiança bancária ou fiança, nos concretos termos em que o juiz admitir;
II – Sendo arbitrada caução por meio de depósito, os respectivos pedidos de alteração daquele meio de prestação, de depósito para fiança bancária, não configuram qualquer alteração da própria medida de coação imposta (a caução), mas tão somente uma alteração da modalidade desta;
III – Por isso, alegando os requerentes não estarem em condições de cumprir tal obrigação por meio de depósito, não é em princípio de denegar o pedido de substituição daquela modalidade por outro meio, igualmente idóneo, como é a prestação por fiança bancária.
(Ac. da RL, de 24.01.2001 *in* www.dgsi.pt (Proc. n.° 0075893))

MINUTAS

(PROPOSTA DE) REQUERIMENTO DE JUNÇÃO DE COMPROVATIVO DA PRESTAÇÃO DE CAUÇÃO

Exmo. Senhor Juiz do Tribunal Judicial da Comarca de...

Proc. n.°...
1.° Juízo criminal

..., arguido nos autos à margem identificados, tendo-lhe sido imposta a caução de € 25.000,00 para aguardar o julgamento em liberdade, vem requerer a V. Exa. a junção aos autos do comprovativo do depósito bancário[130] do montante caucionado.

JUNTA: 1 documento, duplicados e cópias legais.

O Defensor,

---

[130] A caução é prestada por meio de depósito, penhor, hipoteca, fiança bancária ou fiança, no termos concretos em que o juiz o admitir (art. 206.°, n.° 1).

(PROPOSTA DE) PEDIDO DE LEVANTAMENTO DE CAUÇÃO EM CASO DE ABSOLVIÇÃO

Exmo. Senhor Juiz do Tribunal Judicial da Comarca de...

Proc. n.º...
1.º Juízo Criminal

..., arguido nos autos à margem identificados, tendo prestado a caução de € 25.000,00 para aguardar o julgamento em liberdade, conforme apenso, vem requerer a V. Exa. se digne ordenar o levantamento desse valor caucionado[131], uma vez que foi absolvido nos termos do acórdão de[132]..., que já transitou em julgado.

JUNTA: Duplicados legais.

O Defensor,

---

[131] Nos levantamentos de cauções não há lugar a custas (art. 76.º, al. c), do CCJ).

Note-se que a partir de 01.09.2008 entra em vigor o novo Regulamento das Custas Processuais (aprovado pelo Dec.-Lei n.º 34/2008, de 26 de Fevereiro), o qual, entre outros, revogou o CCJ.

[132] As medidas de coacção extinguem-se de imediato, designadamente, com a sentença absolutória, mesmo que dela tenha sido interposto recurso. Neste caso, se o arguido vier a ser posteriormente condenado no mesmo processo, pode, enquanto a sentença condenatória não transitar em julgado, ser sujeito a medidas de coacção previstas no CPP e admissíveis no caso (art. 214.º, n.ºs 1, al. d) e 3).

Refira-se ainda que, tratando-se de condenação do arguido em prisão, a caução só se extingue com o início da execução da pena (art. 214.º, n.º 4).

(PROPOSTA DE) REQUERIMENTO DE SUBSTITUIÇÃO DE CAUÇÃO POR OBRIGAÇÃO DE APRESENTAÇÃO PERIÓDICA
(art. 197.°, n.° 2[133], do CPP)

Exmo. Senhor Juiz do Tribunal Judicial da Comarca de...

Proc. n.°...
3.° Juízo Criminal

..., arguido nos autos à margem identificados vem, nos termos do n.° 2, do art. 197.°, do CPP, requerer a substituição de caução por obrigação de apresentação periódica, nos termos e com os seguintes fundamentos:

1.°
Mediante despacho a fls... foi imposta ao arguido a obrigação de prestação de caução no montante de €....

2.°
Acontece que o arguido encontra-se, actualmente, numa situação de absoluta impossibilidade económica para cumprir tal obrigação.

3.°
Com efeito, foi despedido da empresa onde trabalhava em..., beneficiando do subsídio de desemprego no montante de €... (cfr. doc. n.° 1).

4.°
Não aufere outros rendimentos.

5.°
Tem a seu cargo as seguintes despesas mensais:
– Electricidade no montante de €... (doc. n.° 2);
– Água no montante de €... (doc. n.° 3);
– Gás no montante de €... (doc. n.° 4);
– Renda de casa no montante de €... (doc. n.° 5).

---

[133] Nos termos deste artigo, se o arguido estiver impossibilitado de prestar caução ou tiver graves dificuldades ou inconvenientes em prestá-la, pode o juiz, oficiosamente ou a requerimento, substituí-la por qualquer ou quaisquer outras medidas de coacção, à excepção da prisão preventiva ou da obrigação de permanência na habitação, legalmente cabidas ao caso, as quais acrescerão a outras que já tenham sido impostas.

Medidas de Coacção 103

6.º

O arguido paga, ainda, a pensão da sua filha menor no montante de € ... (doc. n.º 6).

7.º

Pelo exposto, em virtude da sua situação económico-financeira, o arguido encontra-se absolutamente impossibilitado de prestar a caução que lhe foi decretada.

Termos em que e nos demais de direito requer a V. Exa. se digne substituir a obrigação de prestar caução, pela obrigação de apresentação periódica a autoridade policial.

JUNTA: 6 documentos, duplicados e cópias legais.

O Defensor[134],

---

[134] O requerimento pode ser assinado pelo arguido, uma vez que lhe assiste o direito de, em qualquer fase do processo, apresentar exposições, memoriais e requerimentos (os quais são sempre integrados nos autos), embora não assinados pelo defensor, desde que se contenham dentro do objecto do processo ou tenham por finalidade a salvaguarda dos seus direitos fundamentais (cfr. o n.º 1, do art. 98.º).

104   *As Medidas de Coacção e de Garantia Patrimonial*

4. Obrigação de Apresentação Periódica

4.1. *Aplicabilidade*

O juiz pode impor ao arguido a obrigação de se apresentar a uma entidade judiciária (*v. g.*, funcionário do tribunal) ou a um certo órgão de polícia criminal[135] (*v. g.*, posto policial da PSP ou da GNR), em dias e horas preestabelecidos, se:

> – O crime imputado ao arguido for punível com *pena de prisão de máximo superior a 6 meses*[136] (cfr. o **n.º 1**, do art. 198.º) e
> – Em concreto, observar-se algum ou alguns dos requisitos gerais prescritos no art. 204.º, <u>no momento da aplicação da medida</u>.

Decidindo impor a medida de obrigação de apresentação periódica, o juiz deve ter em conta as exigências profissionais do arguido e o local em que habita (cfr. os arts. 193.º, **n.º 4** e 198.º, **n.º 1** *in fine*) ou, por outras palavras, *o justo equilíbrio entre o direito ao trabalho e a necessidade de sobrevivência do arguido, bem como o seu dever de colaborar com a justiça de modo a que a medida se cumpra sem custos desnecessários ou excessivos.*[137]

Para a execução desta medida de coacção, o juiz pode socorrer-se da colaboração de outras autoridades, devendo a colaboração solicitada preferir a qualquer outro serviço (cfr. o n.º 2, do art. 9.º).

Ainda de referir que esta medida de coacção pode ser aplicada quando se tiverem esgotamento os prazos de duração máxima da prisão preventiva ou da obrigação de permanência na habitação (cfr. os arts. 217.º, n.º 2 e 218.º, n.º 3).

---

[135] Os órgãos de polícia criminal são *todas as entidades e agentes policiais a quem caiba levar a cabo quaisquer actos ordenados por uma autoridade judiciária ou determinados pelo CPP* (cfr. a al. c), do art. 1.º).

[136] Neste caso, é indiferente que a imputação se faça a título de dolo ou de negligência.

[137] Cfr. o Ac. da RE, de 13.02.2001 *in* CJ, Ano XXVI, Tomo I, p. 286.

4.2. Cumulação com outras medidas de coacção

Nos termos do **n.° 2**, do art. 198.°, a obrigação de apresentação periódica pode ser cumulada com as seguintes medidas de coacção:

- O termo de identidade e residência (cfr. o n.° 4, do art. 196.°);
- A prestação de caução (cfr. o art. 205.°);
- A suspensão do exercício de profissão, de função, de actividade e de direitos (cfr. o n.° 1, do art. 199.°);
- A proibição e imposição de condutas (cfr. o n.° 1, do art. 200.°).

Na esteira das alterações introduzidas no CPP pela Lei n.° 48/2007, de 29 de Agosto, o legislador processual penal aditou o **n.° 2**, ao art. 198.°, do qual consta agora expressamente que a medida em análise pode ser cumulada com qualquer outra medida de coacção com excepção da obrigação de permanência na habitação e da prisão preventiva (cfr. os arts. 201.° e 202.°), ou seja, não pode ser cumulada com as medidas que implicam maior privação da liberdade do arguido.

4.3. *Prazos de duração máxima e extinção*

A obrigação de apresentação periódica extingue-se quando, desde o início da sua execução, tiverem decorrido os prazos referidos no **n.° 1**, do art. 215.° (os quais se reportam à prisão preventiva), elevados ao dobro[138] (cfr. o n.° 1, do art. 218.°):

- 8 meses sem que tenha sido deduzida acusação;
- 16 meses sem que, havendo lugar a instrução, tenha sido proferida decisão instrutória;
- 2 anos e 4 meses sem que tenha havido condenação em 1ª instância;
- 3 anos sem que tenha havido condenação com trânsito em julgado.

---

[138] O mesmo se diga em relação aos prazos de duração máxima da medida de suspensão do exercício de profissão, de função, de actividade e de direitos (cfr. os arts. 199.° e 218.°, n.° 1).

106 *As Medidas de Coacção e de Garantia Patrimonial*

Após o esgotamento dos prazos máximos de duração o juiz não pode, naturalmente, voltar a aplicar ao arguido a mesma medida de coacção.

Para além do decurso do prazo, a medida de coacção em apreço poderá ainda extinguir-se nos termos gerais do n.° 1, do art. 214.° ou quando for revogada ou substituída por outra, de acordo com o art. 212.°.

5. Suspensão do Exercício de Profissão, de Função, de Actividade e de Direitos

5.1. *Aplicabilidade*

Se, em concreto, for observada alguma ou algumas das situações contempladas no art. 204.°, <u>no momento da aplicação da medida,</u> e o crime imputado ao arguido for punível com *pena de prisão de máximo superior a 2 anos*[139] (cfr. o **n.° 1**, do art. 199.°), o juiz pode impor-lhe a suspensão do exercício:

    a) <u>De profissão, função ou actividade, públicas ou privadas;</u>

    b) Do poder paternal, da tutela, da curatela, da administração de bens ou da emissão de títulos de crédito.

A aplicação ao arguido da medida de coacção agora em análise está ainda dependente de outro pressuposto específico: que a interdição do respectivo exercício (de profissão, de função, de actividade e de direitos) possa vir a ser decretada, aquando da sentença, como efeito do crime imputado[140] (isto é, como pena acessória à pena de prisão, cfr. os arts. 65.° a 69.°, do CP)[141].

---

[139] Tal como na medida de obrigação de apresentação periódica (cfr. o art. 198.°) é indiferente que a imputação se faça a título de dolo ou de negligência.

[140] *O período de tempo durante o qual a arguida tenha estado submetida à medida de coacção de suspensão provisória do direito de conduzir, nos termos do artigo 199.° do C.P.Penal, deve ser tido em conta no cumprimento da pena acessória de inibição de conduzir a que o réu tenha sido condenado.*

(Ac. da RL, de 25.01.2005 *in* CJ, Ano XXX, Tomo I, p. 131)

[141] A quem for condenado por crime de emissão de cheque sem provisão, o tribunal pode aplicar as seguintes sanções acessórias: interdição do uso de cheque e publicidade da decisão condenatória (art. 12.°, do Dec.-Lei n.° 454/91, de 28 de Dezembro (Regime Jurí-

Medidas de Coacção 107

Tenhamos presente que a suspensão do exercício de profissão, de função, de actividade e de direitos deve ser comunicada à autoridade administrativa, civil ou judiciária normalmente competente para decretar a suspensão ou a interdição respectivas quando se referir a função pública, a profissão ou actividade cujo exercício dependa de um título público ou de uma autorização ou homologação da autoridade pública, ou ao exercício do poder paternal, da tutela, da curatela, da administração de bens ou da emissão de títulos de crédito (cfr., articuladamente, os **n.ᵒˢ 2 e 1, al. b)**, ambos do art. 199.°).

O conceito de funcionário, para efeitos penais, consta do art. 386.°, do CP, com a redacção introduzida pela Lei n.° 59/2007, de 4 de Setembro.

Ainda em virtude da entrada em vigor desse diploma legal, o texto do **n.° 3**, do art. 43.° (sob a epígrafe *Substituição da pena de prisão*), do CP, passou a estatuir que a pena de prisão aplicada em medida não superior a 3 anos é substituída por pena de proibição do exercício de profissão, função ou actividade, públicas ou privadas, quando o crime tenha sido cometido pelo arguido no respectivo exercício, sempre que o tribunal concluir que por este meio se realizam de forma adequada e suficiente as finalidades da punição[142].

Cfr., ainda, o art. 179.° (*Inibição do poder paternal e proibição do exercício de funções*), do CP, também este alterado pela Lei n.° 59/2007, de 4 de Setembro.

De destacar a admissibilidade, por compatibilidade legal, de aplicação das medidas de suspensão do exercício da actividade, da administração de bens ou da emissão de títulos de crédito a uma pessoa colectiva arguida no processo penal (cfr. o art. 11.°, do CP, com a redacção dada pela mencionada Lei n.° 59/2007).

---

dico dos Cheques Sem Provisão), alterado pelo Dec.-Lei n.° 316/97, de 19 de Novembro; Declaração de Rectificação n.° 1-C/98, de 31 de Janeiro (DR, I Série, Suplemento); Dec.-Lei n.° 323/2001, de 17 de Dezembro; Dec.-Lei n.° 83/2003, de 24 de Abril e Lei n.° 48/2005, de 29 de Agosto).

[142] O tribunal pode revogar a pena de proibição do exercício de profissão, função ou actividade e ordenar o cumprimento da pena de prisão determinada na sentença nas situações previstas no **n.° 5**, do art. 43.°, do CP. Neste caso, se o condenado houver já cumprido proibição do exercício de profissão, função ou actividade, o tribunal deve descontar no tempo de prisão a cumprir o tempo de proibição já cumprido (cfr. os **n.ᵒˢ 7 e 8**, do art. 43.°, do CP).

108 As Medidas de Coacção e de Garantia Patrimonial

Importa acrescentar a possibilidade de aplicação desta medida de coacção aquando do esgotamento dos prazos de duração máxima da prisão preventiva ou da obrigação de permanência na habitação (cfr. os arts. 217.º, n.º 2 e 218.º, n.º 3).

Alterações introduzidas pela Lei n.º 48/2007, de 29 de Agosto

Uma das alterações a assinalar respeita à própria denominação desta medida de coacção, a qual tinha a designação de *suspensão do exercício de funções, de profissão e de direitos* e passou mais amplamente a chamar-se de *suspensão do exercício de profissão, de função, de actividade e de direitos.*
Em segundo lugar ficou a constar da actual al. a), do art. 199.º, a suspensão do exercício de profissão, função ou actividade, públicas ou privadas.
Por outro lado, foi eliminada a al. b), do anterior art. 199.º, o qual se referia à suspensão do exercício de *profissão ou actividade cujo exercício dependa de um título público ou de uma autorização ou homologação da autoridade pública.*
A rematar, refira-se que o texto do n.º 2, ainda do mesmo dispositivo legal, foi modificado em virtude da especificação dos casos em que a suspensão é comunicada à autoridade administrativa, civil ou judiciária competente para decretar a suspensão ou a interdição respectivas.

5.2. Cumulação com outras medidas de coacção

Nos termos do proémio do n.º 1, do art. 199.º, a suspensão do exercício de profissão, de função, de actividade e de direitos pode ser imposta ao arguido cumulativamente, se disso for caso, com qualquer outra medida legalmente cabida (cfr., ainda, os arts. 196.º, n.º 4, 198.º, **n.º 2** e 205.º).

5.3. Prazos de duração máxima e extinção

A suspensão do exercício de profissão, de função, de actividade e de direitos extingue-se quando, desde o início da sua execução, tiverem decorrido os prazos referidos no **n.º 1**, do art. 215.º (relativos à prisão preventiva), elevados ao dobro[143] (cfr. o n.º 1, do art. 218.º):

---

[143] O mesmo se diga em relação aos prazos de duração máxima da medida de obrigação de apresentação periódica (cfr. os arts. 198.º e 218.º, n.º 1).

– 8 meses sem que tenha sido deduzida acusação;

– 16 meses sem que, havendo lugar a instrução, tenha sido proferida decisão instrutória;

– 2 anos e 4 meses sem que tenha havido condenação em 1ª instância;

– 3 anos sem que tenha havido condenação com trânsito em julgado.

Após o esgotamento dos prazos máximos de duração o juiz não pode voltar a aplicar ao arguido a mesma medida de coacção.

Para além do decurso do prazo, a medida de suspensão do exercício de profissão, de função, de actividade e de direitos, poderá ainda extinguir-se nos termos gerais do n.º 1, do art. 214.º ou quando for revogada ou substituída por outra, de acordo com o art. 212.º.

6. Proibição e Imposição de Condutas

6.1. *Aplicabilidade*

Se houver *fortes indícios*[144] de prática de *crime doloso* (e não negligente) punível com *pena de prisão de máximo superior a 3 anos* e, em concreto, ocorrer qualquer uma das circunstâncias referidas no art. 204.º, no momento da aplicação da medida, o juiz pode impor ao arguido, cumulativa ou separadamente, as obrigações de (cfr. o **n.º 1**, do art. 200.º)[145]:

a) Não permanecer, ou não permanecer sem autorização, na área de uma determinada povoação, freguesia ou concelho ou na residência[146]:

---

[144] JORGE NORONHA E SILVEIRA *in* "Jornadas...", p. 174, entende que, tal como o conceito de *indícios suficientes* (cfr. o n.º 2, do art. 283.º), o conceito de *fortes indícios* pressupõe "uma convicção, face aos elementos de prova disponíveis, da probabilidade da futura condenação do arguido". *Vide*, ainda a este propósito, JOSÉ M. DE ARAÚJO BARROS *in* "Revista Portuguesa...", ps. 422 e segs..

[145] Cfr. o art. 44.º (*Direito de deslocação e de emigração*), da CRP.

[146] *I – O regime especial concretizado na Lei especial n.º 61/91, de 13/8 consagra a regra da aplicação da medida de afastamento da residência, às vítimas de crimes sexuais, maus tratos a cônjuge, rapto, sequestro e ofensas corporais, qualquer que seja*

110 As Medidas de Coacção e de Garantia Patrimonial

– onde o crime tenha sido cometido ou

– onde habitem os ofendidos seus familiares ou outras pessoas sobre as quais possam ser cometidos novos crimes[147];

b) Não se ausentar para o estrangeiro, ou não se ausentar sem autorização. Note-se que a proibição de o arguido se ausentar para o estrangeiro implica a entrega à guarda do tribunal do passaporte que possuir e a comunicação às autoridades competentes, com vista à não concessão ou não renovação de passaporte e ao controlo das fronteiras (cfr. o n.º 3, do art. 200.º);

c) Não se ausentar da povoação, freguesia ou concelho do seu domicílio, ou não se ausentar sem autorização, salvo para lugares predeterminados, nomeadamente para o lugar do trabalho (cumpre lembrar que a execução das medidas de coacção não deve prejudicar o exercício de direitos fundamentais que não forem incompatíveis com as exigências cautelares que o caso requerer, cfr. o **n.º 4**, do art. 193.º);

d) Não contactar, por qualquer meio, com determinadas pessoas ou não frequentar certos lugares ou certos meios;

e) Não adquirir, não usar ou, no prazo que lhe for fixado, entregar armas ou outros objectos ou utensílios que detiver, capazes de facilitar a prática de outro crime;

f) Se sujeitar a tratamento de dependência de que padeça e haja favorecido a prática do crime, em instituição adequada. De realçar que a imposição desta medida depende do prévio consentimento do arguido.

---

a moldura penal aplicável ao crime, exceptuados apenas os casos de aplicação da medida de prisão preventiva;

II – Apenas nos casos de cumulação da medida regra de afastamento da residência, com a de prestação de caução, é que se exige que o arguido e vítima vivam em economia comum.

(Ac. da RL, de 09.05.2006 *in* CJ, Ano XXXI, Tomo III, p. 131)

[147] *Considerando a gravidade do crime que lhe é imputado, de maus tratos a cônjuge p. e p. pelo art. 152.º, n.º 2, do CP, a persistência com que ele vinha molestando física e psicologicamente a ofendida e familiares, designadamente a filha menor de tenra idade, justifica-se a aplicação ao arguido da medida de coacção de proibição de permanência na residência onde habita a ofendida e seus familiares.*

(Ac. da RC, de 01.02.2007 *in* CJ, Ano XXXII, Tomo I, p. 51)

Conforme vimos, há certas obrigações que podem ser derrogadas mediante autorização do juiz (cfr. as als. a) a c) acima mencionadas). Tais autorizações podem, em caso de urgência, ser requeridas e concedidas verbalmente, lavrando-se cota no processo (cfr. os arts. 200.°, n.° 2 e 96.°, n.° 4).

Em caso de violação das obrigações decretadas ao arguido, nos termos enunciados, vale o regime previsto no art. 203.°.

A proibição e imposição de condutas pode ainda ser aplicada quando se tiverem esgotado os prazos de duração máxima da prisão preventiva ou da obrigação de permanência na habitação (cfr. os arts. 217.°, n.° 2 e 218.°, n.° 3).

Dada a patente compatibilidade é admissível aplicar, naturalmente com as devidas adaptações, a medida de proibição e imposição de condutas a uma pessoa colectiva arguida no processo penal (cfr. o art. 11.°, do CP, com a redacção introduzida pela Lei n.° 59/2007, de 4 de Setembro).

Importa ainda anotar que, com o intuito de reforçar a garantia de imparcialidade dos tribunais, nos termos da actual **al. a)**, do art. 40.° (aditada pela Lei n.° 48/2007, de 29.08), <u>nenhum juiz pode intervir em julgamento, recurso ou pedido de revisão relativos a processo em que tiver, nomeadamente, aplicado a medida de proibição e imposição de condutas</u>.

Alterações introduzidas pela Lei n.° 48/2007, de 29 de Agosto

Tal como na medida de coacção prevista no art. 199.°, também o legislador alterou a designação da medida em análise de *proibição de permanência, de ausência e de contactos* para *proibição e imposição de condutas.*

Na realidade, para além de proibições de conduta, o legislador incluiu agora na previsão da norma a imposição de condutas a que o arguido pode, cumulativamente ou separadamente, estar sujeito (cfr. as novas als. e) e f), do n.° 1, do art. 200.°).

Ficou reforçado que a obrigação de o arguido não contactar com determinadas pessoas não pode ser feito por qualquer meio (cfr. a al. d), do n.° 1, do art. 200.°).

Por fim, foi eliminado o n.° 4, do art. 200.°, o qual estabelecia que a aplicação das medidas previstas nessa norma era cumulável com a obrigação de apresentação periódica.

6.2. Cumulação com outras medidas de coacção

A aplicação da medida de proibição e imposição de condutas é cumulável com:

- O termo de identidade e residência (cfr. o n.º 4, do art. 196.º);
- A prestação de caução (cfr. o art. 205.º);
- A obrigação de apresentação periódica (cfr. o **n.º 2**, do art. 198.º);
- A suspensão do exercício de profissão, de função, de actividade e de direitos (cfr. o proémio, do n.º 1, do art. 199.º);
- A obrigação de permanência na habitação (quanto à obrigação de não contactar, <u>por qualquer meio</u>, com determinadas pessoas, cfr. o **n.º 2**, do art. 201.º);
- A prisão preventiva (quanto ao contacto com determinadas pessoas, cfr. o art. 200.º, n.º 1, al. d), 1ª parte).

6.3. *Prazos de duração máxima, suspensão do prazo e extinção*

Por remissão do **n.º 2**, do art. 218.º, é correspondentemente aplicável à medida de proibição e imposição de condutas o regime relativo aos prazos de duração máxima da prisão preventiva (cfr. o art. 215.º). Ver o capítulo da prisão preventiva.

Porém, devemos ter em atenção que as regras constantes dos n.ᵒˢ **6**, **7** e **8**, do referido art. 215.º, uma vez que não têm carácter geral, só se aplicam às medidas cautelares privativas da liberdade, mas não à proibição e imposição de condutas[148].

O decurso dos prazos de duração máxima da medida de proibição e imposição de condutas suspende-se apenas em caso de doença do arguido que imponha internamento hospitalar, se a sua presença for indispensável à continuação das investigações (art. 216.º[149] *ex vi* art. 218.º, n.º 2).

---

[148] Nesse sentido *vide* P. Pinto de Albuquerque *in* "Comentário do Código...", p. 579.

[149] Tenhamos em consideração que a Lei n.º 48/2007, de 29 de Agosto, alterou o regime previsto no art. 216.º, eliminando a al. a), do seu n.º 1, bem como o n.º 2, os quais se reportavam à suspensão do processo quando tivesse sido ordenada perícia.

Medidas de Coacção 113

Após o esgotamento dos respectivos prazos máximos de duração o juiz não pode voltar a aplicar ao arguido a mesma medida de coacção.

Para além do decurso do prazo, esta medida de coacção poderá ainda extinguir-se nos termos gerais do n.° 1, do art. 214.° ou quando for revogada ou substituída por outra, de acordo com o art. 212.°.

MINUTAS

(PROPOSTA DE) REQUERIMENTO DO ARGUIDO SOLICITANDO AUTORIZAÇÃO PARA SE AUSENTAR PARA O ESTRANGEIRO
(art. 200.°, n.° 1, al. b)[150], do CPP)

Exmo. Senhor Juiz do Tribunal Judicial da Comarca de...

Proc. n.°...
3.° Juízo Criminal

..., arguido nos autos à margem identificados vem, em cumprimento da al. b), do n.° 1, do art. 200.°, do CPP, requerer autorização para se ausentar para o estrangeiro, nos termos e com os seguintes fundamentos:

1.°
O arguido é o responsável máximo do departamento de recursos humanos da empresa..., a qual faz parte do grupo norte americano....

---

[150] Nos termos desta alínea, se houver fortes indícios de prática de crime doloso punível com pena de prisão de máximo superior a 3 anos, o juiz pode impor ao arguido a obrigação de não se ausentar para o estrangeiro, ou não se ausentar sem autorização. Em caso de urgência, tal autorização deve ser requerida e concedida verbalmente, lavrando-se cota no processo (art. 200.°, n.° 2).

Por sua vez, o n.° 3, da norma em apreço, acrescenta que a proibição de o arguido se ausentar para o estrangeiro implica a entrega à guarda do tribunal do passaporte que possuir e a comunicação às autoridades competentes, com vista à não concessão ou não renovação de passaporte e ao controlo das fronteiras.

2.º

Em..., foi convocado para uma reunião em Nova Iorque a realizar no próximo dia... (cfr. doc. n.º 1).

3.º

Tal reunião é determinante para o futuro da empresa, motivo pelo qual o arguido não pode faltar ou fazer-se representar por outro colega.

Termos em que requer a V. Exa. se digne autorizar o arguido a ausentar-se para os Estados Unidos da América durante o período de... a... e, em consequência, ordenar a entrega do seu passaporte.

JUNTA: 1 documento, duplicados e cópias legais.

O Defensor,

(PROPOSTA DE) PRESTAÇÃO DE CONSENTIMENTO DO ARGUIDO PARA TRATAMENTO (art. 200.°, n.° 1, al. f)[151], do CPP)

Exmo. Senhor Juiz do Tribunal de Instrução Criminal de...

Proc. n.°...
1ª Secção dos Serviços do Ministério Público...

..., arguido nos autos à margem identificados, notificado nos termos e para os efeitos previstos na al. f), do n.° 1, do art. 200.°, vem prestar o respectivo consentimento para a realização do tratamento de alcoolismo de que padece.

JUNTA: Duplicados legais.

O Defensor,

---

[151] De acordo com esta alínea (aditada pela Lei n.° 48/2007, de 29 de Agosto), se houver fortes indícios de prática de crime doloso punível com pena de prisão de máximo superior a 3 anos, o juiz pode impor ao arguido, cumulativa ou separadamente, a obrigação de se sujeitar, mediante prévio consentimento, a tratamento de dependência de que padeça e haja favorecido a prática do crime, em instituição adequada.

116 *As Medidas de Coacção e de Garantia Patrimonial*

7. Obrigação de Permanência na Habitação

7.1. *Aplicabilidade*

O juiz pode impor ao arguido a obrigação de se não ausentar, ou de se não ausentar sem autorização, da habitação própria ou de outra em que de momento resida <u>ou, nomeadamente, quando tal se justifique, em instituição adequada a prestar-lhe apoio social e de saúde</u>, quando:

– <u>Considerar *inadequadas* ou *insuficientes*, no caso, as restantes medidas de coacção</u> (com excepção da prisão preventiva). Cfr. os actuais **n.ᵒˢ 2** e **3**, do art. 193.º e o **n.º 1**, do art. 201.º;

– Houver *fortes indícios*[152] de prática de *crime doloso* (e não negligente) punível com *pena de prisão de máximo superior a 3 anos* (cfr. o art. 201.º, n.º 1 *in fine*) e

– Em concreto, se verificar algum ou alguns dos requisitos enunciados no art. 204.º, <u>no momento da aplicação da medida</u>.

Convém realçar que do **n.º 1**, do art. 201.º, alterado pela Lei n.º 48/ /2007, de 29 de Agosto, resulta a novidade de esta medida poder ser ordenada mesmo quando o arguido se encontre a "habitar" em instituição adequada a prestar-lhe apoio social ou de saúde.

Considerando as palavras de JOSÉ ANTÓNIO BARREIROS *in* "As Medidas de Coacção...", BMJ, n.º 371, p. 31, a medida de coacção em apreço não deverá ser decretada quando *impeça o arguido de prover à sua própria sobrevivência, impossibilitando-o nomeadamente de adquirir meios de alimentação ou outros que só poderia achar deslocando-se ao exterior*. Cfr., ainda a este propósito, o **n.º 4**, do art. 193.º.

Durante o período de suspensão da execução da prisão preventiva, o arguido pode ficar sujeito à obrigação de permanência na habitação[153] (cfr. o n.º 2, do art. 211.º).

Para a execução desta medida de coacção, o juiz tem direito a ser coadjuvado por outras autoridades, sendo que a colaboração solicitada prefere a qualquer outro serviço (cfr. o n.º 2, do art. 9.º).

---

[152] A este propósito *vide* considerações na nota de rodapé n.º 144.

[153] O arguido pode ainda ficar sujeito a quaisquer outras medidas que se revelarem adequadas ao seu estado e compatíveis com ele, nomeadamente, a de internamento hospitalar.

Medidas de Coacção 117

Relativamente à fiscalização do seu cumprimento, podem ser utilizados meios técnicos de controlo à distância, nos termos previstos na lei (cfr. o **n.º 3**, do art. 201.º), *v. g.*, utilização de pulseiras electrónicas[154].

Importa assinalar que a decisão que fixa a utilização de meios de vigilância electrónica compete ao juiz, durante o inquérito a requerimento do MP ou do arguido e depois do inquérito, mesmo oficiosamente, agora ouvido o MP (a utilização deste meio de controlo depende sempre do consentimento do arguido).

Para efeito do exposto, o juiz solicita prévia informação aos serviços encarregados da execução da medida sobre a situação pessoal, familiar, laboral ou social do arguido (cfr. o n.º 1, do art. 2.º e os n.ºs 1 e 5, do art. 3.º, da Lei n.º 122/99, de 20 de Agosto).

Se o arguido violar a obrigação de permanência na habitação, o juiz pode impor-lhe outra ou outras das medidas de coacção previstas no CPP e admissíveis ao caso, <u>incluindo a prisão preventiva, mesmo que ao crime caiba pena de prisão de máximo igual ou inferior a 5 e superior a 3 anos</u>. É o que resulta do teor do art. 203.º, n.ºs 1 e **2**, este último aditado pela pela Lei n.º 48/2007, de 29.08.

Ainda no âmbito das alterações introduzidas no CPP por esse diploma legal, importa anotar que <u>na contagem dos prazos de duração máxima da prisão preventiva devem ser incluídos os períodos em que o arguido tiver estado sujeito a obrigação de permanência na habitação</u> (cfr. o **n.º 8**, do art. 215.º).

Transpondo o pensamento de P. PINTO DE ALBUQUERQUE *in* "Comentário do Código...", ps. 547/548, a violação da obrigação de permanência na habitação pode constituir o crime de evasão (cfr. o art. 352.º, do CP) só devendo considerar-se aquelas violações "em que se constate uma violação material no sentido da privação da liberdade inerente à medida de coacção, isto é, uma fuga efectiva do arguido.".

Outra das novidades levadas a cabo pelo legislador é aquela que prevê que <u>a decisão que mantiver a obrigação de permanência na habitação é susceptível de recurso nos termos gerais (cfr. os arts. 399.º e segs.), mas não determina a inutilidade superveniente de recurso interposto de</u>

---

[154] Cfr. a Lei n.º 122/99, de 20 de Agosto (Vigilância Electrónica) e a Portaria n.º 109/2005, de 27 de Janeiro. Sobre esta matéria, *vide* JOSÉ MOURAZ LOPES *in* "Garantia Judiciária...", ps. 34 e segs..

decisão prévia que haja aplicado ou mantido a medida em causa (cfr. o **n.º 5**, do art. 213.º).

Para além do mais, é hoje possível requerer, perante o tribunal competente, uma indemnização pelos danos sofridos por parte daquele que tiver sofrido de obrigação de permanência na habitação (obedecendo aos termos e condições do actual art. 225.º[155]).

Também em virtude da Lei n.º 59/2007, de 4 de Setembro, o art. 44.º, do CP, sob a epígrafe *Regime de permanência na habitação* passou a ter uma nova redacção, nos termos da qual, se o condenado consentir, podem ser executados em regime de permanência na habitação, com fiscalização por meios técnicos de controlo à distância, sempre que o tribunal concluir que esta forma de cumprimento realiza de forma adequada e suficiente as finalidades da punição, as situações contempladas nas als. a) e b), do n.º 1, do art. 44.º, do CP[156]. Trata-se, assim, de aplicação de uma pena alternativa à de prisão.

7.2. *Semelhanças de regime com a prisão preventiva*

A obrigação de permanência na habitação é a medida de coacção com maior proximidade com a prisão preventiva (embora menos gravosa na sua execução, já que o arguido não se afasta do seu "habitat" natural), frequentemente denominada pela doutrina de *prisão domiciliária* porquanto, em ambos os casos, existe uma limitação da liberdade ambulatória de todo aquele a quem for aplicada.

---

[155] Relativamente à admissibilidade de reparação dos danos sofridos em virtude da privação da liberdade resultante da obrigação de permanência na habitação manifestamente ilegal, à luz do regime jurídico anterior à Lei n.º 48/2007, de 29.08, *vide* FERNANDO GONÇALVES/MANUEL JOÃO ALVES *in* "A Prisão Preventiva...", ps. 176 e segs..

[156] O tribunal pode revogar o regime de permanência na habitação se o condenado actuar conforme previsto no n.º 3, do art. 44.º, do CP. Anote-se ainda que a revogação determina o cumprimento da pena de prisão fixada na sentença, descontando-se por inteiro a pena já cumprida em regime de permanência na habitação (cfr. o n.º 4, do art. 44.º, do CP).

Também para efeitos de adaptação à liberdade condicional, o condenado pode ficar obrigado ao regime de permanência na habitação, com fiscalização por meios técnicos de controlo à distância (cfr. o art. 62.º, do CP).

Ainda relativamente ao regime de permanência na habitação, cfr. o art. 9.º da parte preambular da Lei n.º 59/2007, de 4 de Setembro.

Medidas de Coacção 119

Com a reforma do CPP implementada pela Lei n.º 48/2007, de 29 de Agosto, o **n.º 3**, do art. 193.º, passou a prever que, em igualdade de circunstâncias, ou seja, quando ao caso couber medida de coacção privativa da liberdade (prisão preventiva ou obrigação de permanência na habitação) o juiz deve dar preferência à aplicação desta última medida, uma vez que é mais favorável ao arguido (naturalmente se essa medida se revelar suficiente para satisfazer as exigências cautelares).

Acolhendo as *vozes* de alguma da nossa doutrina, a Lei n.º 48/2007, aproximou, mais acentuadamente, os regimes jurídicos da obrigação de permanência na habitação e da prisão preventiva.

Vejamos, assim, algumas das afinidades entre essas duas figuras:

– A obrigação de permanência na habitação passou expressamente a só poder ser aplicada quando se *revelarem inadequadas* ou *insuficientes* as outras medidas de coacção. Trata-se de uma exigência que antes da entrada em vigor do referido diploma apenas dizia respeito à medida de prisão preventiva (cfr. o n.º 2, do art. 28.º, da CRP). Portanto, actualmente, o princípio da subsidiariedade da prisão preventiva é igualmente aplicável à obrigação de permanência na habitação, devendo ambas as medidas constituir a *ultima ratio* das medidas de coacção (cfr. o **n.º 2**, do art. 193.º);

– Impossibilidade de substituição da caução (em virtude da dificuldade ou inconveniência em prestá-la) por prisão preventiva ou pela obrigação de permanência na habitação (cfr. o **n.º 2**, do art. 197.º);

– Ambas as medidas de coacção não podem ser cumuladas com a obrigação de apresentação periódica, nem com a obrigação de prestar caução (cfr. os arts. 198.º, **n.º 2** e 205.º);

– A aplicabilidade de ambas as medidas depende da verificação de *fortes indícios de prática de crime doloso punível com pena de prisão de máximo superior a 3 anos* (no caso da prisão preventiva apenas no âmbito da al. b), do n.º 1, do art. 202.º, com a redacção introduzida pela Lei n.º 48/2007);

– Os prazos de duração máxima destas medidas são os mesmos, bem como os regimes jurídicos relativos à suspensão do decurso desses prazos e libertação do arguido sujeito a essas medidas de coacção (cfr. os art. 215.º, 216.º e 217.º *ex vi* art. 218.º, n.º 3);

– Os prazos de duração máxima das fases do inquérito e da instrução são mais curtos havendo arguidos presos ou sob obrigação

120 *As Medidas de Coacção e de Garantia Patrimonial*

de permanência na habitação (cfr. os arts. 276.°, n.° 1 e 306.°, n.° 1, respectivamente). Salientemos que tais prazos não sofreram alterações em virtude da Lei n.° 48/2007, de 29.08);

– Encontrando-se o arguido sujeito a qualquer uma destas medidas em apreço, a data para a realização do debate instrutório (se a instrução for requerida, cfr. o art. 287.°) ou para a audiência de julgamento, é fixada com precedência sobre qualquer outro debate ou julgamento (cfr. os arts. 297.°, n.° 2 e 312.°, n.° 3);

– O regime do reexame dos pressupostos dessas medidas de coacção (com vista à sua manutenção, alteração ou revogação) é o mesmo (cfr. o actual art. 213.°). Devemos, no entanto, salientar que a decisão que mantiver a prisão preventiva e a obrigação de permanência na habitação é susceptível de recurso nos termos gerais, mas não determina a inutilidade superveniente de recurso interposto de decisão prévia que haja aplicado ou mantido a medida em causa (cfr. os arts. 213.°, **n.° 5**, 219.° e 399.° e segs.). Sobre essa matéria ver anotações do capítulo da prisão preventiva;

– Ambas as medidas extinguem-se de imediato, designadamente, quando for proferida sentença condenatória, ainda que dela tenha sido interposto recurso, se a pena aplicada não for superior à prisão ou à obrigação de permanência já sofridas (cfr. o **n.° 2**, do art. 214.°);

– Nenhum juiz pode intervir em julgamento, recurso ou pedido de revisão relativos a processo em que tiver, designadamente, aplicado a medida de obrigação de permanência na habitação e de prisão preventiva (cfr. a **al. a**), do art. 40.°, aditada pela Lei n.° 48/2007);

– Tendo em consideração a evidente incompatibilidade que resulta da natureza jurídica das pessoas colectivas (ou entidades equiparadas) arguidas no processo penal, não lhes podem ser aplicadas as medidas de obrigação de permanência na habitação e prisão preventiva (cfr. o art. 11.°, do CP, com a redacção dada pela Lei n.° 59/2007, de 4 de Setembro).

7.3. *Cumulação com outras medidas de coacção*

A obrigação de permanência na habitação é cumulável com:

– O termo de identidade e residência (cfr. o n.° 4, do art. 196.°);

Medidas de Coacção 121

– A suspensão do exercício de profissão, de função, de actividade e de direitos (cfr. o proémio do art. 199.º);
– A proibição e imposição de condutas (quanto à obrigação de não contactar, por qualquer meio, com determinadas pessoas, cfr. os arts. 200.º, n.º 1, **al. d)** e 201.º, **n.º 2**).

Para fiscalização do cumprimento da obrigação supra mencionada podem ser utilizados meios técnicos de controlo à distância, nos termos previstos na lei (cfr. o **n.º 3**, do art. 201.º).

A obrigação de permanência na habitação não é cumulável com a prestação de caução (cfr. o art. 205.º), com a obrigação de apresentação periódica (cfr. o **n.º 2**, do art. 198.º) nem, naturalmente por manifesta incompatibilidade jurídica, com a prisão preventiva (cfr. o art. 202.º).

7.4. *Prazos de duração máxima, suspensão do prazo e extinção*

Os prazos de duração máxima da prisão preventiva são correspondentemente aplicáveis à obrigação de permanência na habitação (cfr., articuladamente, os arts. 218.º, n.º 3 e 215.º). Sobre esta matéria, ver o capítulo da prisão preventiva.

Quanto aos prazos de duração máxima do inquérito e da instrução regem os arts. 276.º (n.os 1 a 3) e 306.º, respectivamente, os quais mantiveram a sua previsão (quanto à duração desses prazos) com a Lei n.º 48/2007, de 29 de Agosto.

O decurso dos prazos da obrigação de permanência na habitação suspende-se em caso de doença do arguido que imponha internamento hospitalar, se a sua presença for indispensável à continuação das investigações (art. 216.º[157] *ex vi* art. 218.º, n.º 3).

Para além do decurso do prazo, a medida de coacção em análise pode ainda extinguir-se nos termos gerais do n.º 1, do art. 214.º e ainda quando for proferida sentença condenatória, ainda que dela tenha sido interposto recurso, se a pena aplicada não for superior à obrigação de permanência já sofrida (cfr. o **n.º 2**, do art. 214.º, modificado pela Lei n.º 48/2007, de 29.08).

---

[157] Até à entrada em vigor da Lei n.º 48/2007, de 29.08, o art. 216.º (nos seus n.os 1, al. a) e 2, agora eliminados) reportava-se à suspensão do processo quando tivesse sido ordenada perícia.

122 As Medidas de Coacção e de Garantia Patrimonial

Directamente conectada com essa questão, estão as disposições previstas nos n.os **1** e 2, do art. 80.°, do CP, alterado pela Lei n.° 59/2007, de 4 de Setembro. Com efeito, o período de tempo em que o arguido esteve sujeito à obrigação de permanência na habitação deve ser descontado, por inteiro, no cumprimento da pena de prisão (em virtude de sentença de condenação)[158], ainda que essa medida de coacção tenha sido aplicada em processo diferente daquele em que vier a ser condenado, quando o facto por que for condenado tenha sido praticado anteriormente à decisão final do processo no âmbito do qual a medida foi aplicada.

Tratando-se de condenação em multa, a obrigação de permanência na habitação é descontada à razão de 1 dia de privação da liberdade por, pelo menos, 1 dia de multa.

Importa acrescentar a possibilidade de revogação ou substituição por outra medida de coacção, de acordo com os arts. 212.° e 213.°.

O arguido sujeito a obrigação de permanência na habitação deve ser posto em liberdade logo que a medida se extinguir, salvo se tal medida dever manter-se por outro processo. Se a libertação tiver lugar por se terem esgotado os respectivos prazos de duração máxima, o juiz pode sujeitar o arguido a alguma ou algumas das medidas previstas nos arts. 197.° a 200.°, inclusive (art. 217.°, n.os 1 e 2 *ex vi* art. 218.°, n.° 3). Posteriormente, se o arguido violar essas medidas, o juiz não pode aplicar novamente a obrigação de permanência na habitação.

Por força da Lei n.° 48/2007, de 29.08, quando considerar que a libertação do arguido pode criar perigo para o ofendido, o tribunal informa-o, oficiosamente ou a requerimento do MP, da data em que a libertação terá lugar (art. 217.°, **n.° 3** *ex vi* art. 218.°, n.° 3).

Jurisprudência

I – Sendo o direito à liberdade um direito fundamental – art. 27.°, n.° 1, da CRP – e podendo a sua privação ocorrer apenas «pelo tempo e nas condições que a lei determinar», nos casos elencados no n.° 3 do mesmo preceito, a providência de habeas corpus *constitui um instrumento reactivo dirigido ao abuso de poder por virtude de prisão ou detenção ilegal;*

---

[158] Na contagem do tempo de prisão, os anos, meses e dias são computados segundo os critérios previstos no art. 479.° (cfr. ainda o art. 279.°, do CC, quanto ao cômputo do termo).

Medidas de Coacção 123

II – A providência de habeas corpus *tem a natureza de remédio excepcional para proteger a liberdade individual, revestindo carácter extraordinário e urgente, com a finalidade de rapidamente pôr termo a situações de ilegal privação de liberdade, decorrentes de ilegalidade de detenção ou de prisão, taxativamente enunciadas na lei: as primeiras previstas nas quatro alíneas do n.° 1 do art. 220.° do CPP e as segundas, nos casos extremos de abuso de poder ou erro grosseiro, patente, grave, na aplicação do direito, descritas nas três alíneas do n.° 2 do referido preceito;*

III – Encarando-se a medida de coacção de obrigação de permanência na habitação, com vigilância electrónica, como privação de liberdade, muito embora em grau muito diferente – e menos elevado – da prisão preventiva, serão de tornar extensivas a tal medida as garantias conferidas à prisão preventiva;

IV – Por isso, poderá a manutenção ilegal da medida de coacção de obrigação de permanência na habitação constituir fundamento da providência de habeas corpus*;*

V – Estando o arguido sujeito à medida de coacção de obrigação de permanência na habitação e sendo, a final, condenado numa pena de prisão cuja execução ficou suspensa, impunha-se ao juiz que deixasse expresso na sentença que tal medida de coacção se mostrava extinta.

(Ac. do STJ, de 13.02.2008 *in* www.dgsi.pt (Proc. n.° 08P435))

I – O facto de o arguido ter já passado criminal, embora distante e de natureza diversa, mas em pena efectiva de prisão por crime grave e o facto de reagir agressivamente a situações de conflito não permitem fazer uma prognose suficientemente favorável para aplicar uma pena de substituição nomeadamente a suspensão da execução da pena de prisão;

II – O facto de o arguido apresentar uma surdez mudez quase completa desaconselha a privação da liberdade em meio prisional, devendo por isso cumprir o remanescente da pena em regime de permanência de habitação por fiscalização de meios técnicos de controlo à distância.

(Ac. do STJ, de 25.10.2007 *in* CJ, Ano XV, Tomo III, p. 239)

I e II – (…);

III – Vindo alegado o excesso do prazo da medida coactiva de permanência na habitação como fundamento do pedido de habeas corpus*, verifica-se que a jurisprudência é divergente quanto a considerar-se que essa medida coactiva possa fundamentar um tal pedido (no sentido afirmativo, Acs. de 15-12-2004 e de 25-05-2005, respectivamente nos Procs. n.ᵒˢ 4617/04 e 1959/05, ambos da 3.ª Secção e, em sentido negativo, Acs. de 21-02-2006 e de 27-09-2007, nos Procs. n.ᵒˢ 690/06 e 3503/07, respectivamente, da 5.ª Secção);*

124   As Medidas de Coacção e de Garantia Patrimonial

IV – (…).
(Ac. do STJ, de 11.10.2007 *in* www.dgsi.pt (Proc. n.º 07P3774))

A medida de coacção de obrigação de permanência na habitação, sob vigilância electrónica, não é suficiente para prevenir o perigo de perturbação do inquérito, na vertente de perigo para a aquisição, conservação ou veracidade da prova, se há fortes indícios de o arguido haver praticado vários crimes de roubo qualificado e se os sinais dos autos indicam que, uma vez fora do estabelecimento prisional, ele poderia, à distância, sem possibilidade de controlo eficaz, intimidar testemunhas que o tenham reconhecido ou possam vir a reconhecer e estabelecer contactos com co-arguidos, em liberdade, no sentido de forjar álibis.
(Ac. da RP, de 26.09.2007 *in* www.dgsi.pt (Proc. n.º 0714624))

I – Encontra-se na situação de preso o arguido a quem foi aplicada a medida de coacção consistente na obrigação de permanecer na habitação sob vigilância electrónica;
II – Tal arguido goza, por isso, de isenção de custas.
(Ac. da RP, de 11.04.2007 *in* CJ, Ano XXXII, Tomo II, p. 217)

Gozam também da isenção prevista no n.º 2 do art 522.º do CPP os arguidos sujeitos à medida de coacção de obrigação de permanência na habitação com vigilância electrónica.
(Ac. da RP, de 11.04.2007 *in* www.dgsi.pt (Proc. n.º 0711158))

I – A fiscalização da medida de Obrigação de Permanência na Habitação (OPH) por meio de Vigilância Electrónica depende do consentimento do arguido, bem como das pessoas que o devam prestar, nos termos do art. 2.º da Lei n.º 122/99 de 20 de Agosto. Tal consentimento, embora constitua condição de aplicabilidade desta medida, não é um pressuposto ou requisito da respectiva medida de coacção, ditado pelos princípios da necessidade, adequação e proporcionalidade que determinam positivamente os requisitos de ordem geral e específica de que o CPP faz depender a aplicação de qualquer das medidas de coacção nele previstas;
II – Assim, pode o tribunal, maxime o tribunal de recurso, julgar da sua necessidade, adequação e proporcionalidade, face às necessidades cautelares concretamente verificadas, independentemente dos consentimentos a prestar como condição de efectiva sujeição do arguido àquela mesma medida;
III – Pode o tribunal decidir que na falta de consentimento do arguido ou de alguma outra pessoa que o deva prestar e, em todo o caso, se não for exequível a Vigilância Electrónica da OPH, que o arguido aguarde os ulteriores

termos do processo em prisão preventiva, dada a natureza subsidiária desta medida de coacção (arts. 193.°, n.° 2 e 202.°, n.° 1, CPP).
(Ac. da RE, de 27.03.2007 *in* www.dgsi.pt (Proc. n.° 222/07-1))

A medida de coacção de obrigação de permanência na habitação, mesmo com controlo electrónico, nos crimes de tráfico de estupefacientes, não é suficiente para afastar o perigo de continuação da actividade criminosa, mesmo que conjugada com a proibição de contactos.
(Ac. da RE, de 13.02.2007 *in* www.dgsi.pt (Proc. n.° 32/07-1))

I – Em sede de aplicação das medidas de coacção não há que ponderar as exigências de prevenção ou de ressocialização, as quais apenas são de ponderar na sentença, mas apenas há que determinar qual a medida que se adequa e é proporcional à satisfação das exigências cautelares requeridas pelo caso concreto e pela gravidade do crime;
II – Deve ser aplicada ao arguido a medida de obrigação de permanência na habitação com vigilância electrónica, em substituição da prisão preventiva, ao arguido a quem se encontra imputado um crime de roubo a menor (a quem retirou um telemóvel), pois deste modo o arguido fica impossibilitado de frequentar a via pública e afasta-se a possibilidade de repetição de comportamentos semelhantes.
(Ac. da RG, de 06.03.2006 *in* CJ, Ano XXXI, Tomo II, p. 275)

As medidas de coacção previstas no artigo 200°, n.° 1, alínea b), e n.° 3 (proibição de ausência para o estrangeiro com obrigação de entrega do passaporte) e no artigo 201°, n.ºs 1 e 2, do Código de Processo Penal (obrigação de permanência na habitação com utilização de meios técnicos de controlo à distância, regulada pela Lei n.° 122/99, de 20 de Agosto) não são cumuláveis entre si.
(Ac. da RL, de 01.06.2005 *in* www.dgsi.pt (Proc. n.° 2909/2005-3))

Sendo declarado inválido o interrogatório judicial, formalizado ao abrigo do art. 141.° do CPP, não pode subsistir a medida de coacção ali adoptada, devendo ser considerada ilegal a privação de liberdade, decorrente da prisão domiciliária, em que se mantém o arguido.
(Ac. do STJ, de 25.05.2005 *in* CJ, Ano XIII, Tomo II, p. 206)

É de rejeitar, por manifestamente improcedência, o recurso em que se punha em causa despacho que indeferira a substituição da medida de coacção de prisão preventiva pela de prisão domiciliária, com vigilância electrónica, uma vez que o fundamento do indeferimento foi informação do IRS segundo a qual tal

126 As Medidas de Coacção e de Garantia Patrimonial

não era possível pelo facto de a área da residência do recorrente não estar abrangida pela área de intervenção da vigilância electrónica.
(Ac. da RL, de 21.04.2005 *in* www.dgsi.pt (Proc. n.º 2893/2005-9))

I – Decidindo o Tribunal da Relação alterar a medida da prisão preventiva para a medida de obrigação de permanência na habitação, sob vigilância electrónica, condicionada à verificação pela 1ª instância, de todos os requisitos necessários à sua execução, *não pode o Tribunal a quo vir a decidir facultar ao arguido o exercício da sua profissão ou de qualquer trabalho no exterior;*
II – Em matéria de medidas de coacção, vigora o princípio da tipicidade e a sua definição respeita os princípios da adequação e da proporcionalidade, sendo cada medida estabelecida em função dos fins do processo penal e da garantia dos direitos dos arguidos;
III – Assim sendo, a medida de obrigação de permanência na habitação, sujeita ou não a meios técnicos de controlo, não pode ser adaptada, sob pena de se frustrarem os pressupostos e finalidades da sua aplicação.
IV – A circunstância de àquela medida acrescer controlo à distância, não diminui esse grau de exigência e os meios de controlo apenas servem como reforço cautelar, que não de impedimento à fuga, à perturbação do processo ou à continuação da actividade criminosa;
V – Afinal, se após a decisão superior se vier a permitir que o arguido trabalhe, isso traduz-se numa alteração da medida aplicada pelo Tribunal da Relação para a prevista no art. 200.º, n.º 1, al. c), parte final – a de proibição de permanência, de ausência e de contactos –, sendo certo que os pressupostos de facto e de direito de cada uma dessas medidas são totalmente diferentes;
VI – Para a permissão de trabalhar não vale a invocação do disposto no art. 3.º, n.º 2 da Lei n.º 122/99, de 20-08 e do direito ao trabalho, pois tal preceito estabelece exactamente que é a decisão que aplica a medida que define eventuais autorizações de ausência (que devem ser situações pontuais, por motivos de saúde, obrigações cívicas, etc.) e quanto ao direito ao trabalho, os arguidos têm muitos outros que lhes são limitados pelas medidas aplicadas e que só o são por força dos factos indiciados e que só a eles são imputados;
VII – Os arguidos também têm direito ao lazer e nem por isso se concebe que se autorize a sua ida à praia ou às discotecas!
(Ac. da RG, de 10.01.2005 *in* www.dgsi.pt (Proc. n.º 2086/04-2))

I – A declaração de especial complexidade, que tem reflexo no prazo máximo da medida de coacção da obrigação de permanência na habitação com vigilância electrónica, deve ocorrer antes do termo do prazo, equiparado de prisão preventiva;

Medidas de Coacção 127

II – Não o tendo sido, há que ordenar a cessação da medida em causa, devendo o Tribunal a quo *decidir sobre a sujeição da arguida, a alguma ou algumas das medidas previstas nos arts. 197.° a 200.° do CPP.*
(Ac. da RL, de 12.10.2004 *in* CJ, Ano XXIX, Tomo IV, p. 143)

Se, findo o inquérito, estando indiciada a prática pelo arguido, jovem de 17 anos, sem antecedentes criminais, vivendo com os pais, tendo ocorrido a recuperação dos objectos e tendo o M.° P.°, na acusação, usado do poder conferido pelo n.° 3, do art. 16.°, do CPP, justifica-se a alteração da medida de coação de obrigação de permanência na habitação por termo de identidade e residência já prestado.
(Ac. da RL, de 16.11.2000 *in* www.dgsi.pt (Proc. n.° 0060449))

I – A obrigação de permanência na habitação é uma espécie de prisão preventiva domiciliária, sujeita aos mesmos prazos da prisão preventiva, quer quanto à duração máxima, quer quanto à suspensão do prazo de duração máxima;
II – Por isso, o arguido que esteve preso preventivamente, sendo essa prisão suspensa por 3 meses, findos os quais lhe foi imposta a obrigação de permanência na habitação, não pode, no âmbito do mesmo processo, ver, depois, suspenso o decurso do prazo da medida de permanência na habitação.
(Ac. da RP, de 24.05.2000 *in* CJ, Ano XXV, Tomo III, p. 226)

MINUTAS

(PROPOSTA DE) REQUERIMENTO DO ARGUIDO SOLICITANDO AUTORIZAÇÃO PARA SE AUSENTAR DA HABITAÇÃO
(art. 201.°, n.° 1[159], do CPP)

Exmo. Senhor Juiz do Tribunal Judicial da Comarca de...

Proc. n.°...
3.° Juízo Criminal

..., arguido nos autos à margem identificados vem, nos termos do n.° 1, do art. 201.°, do CPP, requerer autorização para se ausentar da sua habitação, a fim de comparecer na consulta de neurologia a realizar pelo Exmo. Sr. Dr..., no Hospital..., às... horas, do dia.... (para o efeito junta carta enviada pelo referido Hospital, como doc. n.° 1).

JUNTA: 1 documento, duplicados e cópias legais.

O Defensor,

---

[159] Por força da Lei n.° 48/2007, de 29 de Agosto, o n.° 1, do art. 201.°, passou a prever que o juiz, se considerar inadequadas ou insuficientes, no caso, as medidas de coacção previstas nos arts. 196.° a 200.°, pode impor ao arguido a obrigação de se não ausentar, ou de não se ausentar sem autorização, da habitação própria ou de outra em que de momento resida ou, nomeadamente, quando tal se justifique, em instituição adequada a prestar-lhe apoio social e de saúde.

Ainda de realçar que o decurso dos prazos da obrigação de permanência na habitação suspende-se em caso de doença do arguido que imponha internamento hospitalar, se a sua presença for indispensável à continuação das investigações (art. 216.° *ex vi* art. 218.°, n.° 3).

Medidas de Coacção 129

(PROPOSTA DE) REQUERIMENTO DE REVOGAÇÃO DA MEDIDA DE OBRIGAÇÃO DE PERMANÊNCIA NA HABITAÇÃO (art. 212.º, n.º 1[160], do CPP)

Exmo. Senhor Juiz do Tribunal Judicial da Comarca de...

Proc. n.º...
2.º Juízo Criminal

..., arguido[161] nos autos à margem identificados vem, nos termos da al. b), do n.º 1, do 212.º, do CPP, requerer a revogação da medida de coacção de obrigação de permanência na habitação que lhe foi aplicada, nos termos e com os seguintes fundamentos:

1.º
Em... foi aplicada ao arguido a medida de coacção de obrigação de permanência na habitação, com base na existência, eventual, de perigo de perturbação do decurso do inquérito no processo e, nomeadamente, perigo para a aquisição, conservação ou veracidade da prova.

2.º
Acontece que, tal circunstancialismo deixou, nesta data, de se verificar, uma vez que foi encerrado o inquérito, tendo sido deduzida acusação[162].

3.º
Por outro lado, o arguido tem prestado toda a colaboração no âmbito do presente processo.

---

[160] Nos termos deste artigo as medidas de coacção são imediatamente revogadas, por despacho do juiz, sempre que se verificar:
   a) Terem sido aplicadas fora das hipóteses ou das condições previstas na lei ou
   b) Terem deixado de subsistir as circunstâncias que justificaram a sua aplicação.

[161] A revogação das medidas de coacção pode ser requerida pelo arguido, todavia, se o juiz considerar o seu requerimento manifestamente infundado, condena-o no pagamento de uma soma entre 6 e 20 UC (art. 212.º, n.º 4, 2ª parte).

[162] Ao abrigo das als. a) e b), do n.º 1, do art. 213.º (aditadas pela Lei n.º 48/2007, de 29 de Agosto), o juiz procede oficiosamente ao reexame dos pressupostos da obrigação de permanência na habitação, decidindo se ela é de manter ou deve ser substituída ou revogada, no prazo máximo de 3 meses a contar da data da sua aplicação ou do último reexame e quando no processo forem proferidos despacho de acusação ou de pronúncia ou decisão que conheça, a final, do objecto do processo e não determine a extinção dessa medida de coacção.

4.º

Designadamente, deslocando-se, a pedido das autoridades judiciárias e dos órgãos de polícia, ao local do crime, prestando aí a necessária colaboração com vista ao apuramento da verdade.

5.º

Pelo exposto, deve a medida de coacção de obrigação de permanência na habitação aplicada ao arguido ser revogada ou ser substituída por outra medida de coacção menos gravosa, uma vez que deixaram de se verificar as circunstâncias que justificaram a sua aplicação.

Termos em que e nos demais de direito requer a V. Exa. se digne revogar a medida de coacção de obrigação de permanência na habitação aplicada ao arguido ou ordenar a sua substituição por outra de menor gravidade.

JUNTA: Duplicados legais.

O Defensor,

Medidas de Coacção

(PROPOSTA DE) REQUERIMENTO DE SUBSTITUIÇÃO DA PRISÃO PREVENTIVA POR OBRIGAÇÃO DE PERMANÊNCIA NA HABITAÇÃO SUJEITA A VIGILÂNCIA ELECTRÓNICA (art. 212.°, n.° 3[163], do CPP)

Exmo. Senhor Juiz do Tribunal Judicial da Comarca de...

Proc. n.°...
1.° Juízo Criminal

..., arguido nos autos à margem identificados vem, nos termos conjugados do n.° 3, do art. 201.°[164], do CPP e da Lei n.° 122/99, de 20 de Agosto[165], requerer a substituição da medida de prisão preventiva pela obrigação de permanência na habitação sujeita a vigilância electrónica[166], nos termos e com os seguintes fundamentos:

1.°
Em... foi aplicada ao arguido a medida de prisão preventiva, com base na existência, eventual, de perigo de perturbação do decurso do inquérito no processo e, nomeadamente, perigo para a aquisição, conservação ou veracidade da prova.

2.°
Que está a cumprir no estabelecimento prisional de....

3.°
O arguido é primário.

4.°
Antes de ser preso, o arguido vivia com a sua mulher e as 3 filhas de ambos na sua habitação sita na Rua... num ambiente de total harmonia.

---

[163] Ao abrigo deste artigo, quando se verificar uma atenuação das exigências cautelares que determinaram a aplicação de uma medida de coacção, o juiz substitui-a por outra menos grave ou determina uma forma menos gravosa da sua execução.

[164] Nos termos deste número, para fiscalização do cumprimento da obrigação de permanência na habitação podem ser utilizados meios técnicos de controlo à distância, nos termos previstos na lei.

[165] Este diploma regula a utilização de meios técnicos de controlo à distância para fiscalização do cumprimento da obrigação de permanência na habitação.

[166] Se o juiz julgar o requerimento do arguido manifestamente infundado, condena-o ao pagamento de uma soma entre 6 e 20 UC (art. 212.°, n.° 4, 2ª parte).

5.º
Com efeito, o arguido sempre foi um óptimo pai e marido dedicado.

6.º
O arguido é trabalhador da empresa... há mais de 15 anos (cfr. contrato de trabalho que ora se junta como doc. n.º 1).

7.º
O arguido sempre foi respeitado no meio social onde está inserido, tendo inclusive prestado colaboração, gratuitamente, em instituições de solidariedade social (cfr. doc. n.º 2)[167].

8.º
O arguido tem tido um comportamento exemplar no estabelecimento prisional.

9.º
Por outro lado, sempre prestou toda a necessária e possível colaboração no âmbito do presente processo.

10.º
Designadamente, fornecendo, voluntariamente, inúmeros elementos contabilísticos e documentos de diversa natureza e comparecendo em todas as diligências para que foi convocado.

11.º
Pelo exposto, deve a medida de coacção de prisão preventiva aplicada ao arguido ser substituída pela obrigação de permanência na habitação sujeita a vigilância electrónica, uma vez que esta se revela manifestamente mais adequada e proporcional às exigências cautelares.

12.º
A medida de coacção ora requerida poderá ser cumprida na habitação do arguido sita na Rua....

---

[167] O juiz, para aplicar esta medida, solicita prévia informação aos serviços encarregados da execução da medida sobre a situação pessoal, familiar, laboral ou social do arguido (n.º 5, do art. 3.º, da Lei n.º 122/99, de 20 de Agosto).

Medidas de Coacção

13.º

Em cumprimento do disposto nos n.ᵒˢ 1 e 4, do art. 2.º, da Lei n.º 122/99, de 20 de Agosto, o arguido dá o seu consentimento através de declaração que se anexa.

14.º

O arguido, desde já, informa que a sua mulher e filhas, que com ele irão viver, prestarão o necessário consentimento[168].

Termos em que e nos demais de direito requer a V. Exa. se digne substituir a medida de coacção de prisão preventiva aplicada ao arguido pela obrigação de permanência na habitação sujeita a vigilância electrónica.

JUNTA: 1 Anexo, 2 documentos, duplicados e cópias legais.

O Defensor,

---

[168] A utilização de meios de vigilância electrónica depende ainda do consentimento das pessoas que o devam prestar, nomeadamente das pessoas que vivam com o arguido e das que possam ser afectadas pela permanência obrigatória do arguido em determinado local (art. 2.º, n.º 2, da referida Lei n.º 122/99).

Este consentimento é prestado aos serviços encarregados da execução da vigilância electrónica por simples declaração escrita que deve acompanhar a informação sobre a situação pessoal, familiar, laboral ou social do arguido ou ser, posteriormente, enviada ao juiz (cfr., conjugadamente, os arts. 2.º, n.º 5 e 3.º, n.º 5, da Lei n.º 122/99).

134   *As Medidas de Coacção e de Garantia Patrimonial*

8. Prisão Preventiva

8.1. *Nota prévia*

A prisão preventiva é uma medida de coacção privativa da liberdade que aparece consagrada na Lei Fundamental como uma excepção ao princípio segundo o qual *todos têm direito à liberdade e à segurança* e, por outro lado, *ninguém pode ser total ou parcialmente privado da sua liberdade, a não ser em consequência de sentença judicial condenatória pela prática de acto punido por lei com pena de prisão ou de aplicação judicial de medida de segurança* (cfr. o art. 27.°, n.°s 1, 2 e 3, al. b), da CRP, o art. 5.°, da CEDH e o art. 9.°, da DUDH)[169].

Reportando-se concretamente ao sentido a dar à expressão *direito à liberdade* que impende sobre qualquer cidadão e que se encontra prevista expressamente no art. 27.°, da CRP, GOMES CANOTILHO/VITAL MOREIRA *in* "Constituição da República...", Vol. I, p. 478, entendem tratar-se do "direito à liberdade física, à liberdade de movimentos, ou seja, direito de não ser detido, aprisionado, ou de qualquer modo fisicamente confinado a um determinado espaço, ou impedido de se movimentar."[170]

A prisão preventiva, implicando a privação da liberdade do arguido, durante um determinado período de tempo limitado (cfr. o art. 215.°) que pode ir até ser proferida decisão final (de condenação[171] ou absolvição), assume-se como a medida mais gravosa prevista na lei.

---

[169] O n.° 2, do art. 18.°, da CRP, referindo-se à força jurídica dos direitos, liberdades e garantias, prevê que estes só podem ser restringidos *nos casos expressamente previstos na Constituição, devendo as restrições limitar-se ao necessário para salvaguardar outros direitos ou interesses constitucionalmente protegidos*. Daí a necessidade da previsão da al. b), do n.° 3, do art. 27.°, da CRP.

[170] Por seu turno, JORGE MIRANDA/RUI MEDEIROS *in* "Constituição...", Tomo I, p. 300, referem tratar-se de uma liberdade física "entendida como liberdade de movimentos corpóreos, de "ir e vir", a liberdade ambulatória ou de locomução e, ainda assim, superiormente delimitada pela liberdade de deslocação e emigração, consagrada no artigo 44.°, da Constituição.".

[171] Após proferir sentença condenatória (e antes de a mesma transitar em julgado), sempre que necessário, o tribunal deve proceder ao reexame da situação do arguido, sujeitando-o às medidas de coacção admissíveis e adequadas às exigências cautelares que o caso requerer (cfr. o n.° 4, do art. 375.°), designadamente a prisão preventiva.

A simples prolação de uma condenação criminal, sem trânsito em julgado, não determina a imediata imposição da prisão preventiva.

(Ac. da RL, de 10.05.2006 *in* www.dgsi.pt (Proc. n.° 3610/2006-3))

Medidas de Coacção 135

Por esse motivo, deve constituir a *ultima ratio* ou *extrema ratio* das medidas de coacção, apenas se podendo aplicar quando se demonstre que todas e cada uma das restantes medidas cautelares se revelam inadequadas ou insuficientes a cumprir os fins a que se destina (cfr. os arts. 193.°, **n.° 2** e 202.°, n.° 1 e o art. 28.°, n.° 2, da CRP).

Concomitantemente, de forma a reduzir os danos individuais provocados pela prisão, o **n.° 3**, do art. 193.° (na redacção dada pela Lei n.° 48//2007, de 29 de Agosto), dispõe que <u>quando ao caso couber medida de coacção privativa da liberdade, deve ser dada preferência à obrigação de permanência na habitação sempre que essa medida se revele suficiente para satisfazer as exigências que se pretendem acautelar.</u>

ALEXANDRA VILELA *in* "Considerações acerca da presunção...", p. 97, esclarece que a prisão preventiva assume-se como "o resultado do conflito entre o interesse individual da liberdade e o interesse social da manutenção da segurança e da eficácia na perseguição dos crimes, seja porque o processo penal é longo e por vezes demorado, obrigando à aplicação de medidas que assegurem os efeitos que hão-de derivar da aplicação da pena, seja porque é necessário assegurar a presença do acusado no processo.".

A prisão preventiva não deve ser confundida com a detenção[172], a qual é uma medida cautelar ou de polícia (cujo regime está previsto nos arts. 254.° e segs.), não obstante ambas as figuras implicarem a privação da liberdade.

Sublinhe-se que toda a pessoa privada da liberdade deve ser informada imediatamente e de forma compreensível das razões da sua prisão e dos seus direitos (cfr. o art. 27.°, n.° 4, da CRP; o art. 61.°, n.° 1, **al. h)** e o art. 5.°, n.° 2, da CEDH).

Precisamente porque o arguido se encontra privado da sua liberdade, a marcação das datas da realização do debate instrutório ou da audiência de julgamento devem ser fixadas com precedência sobre qualquer outro debate ou audiência (cfr. os arts. 297.°, n.° 2 e 312.°, n.° 3).

---

[172] A detenção pode dar-se em flagrante delito e fora de flagrante delito. Nesta última situação, a detenção só pode ser efectuada, por mandado do juiz ou, nos casos em que for admissível prisão preventiva, do MP (neste caso <u>quando houver fundadas razões para considerar que o visado se não apresentaria espontaneamente perante autoridade judiciária no prazo que lhe fosse fixado</u>) e das autoridades de polícia criminal, por iniciativa própria (cfr. os n.os 1 (alterado pela Lei n.° 48/2007, de 29.08) e 2, al. a), do art. 257.°).

136   *As Medidas de Coacção e de Garantia Patrimonial*

Neste contexto, de harmonia com o n.° 1, do art. 140.°, sempre que o arguido prestar declarações, e ainda que se encotre detido ou preso, deve encontrar-se livre na sua pessoa[173], a não ser que sejam necessárias cautelas para prevenir o perigo de fuga ou actos de violência.

Com o mesmo intuito dispõe o n.° 2, do art. 106.°, relativo à prática imediata e com preferência sobre qualquer outro serviço de termos e mandados por parte dos funcionários de justiça (quando houver arguidos detidos ou presos e o prazo geral da prática dos actos afectar o tempo de privação da liberdade).

Pressupondo que o julgamento deve ser realizado de forma independente e imparcial (cfr. o n.° 5, do art. 32.°, da CRP), a nova **al. a)**, do art. 40.° (aditada pela Lei n.° 48/2007, de 29 de Agosto), estipula que <u>nenhum juiz pode intervir em julgamento, recurso ou pedido de revisão relativos a processo em que tiver, designadamente, aplicado a prisão preventiva</u>[174].

O tribunal, oficiosamente ou a requerimento, faz cessar a conexão e ordena a separação de algum ou alguns dos processos sempre que houver na separação um interesse ponderoso e atendível de qualquer arguido, nomeadamente, no não prolongamento da prisão preventiva (cfr. a al. a), do n.° 1, do art. 30.°).

---

[173] Cfr. os arts. 302.° e 343.°, quanto às fases processuais da instrução e do julgamento, respectivamente.

[174] Na versão anterior, o art. 40.° estipulava que *Nenhum juiz pode intervir em recurso ou pedido de revisão relativamente a uma decisão que tiver proferido ou em que tiver participado ou no julgamento de um processo a cujo debate instrutório tiver presidido ou em que, no inquérito ou na instrução, tiver aplicado e posteriormente mantido a prisão preventiva do arguido.*

À luz do regime jurídico anterior, cfr., entre outros, o Ac. do STJ, de 09.03.2006 *in* CJ, Ano XIV, Tomo I, p. 210; Ac. do STJ, de 09.12.2004 *in* CJ, Ano XII, Tomo III, p. 241 e o Ac. da RL, de 27.03.2003 *in* CJ, Ano XXVIII, Tomo II, p. 137 (cujos sumários se transcrevem na jurisprudência relativa à prisão preventiva).

1 – A intervenção do juiz de instrução no nosso sistema processual penal de estrutura acusatória integrado pelo princípio de investigação assume função essencialmente garantística; 2 – Não se vê que a concreta actuação do Meret.° Juiz de Instrução, que durante o inquérito ordenou e validou escutas, ordenou e validou as vigilâncias juntas aos autos, ordenou buscas e detenções, presidiu ao primeiro interrogatório judicial do arguido onde lhe aplicou a medida de coacção prisão preventiva, bem como revalidou esta sua decisão constitua, motivo sério e grave capaz de colocar o cidadão de formação média perante a suspeita de que a sua apreciação será condicionada por factores alheios ao Direito.

(Ac. da RC, de 08.01.2016 *in* <u>www.dgsi.pt</u> (Proc. n.° 18/06-0PELRA))

Medidas de Coacção 137

8.2. *Aplicabilidade*

Antes de decretar a prisão preventiva, o juiz deve ter em consideração não apenas os princípios jurídico-constitucionais da defesa da dignidade humana e da presunção de inocência do arguido (cfr. os arts. 1.º, 27.º e 32.º, n.º 2, da CRP), como também os princípios que o legislador ordinário estruturou no CPP no âmbito desta matéria: legalidade, necessidade, adequação, proporcionalidade e subsidiariedade (cfr. os arts. 191.º, n.º 1 e 193.º e o art. 28.º, da CRP).

Para além disso, não podemos deixar de ter em conta que esta medida tem natureza "excepcional, que nunca é obrigatória e que não pode ser utilizada para fins punitivos"[175] e, por outro lado, apenas dever ser autorizada "quando os motivos que a fundamentam sejam bastante fortes para a aceitar como um mal necessário."[176]

Em consonância com o exposto, o juiz só pode impor a prisão preventiva ao arguido se se preencherem cumulativamente os seguintes requisitos:

– Verificação, em concreto, de alguma ou algumas das circunstâncias previstas no art. 204.º, no momento da aplicação da medida;

– Se revelarem *inadequadas* ou *insuficientes*, no caso, as medidas de coacção já mencionadas (cfr. o proémio, do n.º 1, do art. 202.º), devendo fundamentar devidamente a sua decisão. Com efeito, a prisão preventiva é uma medida de coacção que possui uma natureza subsidiária, excepcional, em relação às restantes, não devendo ser decretada nem mantida sempre que possa ser aplicada outra medida mais favorável prevista na lei (cfr. o art. 193.º, **n.º 2** e o art. 28.º, n.º 2, da CRP). Isto significa que, antes de sujeitar o arguido a prisão preventiva, o julgador deve sempre ponderar a possibilidade de aplicação de outra medida de coacção que se revele menos gravosa para o arguido[177];

---

[175] *Vide* ODETE MARIA DE OLIVEIRA *in* "Jornadas de Direito Processual – O Novo...", p. 183.

[176] *Vide* M. CAVALEIRO DE FERREIRA *in* "Curso...", Vol. 1.º, p. 238.

[177] Aliás, nos termos do **n.º 3**, do art. 193.º (alterado pela Lei n.º 48/2007, de 29.08) quando ao caso couber medida de coacção privativa da liberdade (prisão preventiva ou obrigação de permanência na habitação) o juiz deve dar preferência à aplicação desta última medida, uma vez que é mais favorável ao arguido (evidentemente se essa medida se revelar suficiente para satisfazer as exigências cautelares).

No mesmo sentido rege o n.º 1, do art. 15.º da Lei n.º 51/2007, de 31 de Agosto.

138   *As Medidas de Coacção e de Garantia Patrimonial*

– Existência de *fortes indícios* de prática de *crime doloso* (e não negligente) punível com *pena de prisão de máximo superior a 5 anos* (cfr. a **al. a)**, do n.º 1, do art. 202.º);

– Existência de *fortes indícios* de prática de *crime doloso* de terrorismo, criminalidade violenta ou altamente organizada[178] punível com *pena de prisão de máximo superior a 3 anos* (cfr. a **al. b)**, do n.º 1, do art. 202.º) ou

– Tratar-se de pessoa que tiver penetrado ou permaneça irregularmente em território nacional, ou contra a qual estiver em curso processo de extradição ou de expulsão (cfr. a **al. c)**, do n.º 1, do art. 202.º).

A este propósito, cfr., nomeadamente, os arts. 15.º (*Estrangeiros, apátridas, cidadãos europeus*), 27.º (*Direito à liberdade e à segurança*), n.º 3, al. c) e 33.º (*Expulsão, extradição e direito de asilo*), da CRP; o art. 5.º, n.º 1, al. f), da CEDH; o art. 97.º, do CP (referente a inimputáveis estrangeiros); os arts. 6.º, n.º 4 e 7.º, da Lei n.º 34/2004, de 29.07 (aprova o regime de acesso ao direito e aos tribunais), quanto à protecção jurídica no caso de litígio transfronteiriço; a Lei n.º 144/99, de 31.08, relativa à cooperação judiciária internacional em matéria penal (com as alterações decorrentes das Leis n.ᵒˢ 104/2001, de 25.08, 48/2003, de 22.08 e 48/2007, de 29.08); a Lei n.º 65/2003, de 23.08 (que respeita ao mandado de detenção euro-

---

[178] As definições de terrorismo, criminalidade violenta e criminalidade altamente organizada constam do art. 1.º, **als. i), j)** e **m)**, as quais foram aditadas pela Lei n.º 48/2007, de 29.08. Cfr., ainda, o art. 51.º (*Legislação processual penal*), do Dec.-Lei n.º 15/93, de 22 de Janeiro (Tráfico e Consumo de Estupefacientes e de Substâncias Psicotrópicas).

Considera-se terrorismo *as condutas que integrarem os crimes de organização terrorista, terrorismo e terrorismo internacional*. Cfr., ainda, a Lei n.º 52/2003, de 22 de Agosto (Lei do Combate ao Terrorismo), com a alteração decorrente da Lei n.º 59/2007, de 4 de Setembro.

Por sua vez, integram a criminalidade violenta as *condutas que dolosamente se dirigirem contra a vida, a integridade física ou a liberdade das pessoas e forem puníveis com pena de prisão de máximo igual ou superior a 5 anos* (*v. g.*, os crimes previstos nos arts. 133.º, 135.º, n.º 2, 136.º e 152.º, n.º 1, todos do CP).

Por fim, a criminalidade altamente organizada são as *condutas que integrarem crimes de associação criminosa, tráfico de pessoas, tráfico de armas, tráfico de estupefacientes ou de substâncias psicotrópicas, corrupção, tráfico de influência ou branqueamento* (*v. g.*, os crimes previstos nos arts. 299.º, n.ᵒˢ 1 e 2, 335.º, n.º 1 e 374.º, n.º 1, todos do CP).

peu); a Lei n.º 23/2007, de 04.07 (aprova o regime jurídico da entrada, permanência, saída e afastamento de estrangeiros do território nacional) e os arts. 229.º a 240.º, do CPP (quanto às relações com autoridades estrangeiras e entidades judiciárias internacionais).

De notar que compete às secções criminais das Relações, em matéria penal, entre outros, julgar os processos judiciais de extradição (cfr. a **al. c**), do **n.º 3**, do art. 12.º).

Salientemos que, para legitimar a aplicação de prisão preventiva, o legislador impõe a existência de fortes indícios da prática de crime doloso (cfr. as als. a) e b), do n.º 1, do art. 202.º).

No que concerne ao alcance da expressão *fortes indícios*, M. SIMAS SANTOS/M. LEAL HENRIQUES *in* "Código de Processo...", Vol. I, p. 995, sustentam que não basta que a suspeita sobre a autoria ou participação no crime "assente num qualquer estrato factual, mas antes em factos de relevo que façam acreditar que eles são idóneos e bastantes para imputar ao arguido essa responsabilidade, sob pena de se arriscar uma medida tão gravosa como esta em relação a alguém que pode estar inocente ou sobre o qual não haja indícios seguros de que com toda a probabilidade venha a ser condenado pelo crime imputado." [179]

Neste sentido, o Ac da RP, de 31.01.2007 *in* www.dgsi.pt (Proc n.º 0710476) pugna que *não deve ser decretada a prisão preventiva quando seja previsível, atentas as concretas circunstâncias do caso, que o arguido não venha a ser condenado, a final, em pena de prisão efectiva.*[180]

---

[179] Ainda a propósito do conceito de *fortes indícios* (também utilizado nas medidas de coacção previstas nos arts. 200.º e 201.º), *vide* JORGE NORONHA E SILVEIRA *in* "Jornadas...", p. 174, JOSÉ M. DE ARAÚJO BARROS *in* "Revista Portuguesa...", ps. 422 e segs.; FERNANDA PALMA *in* "I Congresso...", ps. 120 e segs. e P. PINTO DE ALBUQUERQUE *in* "Comentário do Código...", p. 337.

[180] Com outra expressão se apresenta o Ac. da RL, de 08.01.2003 *in* www.dgsi.pt (Proc. n.º 0096353), cujo teor é o seguinte: *I – A expressão fortes indícios da prática do crime doloso punível com prisão de máximo superior a três anos do art. 202.º – a) do C.P.P., inculca a ideia da necessidade de que a suspeita sobre a autoria ou participação no crime tenha uma base de sustentação segura, que essa suspeita assente em factos de relevo que façam acreditar que eles são idóneos e bastantes para imputar ao arguido essa responsabilidade. O que não invalida o entendimento de que a expressão utilizada pelo legislador porventura não constituirá mais do que uma injunção psicológica ao juiz, no sentido de uma maior exigência na ponderação dos dados probatórios recolhidos acerca do crime assacado ao arguido; II – Assim, quando a Lei fala em fortes indícios pretende exigir uma indiciação reforçada filiada no conceito de provas sérias.*

140   *As Medidas de Coacção e de Garantia Patrimonial*

Não obstante, lembramos que a prisão preventiva configura-se como uma medida que reveste de natureza cautelar e que não pode ser aplicada com uma finalidade repressiva ou de antecipação do cumprimento de uma pena[181].

Se o arguido não cumprir a obrigação de permanência na habitação, o juiz pode impor-lhe outra ou outras das medidas de coacção previstas no CPP e admissíveis ao caso, <u>incluindo a prisão preventiva, mesmo que ao crime caiba pena de prisão de máximo igual ou inferior a 5 e superior a 3 anos</u> (cfr. o art. 203.º, n.ºs 1 e **2**, este último aditado pela Lei n.º 48/2007, de 29.08).

O juiz pode ainda decretar a prisão preventiva (se esta for legalmente admissível, isto é, se se verificarem cumulativamente todos os requisitos supra mencionados) se o arguido faltar injustificadamente a acto para o qual se encontre devidamente notificado, por exemplo, falta de comparência para a realização da audiência de julgamento (cfr. a 2ª parte, do n.º 2, do art. 116.º[182]).

De igual forma a declaração de contumácia do arguido poderá desencadear a passagem imediata de mandado de detenção para efeitos de aplicação da medida de prisão preventiva, nos termos do n.º 1, do art. 337.º.

A execução da prisão preventiva opera-se com a entrada do arguido em estabelecimento prisional (cfr. o Dec.-Lei n.º 265/79, de 1 de Agosto, alterado pelo Dec.-Lei n.º 49/80, de 22 de Março e pelo Dec.-Lei n.º 414/85, de 18 de Outubro). Nos termos do n.º 1, do art. 209.º, desse diploma legal, *o detido em prisão preventiva goza de uma presunção de inocência e deve ter um tratamento em conformidade*.

Por força dos n.ºs 4 e 5, do art. 55.º, do Dec.-Lei n.º 15/93, de 22 de Janeiro (referente ao tráfico e consumo de estupefacientes e de substâncias psicotrópicas), a prisão preventiva não é imposta a arguido que tenha em curso um programa de tratamento de toxicodependência, salvo se existirem, em concreto, necessidades cautelares de especial relevância. Porém, se tal medida de coacção tiver de ser ordenada, executa-se em zona apropriada do estabelecimento prisional.

---

[181] Note-se que o regime jurídico das medidas de coacção não se coaduna com o disposto no art. 40.º, do CP, o qual se reporta às finalidades das penas e das medidas de segurança.

[182] Se não for possível executar a prisão preventiva referida, designadamente, no n.º 2, do art. 116.º, o arguido é notificado por editais para se apresentar em juízo, num prazo até 30 dias, sob pena de ser declarado contumaz (cfr. o n.º 1, do art. 335.º).

Medidas de Coacção 141

Chamamos a atenção para o facto de, havendo fortes indícios de prática de crime doloso punível com pena de prisão de máximo superior a 3 anos, o juiz poder impor ao arguido, mediante o seu consentimento, a obrigação de ele se sujeitar a tratamento de dependência de que padeça e haja favorecido a prática do crime, em instituição adequada. É o que prevê a nova **al. f)**, do n.º 1, do art. 200.º, (aditada pela Lei n.º 48/2007, de 29.08), no âmbito da medida de proibição e imposição de condutas.

Segundo o exposto no Ac. da RP, de 19.04.2006 *in* www.dgsi.pt (Proc n.º 0641004) *não pode ser decretada a prisão preventiva de arguido preso preventivamente à ordem de outro processo.* Em sentido precisamente inverso dispõe, nomeadamente, o Ac. da RP, de 08.03.2006 *in* www.dgsi.pt (Proc n.º 0547080).

Alterações introduzidas pela Lei n.º 48/2007, de 29 de Agosto

As principais novidades a destacar encontram-se inseridas nas alíneas a) e b), do n.º 1, do art. 202.º.

Por conseguinte, no actual regime, a prisão preventiva pode ser aplicada quando houver fortes indícios da prática de crime doloso punível com pena de prisão de máximo superior a 5 anos (al. a)). Portanto, o legislador reduziu o leque de crimes cuja prática pode consubstanciar a aplicação desta medida de coacção.

Até 15.09.2007 (data em que entrou em vigor a Lei n.º 48/2007), o âmbito de aplicação da prisão preventiva compreendia os crimes com pena de prisão de máximo superior a 3 anos.

Não obstante, a existência de fortes indícios da prática desses crimes pode ainda determinar a aplicação de prisão preventiva, quando os mesmos digam respeito a terrorismo, criminalidade violenta ou criminalidade altamente organizada[183] (al. b)).

A actual al. c), do n.º 1, do art. 202.º, corresponde à al. b), da mesma norma, na versão anterior do CPP.

8.3. *Substituição da prisão preventiva por internamento preventivo*

Conforme previsão constante do n.º 2, do art. 202.º, mostrando-se que o arguido a sujeitar a prisão preventiva sofre de anomalia psíquica, o

---

[183] Cfr. as definições constantes do art. 1.º, **als. i)**, **j)** e **m)**, aditadas pela Lei n.º 48/2007.

juiz pode determinar que, enquanto essa anomalia persistir, em vez da prisão (em estabelecimento prisional) tenha lugar internamento preventivo em hospital psiquiátrico ou outro estabelecimento análogo adequado[184].

Na situação em apreço, a aplicação do internamento preventivo ao arguido justifica-se como forma de *prevenir o perigo de fuga* e *de cometimento de novos crimes*, isto é, de continuação da actividade criminosa (cfr. o art. 204.°).

Para efeito de substituição da prisão preventiva por internamento preventivo, o juiz deve ouvir o defensor (cfr. os arts. 64.°, n.° 1, **al. c)** e 119.°, al. c)) e, sempre que possível, atendendo aos valores que estão em causa, um familiar do arguido[185].

De igual forma, se o arguido se encontrar gravemente doente, em estado de gravidez ou de puerpério, poderá ficar internado em estabelecimento hospitalar se tal se revelar adequado ao seu estado e compatível com ele, ficando, neste caso, suspensa a execução da prisão preventiva (cfr. o art. 211.°).

8.4. *Suspensão da execução da prisão preventiva*

A suspensão da execução da prisão preventiva não se confunde com a suspensão do decurso dos prazos de duração máxima da prisão preventiva (esta última prevista no art. 216.°), embora estas duas realidades possam ocorrer em simultâneo.

O juiz pode estabelecer a suspensão da execução da prisão preventiva, se tal for exigido por razão de doença grave do arguido, de gravidez ou de puerpério.

Na linha de pensamento de P. PINTO DE ALBUQUERQUE *in* "Comentário do Código...", p. 559, o fundamento do aborto "deve ser incluído, por interpretação extensiva, entre as causas relevantes para o efeito da suspensão, quando o aborto tenha ocorrido em circunstâncias tais que ponham em causa a saúde da arguida.".

---

[184] Porém, lembramos a regra consignada no n.° 2, do art. 192.°, a qual impede que sejam aplicadas medidas de coacção, designadamente, quando houver fundados motivos para crer na existência de causas de isenção da responsabilidade criminal.

[185] Cfr. o art. 27.°, n.° 3, al. h), da CRP e a Lei n.° 36/98, de 24 de Julho (Lei da Saúde Mental), alterada pela Lei n.° 101/99, de 26 de Julho.

Medidas de Coacção 143

Ainda segundo o mesmo Autor, no despacho que aplicar as medidas de coacção previstas nos arts. 198.°, 200.°, 201.° e 202.° ou durante a execução destas medidas o juiz pode igualmente "estabelecer a suspensão da execução da medida, se tal for exigível em virtude de anomalia psíquica, doença grave, gravidez, aborto ou puerpério." (*ibidem*).

Considerando o teor do Ac. da RL, de 21.09.2004 *in* CJ, Ano XXIX, Tomo IV, p. 134, para que seja admissível a suspensão de prisão preventiva, *por motivo de doença, não basta que esta seja grave; é necessário que, em reclusão não possam ser disponibilizados ao detido, os cuidados de saúde necessários ao seu tratamento.*

Por seu turno, o Ac. da RL, de 02.07.2002 *in* www.dgsi.pt (Proc. N.° 0054435), refere que *sofrendo o requerente de doenças muito graves – sida, hepatite e tuberculose – não se demonstrando a impossibilidade de ser assistido medicamente no estabelecimento prisional, não deve ser suspensa a execução da prisão preventiva aplicada por indiciação em crime de tráfico de estupefaciente.*

Ainda nos termos deste último acórdão, *o juízo sobre a audição de um médico sobre o estado de saúde de um detido preventivo, indicado por este para ser ouvido se necessário compete ao juiz.*

De notar que a suspensão pode ser concedida, quer no próprio despacho que decreta a prisão preventiva, quer durante a sua execução (cfr. a 1ª parte, do n.° 1, do art. 211.°).

Durante o período de suspensão da execução da prisão preventiva, o arguido pode ficar sujeito à medida de obrigação de permanência na habitação (cfr. o art. 201.°) e a quaisquer outras medidas que se revelarem adequadas ao seu estado e compatíveis com ele, nomeadamente a de internamento hospitalar[186] (cfr. o n.° 2, do art. 211.°).

No entanto, devemos ter presente que há certas medidas de coacção que não podem ser aplicadas cumulativamente, *v. g.*, a obrigação de apresentação periódica com a obrigação de permanência na habitação (cfr. o **n.° 2**, do art. 198.°).

---

[186] Acrescente-se que, em caso de doença do arguido que imponha internamento hospitalar, o decurso dos prazos de duração máxima da prisão preventiva suspende-se, se a sua presença for indispensável à continuação das investigações (cfr. o art. 216.°). Por exemplo, se o arguido for internado num hospital prisional há uma suspensão da prisão preventiva mas não dos seus prazos. Ao invés, se o internamento se der num hospital civil suspende-se a execução da prisão preventiva e os respectivos prazos.

144 *As Medidas de Coacção e de Garantia Patrimonial*

A suspensão cessa logo que deixarem de verificar-se as circunstâncias que a determinaram e de todo o modo, no caso de puerpério, quando se esgotar o 3.º mês posterior ao parto (cfr. a 2ª parte, do n.º 1, do art. 211.º), devendo o prazo da prisão preventiva voltar a correr como se não tivesse ocorrido a suspensão.

8.5. *Cumulação com outras medidas de coacção*

A prisão preventiva é cumulável com:

– O termo de identidade e residência (cfr. o n.º 4, do art. 196.º);
– A suspensão do exercício de profissão, de função, de actividade e de direitos (cfr. o proémio do n.º 1, do art. 199.º);
– A proibição e imposição de condutas (quanto à obrigação de não contactar com determinadas pessoas, cfr. o art. 200.º, n.º 1, **al. d)**).

Por manifesta incompatibilidade, a prisão preventiva não é cumulável com a prestação de caução (cfr. o art. 205.º), com a obrigação de apresentação periódica (cfr. o **n.º 2,** do art. 198.º), nem com a obrigação de permanência na habitação.

8.6. *Comunicação do despacho de aplicação da prisão preventiva*

O despacho que determina a aplicação da prisão preventiva deve ser notificado ao arguido e, ao contrário do que se verifica nas restantes medidas de coacção, <u>deve ser comunicado de imediato ao defensor e, sempre que o arguido o pretenda, a parente ou a pessoa da sua confiança</u> (cfr. os **n.ºs 7** e **8,** do art. 194.º e o n.º 9, do art. 113.º).

Trata-se, aliás, de uma imposição constitucional consignada no n.º 3, do art. 28.º, da Lei Fundamental, o qual exige que a decisão judicial que ordene (ou mantenha) uma medida de privação da liberdade deva ser logo comunicada a parente ou pessoa da confiança do detido, por este indicados.

Na versão anterior à Lei n.º 48/2007, de 29 de Agosto, o despacho aqui em causa devia, com consentimento do arguido, ser de imediato comunicado a parente, a pessoa da sua confiança ou ao defensor por ele indicado, sendo tal consentimento inexigível quando o arguido fosse menor de 18 anos.

Medidas de Coacção 145

8.7. Inêxito das diligências para aplicação ou execução da prisão preventiva

Nos termos do art. 210.°, se o juiz tiver elementos para supor que uma pessoa pretende subtrair-se à aplicação ou execução da prisão preventiva, pode aplicar-lhe imediatamente, até que a execução da medida se efective, alguma ou algumas das seguintes medidas de coacção:

– Obrigação de apresentação periódica (cfr. o art. 198.°);
– Suspensão do exercício de profissão, de função, de actividade e de direitos (cfr. o art. 199.°);
– Proibição e imposição de condutas (cfr. o art. 200.°) e
– Obrigação de permanência na habitação (cfr. o art. 201.°).

Tenhamos em conta que a aplicação simultânea de várias medidas de coacção só é possível se as mesmas forem cumuláveis entre si.

Quanto às dificuldades de aplicação ou de execução de qualquer medida de coacção, por remissão expressa do art. 209.°, é correspondentemente aplicável o regime jurídico previsto no art. 115.°, respeitante à possibilidade de *recorrer à colaboração da força pública* para esse efeito. Sobre essa questão devemos ainda considerar o disposto no art. 9.°, quanto ao exercício da função jurisdicional penal.

A detenção tem em vista, nomeadamente, a apresentação do detido para, no prazo máximo de 48 horas, ser sujeito à aplicação ou execução de uma medida de coacção (cfr. a al. a), do n.° 1, do art. 254.°).

O arguido detido fora de flagrante delito (cfr. o art. 257.°), para aplicação ou execução da medida de prisão preventiva é sempre apresentado ao juiz, sendo correspondentemente aplicável o regime jurídico válido para o primeiro interrogatório judicial de arguido detido, previsto no art. 141.° (cfr. o n.° 2, do art. 254.°)[187].

Se não for possível executar a prisão preventiva nestes termos, o arguido é notificado por editais para se apresentar em juízo, num prazo até

---

[187] *No mandado de detenção para o arguido ser presente ao juiz competente para o primeiro interrogatório e para eventual aplicação da medida de coacção,* a indicação do facto que motivou a detenção, *exigida pelo art. 258.° 1 b) do C.P.P. não tem de conter com precisão a indicação dos factos que determinam a detenção, bastando-se a menção do crime e de que há fortes suspeitas de ter sido cometido pela pessoa a deter.*
(Ac. da RC, de 28.01.2004 *in* CJ, Ano XXIX, Tomo I, p. 49)

146 As Medidas de Coacção e de Garantia Patrimonial

30 dias, sob pena de ser declarado contumaz[188] (cfr. o n.º 1, do art. 335.º).
A declaração de contumácia tem os efeitos previstos no art. 337.º.

8.8. *Reexame dos pressupostos da prisão preventiva*

O regime jurídico relativo ao reexame dos pressupostos da prisão
preventiva sofreu acentuadas modificações com a entrada em vigor da Lei
n.º 48/2007, de 29 de Agosto, designadamente, tornando-se extensivo à
medida de obrigação de permanência na habitação, medida prevista no art.
201.º[189].

Conforme se encontra expresso no Ac. da RP, de 21.09.2005 *in*
www.dgsi.pt (Proc. n.º 0544665), *a decisão que impõe a prisão preventiva, apesar de não ser definitiva, é intocável e imodificável enquanto não
se verificar uma alteração, em termos atenuativos, das circunstâncias que
a fundamentaram.*[190]

Reportando-se à regra *rebus sic stantibus* ALEXANDRA VILELA *in* "Considerações acerca da presunção...", ps. 101/102, sustenta que "a sua aplicação conduz o juiz, mediante uma avaliação da situação de facto, a tomar
posição quanto à aplicação ou não da prisão preventiva. O seu conteúdo
analisa-se na decisão a tomar quanto à vigência da prisão preventiva em
função da subsistência ou invariabilidade do motivo que conduz à sua aplicação, e obviamente prende-se com os pressupostos *fumus boni iuris* e
periculum in mora, pressupostos próprios das medidas cautelares.".

Importa recordar que, por força do n.º 2, do art. 28.º, da CRP, a prisão preventiva, dado o seu carácter excepcional, não deve ser mantida
sempre que possa ser aplicada outra medida de coacção mais favorável
ao arguido.

De harmonia com essa disposição constitucional, o legislador ordinário estipulou no **n.º 1**, do art. 213.º, que o juiz deve proceder oficiosa-

---

[188] Quanto à notificação por editais cfr., nomeadamente, os arts. 335.º, n.º 2 e 113.º,
n.os 1, al. d) e 11.

[189] Esta igualdade de tratamento vinha a ser reclamada pela nossa doutrina, tendo
em conta a proximidade de regime com a prisão preventiva. Nesse sentido, *vide* GERMANO
MARQUES DA SILVA *in* "Curso...", Vol. II, p. 311 e ODETE MARIA DE OLIVEIRA *in* "Jornadas de Direito Processual Penal – O Novo...", p. 180.

[190] Ainda a esse propósito, cfr. o Ac. da RP, de 30.03.2005 *in* www.dgsi.pt (Proc.
n.º 0541909).

Medidas de Coacção   147

mente[191] ao reexame dos pressupostos da prisão preventiva (e da obrigação de permanência na habitação), durante a sua execução, decidindo se ela é de manter ou deve ser substituída ou revogada[192]:

    a) No prazo máximo de 3 meses a contar da data da sua aplicação ou do último reexame[193]; e

    b) Quando no processo forem proferidos despacho de acusação ou de pronúncia (cfr. os arts. 283.° e 308.°) ou decisão que conheça, a final, do objecto do processo e não determine a extinção da medida aplicada.

Por força do **n.° 2**, do art. 213.°, aquando da tomada de decisão judicial supra mencionada, ou sempre que necessário, o juiz deve também verificar os fundamentos da elevação dos prazos da prisão preventiva nos termos e para os efeitos do disposto nos **n.ºs 2, 3 e 5**, do art. 215.°. O mesmo se diga quanto à medida de obrigação de permanência na habitação, nos termos da remissão feita pelo n.° 3, do art. 218.°.

Conforme se encontra prescrito no Ac. do STJ, de de 18.10.2007 *in* www.dgsi.pt (Proc. n.° 07P3890), *em lado algum se contempla a falta de revisão dos pressupostos da medida como causa da sua extinção. Daí que se venha defendendo (...) que aquela falta se traduz em mera irregularidade processual.*

De sublinhar que, para efeitos do reexame supra referido, o juiz ouve o MP e o arguido, sempre que entenda necessário[194] (cfr. os arts. 213.°, n.° 3 e 61.°, n.° 1, als. a) e b) e o art. 32.°, n.° 5, 2ª parte, da CRP).

---

[191] Ou a requerimento do MP ou do arguido (cfr. o n.° 4, do art. 212.°).

De assinalar que os *efeitos da revisão dos pressupostos da prisão preventiva que tiverem que se produzir, produzem-se independentemente de qualquer notificação do despacho que procedeu a tal revisão* (Ac. do STJ, de de 18.10.2007 *in* www.dgsi.pt (Proc. n.° 07P3890))

[192] Sempre que se verificar qualquer uma das circunstâncias previstas no art. 212.°, o juiz deve revogar ou substituir a medida de coacção aplicada ao arguido.

[193] De igual forma, se se tratar de obrigação de permanência na habitação com utilização da vigilância electrónica, o juiz deverá oficiosamente, de 3 em 3 meses, reexaminar as condições em que foi decidida tal utilização e avaliar a sua execução (cfr o art. 7.°, da Lei n.° 122/99, de 20 de Agosto).

[194] *I – Quando haja de proceder-se ao reexame dos pressupostos da prisão preventiva, e o juiz, considere desnecessária a audição prévia do M.° P.° ou do arguido, deverá*

148 As Medidas de Coacção e de Garantia Patrimonial

No entendimento de P. PINTO DE ALBUQUERQUE *in* "Comentário do Código...", p. 565, aquando do reexame dos pressupostos da prisão preventiva (e da obrigação de permanência na habitação), a audição do MP e do arguido não se apresenta como obrigatória, "contudo a respectiva omissão deve ser justificada pelo juiz. Omitindo-se a audição sem qualquer justificação, existe **irregularidade** do despacho judicial, uma vez que não se trata de acto processual legalmente obrigatório...".

Recorrendo ao teor do Ac. da RP, de 10.12.2003 *in* CJ, Ano XXVIII, Tomo V, p. 230, quando o juiz procede ao reexame dos pressupostos da prisão preventiva, *e mantém esta, por entender que subsistem os pressupostos que a determinaram, não é obrigado a, antes de decidir, ouvir o arguido.* Acresenta o mesmo acórdão que *a prévia audição do arguido só se impõe, quando ela seja necessária para assegurar as garantias de defesa, o que acontece se o quadro de facto ou de direito se alterou entretanto.*[195]

Na mesma linha de orientação, o Ac. da RC, de 29.03.2000 *in* CJ, Ano XXV, Tomo II, p. 53 dispõe que a audição do arguido *será mesmo inútil se foi o próprio arguido quem requereu a revogação ou a substituição da medida aplicada.*

Todavia, tratando-se de aplicação, revogação e substituição das medidas de coacção, o <u>arguido deve ser ouvido, salvo nos casos de impossibilidade devidamente fundamentada.</u> Estamos perante uma exigência decorrente da Lei n.º 48/2007, de 29.08 (cfr. o **n.º 3**, do art. 194.º e o **n.º 4**, do art. 212.º).

Outro aspecto que merece destaque prende-se com o direito que hoje o arguido e o seu defensor têm de <u>consultar os elementos do processo determinantes da aplicação da medida de coacção (à excepção do TIR)</u>

---

fundamentar devidamente essa desnecessidade; II – A falta dessa fundamentação constitui nulidade insanável.

(Ac. da RL, de 29.09.1999 *in* CJ, Ano XXIV, Tomo IV, p. 145). Cfr. os arts. 119.º, al. c) e 122.º, n.º 1.

Enferma de nulidade insanável o despacho do juiz que determina a continuação do arguido na situação de prisão preventiva sem previamente o ouvir.

(Ac. da RP, de 29.09.1999 *in* CJ, Ano XXIV, Tomo IV, p. 241). No mesmo sentido o Ac. da RP, de 16.06.1999 *in* CJ, Ano XXIV, Tomo III, p. 241.

[195] No mesmo sentido, cfr., designadamente, o Ac. da RP, de 02.05.2001 *in* CJ, Ano XXVI, Tomo III, p. 224.

durante o interrogatório judicial e no prazo previsto para a interposição do recurso. É o que resulta da redacção do **n.º 6**, do art. 194.º, aditado pela Lei n.º 48/2007.

Portanto, se não foi vedada a possibilidade de consultar os autos[196] ou se foi, mas entretanto deixou de se verificar o circunstancialismo que determinou tal reserva, deve o arguido, previamente ao reexame das medidas de coacção aqui em causa, ser informado da prova superveniente ao despacho que determinou a aplicação da prisão preventiva (ou da obrigação de permanência na habitação).

Aquando do reexame dos pressupostos da prisão preventiva (ou da obrigação de permanência na habitação) o juiz pode tomar uma das seguintes decisões: substituir, revogar ou manter essa medida.

A fim de fundamentar a sua decisão (cfr. o art. 97.º, **n.º 5** e o art. 205.º, n.º 1, da CRP), o juiz, oficiosamente ou a requerimento do MP ou do arguido, pode solicitar a elaboração de relatório social[197], desde que o arguido consinta na sua realização (cfr. o **n.º 4**, do art. 213.º).

Prosseguindo a mesma finalidade, o juiz pode ainda solicitar a elaboração de perícia sobre a personalidade do arguido (cfr. o art. 160.º[198]) ou de informação dos serviços de reinserção social[199] (novidade introduzida no CPP pela Lei n.º 48/2007, de 29 de Agosto).

---

[196] O que pode acontecer sempre que a enunciação dos elementos do processo que indiciam os factos imputados ponha gravemente em causa a investigação, impossibilite a descoberta da verdade ou crie perigo para a vida, a integridade física ou psíquica ou a liberdade dos participantes processuais ou das vítimas do crime (cfr., articuladamente, a **al. b)**, do **n.º 4**, e o **n.º 6**, ambos do art. 194.º).

[197] O *relatório social* consiste na informação sobre a inserção familiar e sócio-profissional do arguido e, eventualmente, da vítima, elaborada por serviços de reinserção social, com o objectivo de auxiliar o tribunal ou o juiz no conhecimento da personalidade do arguido (cfr. a al. g), do art. 1.º).

[198] Nos termos do n.º 1, desta norma, para efeito de avaliação da personalidade e da perigosidade do arguido pode haver lugar a perícia sobre as suas características psíquicas independentes de causas patológicas, bem como sobre o seu grau de socialização. Mais acrescenta esta disposição legal que a perícia pode relevar, nomeadamente, para a decisão sobre a revogação da prisão preventiva, a culpa do agente e a determinação da sanção. O art. 160.º-A, relativo à realização da perícia, bem como o citado art. 160.º, sofreram alterações em virtude da Lei n.º 48/2007, de 29 de Agosto.

[199] A *informação dos serviços de reinserção social* consiste na resposta a solicitações concretas sobre a situação pessoal, familiar, escolar, laboral ou social do arguido e, eventualmente, da vítima, elaborada por serviços de reinserção social, com o objectivo de auxiliar o tribunal ou o juiz no conhecimento da personalidade do arguido (cfr. a al. h), do art. 1.º).

150 *As Medidas de Coacção e de Garantia Patrimonial*

Devemos ter presente que os serviços de reinserção social podem, independentemente de solicitação, enviar ao tribunal, quando o acompanhamento do arguido[200] o aconselhar, o relatório social ou a respectiva actualização (cfr. o **n.º 2**, do art. 370.º).

De acrescentar que a inquirição sobre factos relativos à personalidade e ao carácter do arguido, bem como às suas condições pessoais e à sua conduta anterior é permitida, designadamente, para aplicação de medida de coacção (cfr. o n.º 2, do art. 128.º).

Nos termos do **n.º 5**, do art. 213.º (aditado pela Lei n.º 48/2007, de 29.08) <u>a decisão que mantenha a prisão preventiva (ou a obrigação de permanência na habitação) é susceptível de recurso nos termos gerais (cfr. os arts. 219.º e 399.º e segs.), mas não determina a inutilidade superveniente de recurso interposto de decisão prévia que haja aplicado ou mantido a medida em causa.</u>

Contudo, se a decisão de manutenção da prisão preventiva (ou da obrigação de permanência na habitação) "transitar em julgado, por não ter sido interposto recurso pelo arguido, esse trânsito implica a inutilidade superveniente do recurso interposto de decisão prévia de aplicação ou manutenção da medida em causa. O trânsito em julgado da segunda decisão corresponde a uma renúncia ao direito de declaração da ilegalidade da medida em causa..."[201].

8.9. *Prazos de duração máxima*

As normas processuais penais referentes à privação de liberdade, que fixam e elevam os prazos de duração máxima da prisão preventiva, traduzem a ponderação entre dois direitos fundamentais: o direito à liberdade e à segurança (cfr. o n.º 1, do art. 27.º, da CRP).

Conforme resulta do n.º 4, do art. 28.º, da CRP, a prisão preventiva *está sujeita aos prazos estabelecidos na lei*. Trata-se de uma regra que exprime "a exigência, derivada da natureza excepcional da prisão preventiva, de que ela seja temporalmente delimitada (...), o que tem como

---

[200] Antes da vigência da Lei n.º 48/2007, o texto legal referia-se expressamante ao arguido preso preventivamente.

[201] *Vide* P. Pinto de Albuquerque *in* "Comentário do Código...", p. 566.

Medidas de Coacção 151

consequência que não pode haver hiatos temporais subtraídos à contagem desses prazos, sob pena de estes serem subvertidos..."[202].

Assim, tendo por base o princípio da presunção de inocência, a execução da prisão preventiva tem limites temporais, devendo, paralelamente, o arguido ser julgado no mais curto prazo compatível com as garantias de defesa (cfr. o corpo do n.º 3, do art. 27.º e o art. 32.º, n.º 2, todos da CRP).

Segundo o entendimento de GOMES CANOTILHO/VITAL MOREIRA *in* "Constituição da República...", Vol. I, p. 490, os prazos de prisão preventiva "ao tocarem com o direito de liberdade, são *prazos materialmente processuais*, justificando-se a aplicação retroactiva da lei processual mais favorável, nos mesmos termos da lei criminal material.". Cfr. o n.º 4, do art. 29.º, da CRP.

Em resultado da reforma do CPP levada a cabo pela Lei n.º 48/2007, de 29 de Agosto, os prazos de duração máxima da prisão preventiva sofreram um substancial encurtamento.

Destarte, pela sua relevância prática, importa realçar a regra da aplicação da lei processual penal no tempo, prevista no n.º 1, do art. 5.º, ao abrigo da qual *a lei processual penal é de aplicação imediata, sem prejuízo da validade dos actos realizados na vigência da lei anterior.*[203]

As medidas de obrigação de apresentação periódica e de suspensão do exercício de profissão, de função, de actividade e de direitos (cfr. os arts. 198.º e 199.º) extinguem-se, nomeadamente, quando desde o início da sua execução, tiverem decorrido os prazos referidos no **n.º 1**, do art. 215.º, elevados ao dobro (cfr. o n.º 1, do art. 218.º).

O regime relativo aos prazos de duração máxima da prisão preventiva é extensível às medidas de proibição e imposição de condutas e de obrigação de permanência na habitação (cfr. os arts. 200.º e 201.º), por remissão dos n.ºs **2** e 3, do art. 218.º.

O período de tempo em que o arguido esteve preso preventivamente deve ser descontado, por inteiro, no cumprimento da pena de prisão nos termos e condições previstos nos n.ºs **1** e 2, do art. 80.º, do CP (alterado

---

[202] *Vide* JORGE MIRANDA/RUI MEDEIROS *in* "Constituição...", Tomo I, p. 321.

[203] Por sua vez, o n.º 2 dessa mesma disposição, estabelece as excepções seguintes: *A lei processual penal não se aplica aos processos iniciados anteriormente à sua vigência quando da sua aplicabilidade imediata possa resultar: a) Agravamento sensível e ainda evitável da situação processual do arguido, nomeadamente uma limitação do seu direito de defesa; ou b) Quebra da harmonia e unidade dos vários actos do processo.*

152   *As Medidas de Coacção e de Garantia Patrimonial*

pela Lei n.º 59/2007, de 4 de Setembro). Ver ponto 7.4. da presente obra, relativo aos prazos de duração máxima da medida de obrigação de permanência na habitação.

Os prazos de duração máxima de prisão preventiva são pré-determinados segundo a fase processual, a gravidade do tipo legal de crime e a complexidade do procedimento.

Nos termos do actual **n.º 1**, do art. 215.º, a prisão preventiva extingue-se[204] quando, desde o seu início, tiverem decorrido os seguintes prazos:

    a) 4 meses sem que tenha sido deduzida acusação (encontrando-se o processo na fase do Inquérito)[205];

    b) 8 meses sem que, havendo lugar a instrução, tenha sido proferida decisão instrutória (encontrando-se o processo na fase da Instrução)[206];

    c) 1 ano e 2 meses sem que tenha havido condenação em 1ª instância (encontrando-se o processo na fase do Julgamento em 1ª instância);

    d) 1 ano e 6 meses sem que tenha havido condenação com trânsito em julgado[207] (encontrando-se o processo na fase de Recurso).

No domínio da anterior versão do CPP, tais prazos eram de 6 meses, 10 meses, 18 meses e 2 anos, respectivamente.

---

[204] Trata-se da extinção da prisão preventiva por decurso dos respectivos prazos, sendo os mesmos peremptórios.

O dia a que se deve atender para contagem do prazo máximo de prisão preventiva aplicada em função do art. 215.º do CPP é o do seu início e não o da data da detenção cautelar prévia.

(Ac. da RL, de 11.02.2004 *in* www.dgsi.pt (Proc. n.º 10869/2003-3))

[205] *I – Sendo deduzida acusação antes de decorrer o prazo de prisão preventiva, este alonga-se, mesmo que a notificação venha a ter lugar depois do decurso do primitivo prazo; II – Aliás, o legislador quando quis atribuir a relevância à notificação da acusação e não à sua dedução disse-o claramente na al. b) do n.º 1 do art. 120.º do Código Penal.*

(Ac. do STJ, de 22.11.2007 *in* www.dgsi.pt (Proc. n.º 07P4446))

[206] Os prazos máximos de duração das fases do inquérito e da instrução encontram-se previstos nos arts. 276.º e 306.º, respectivamente, os quais, não sofreram quaisquer alterações com a reforma decorrente da Lei n.º 48/2007, de 29.08.

[207] *A circunstância prevista no art. 215.º, n.º 1, al. d), do CPP abrange as situações em que já houve condenação, ainda que o julgamento tenha sido anulado.*

(Ac. do STJ, de 29.04.2004 *in* CJ, Ano XII, Tomo II, p. 176)

Medidas de Coacção 153

Convém esclarecer que não há um prazo de prisão preventiva para cada fase processual. O que existe "é um limite máximo de duração da prisão preventiva até que se atinja determinado momento processual. Por isso, se o início da prisão preventiva só se verificar já na fase de instrução ou na de julgamento, os limites máximos até à decisão instrutória, condenação em 1ª instância ou decisão transitada continuam a ser os mesmos."[208]

Conforme consta do teor do Ac. do TC n.° 2/2008 (Proc n.° 1087/07) *in* DR, II Série, n.° 32, de 14.02.2008, *a ideia central do sistema é a de fazer coincidir, ao menos tendencialmente, a duração máxima (acumulada) de prisão preventiva com o termo das sucessivas fases processuais.*

Ainda por força das alterações introduzidas pela Lei n.° 48/2007, de 29.08, na contagem dos prazos de duração máxima da prisão preventiva são incluídos os períodos em que o arguido tiver estado sujeito a obrigação de permanência na habitação (cfr. o **n.° 8**, do art. 215.°).

Os prazos de duração máxima da prisão preventiva previstos no **n.° 1**, do art. 215.°, podem sofrer duas ordens de elevação[209]:

i) No primeiro caso, os prazos são alargados em função da natureza do crime em causa nos autos ou da gravidade do ilícito. Estamos, assim, no domínio do **n.° 2**, do art. 215.°[210], o qual prevê o alargamento dos prazos[211], respectivamente, para *6 meses*, *10 meses*, *1 ano e 6 meses* e *2 anos*,

---

[208] *Vide* GERMANO MARQUES DA SILVA *in* "Curso...", Vol. II, p. 315.

[209] De harmonia com o **n.° 2**, do art. 213.°, na decisão sobre a manutenção, substituição ou revogação da prisão preventiva ou da obrigação de permanência na habitação, ou sempre que necessário, o juiz deve verificar os fundamentos da elevação dos prazos dessas medidas de coacção, nos termos e para os efeitos do disposto nos n.os **2, 3** e **5**, do art. 215.° e no **n.° 3**, do art. 218.° (este último relativo à obrigação de permanência na habitação).

[210] *I – Quando o crime seja punível em abstracto com pena superior a 8 anos de prisão, o prazo máximo da prisão preventiva depois da sentença condenatória, não havendo declaração de excepcional complexidade do procedimento, é de 2 anos, nos termos do n.° 2 do art. 215.° do CPP, na sua versão actual; II – Esta norma manda atender à pena aplicável (isto é, à gravidade abstracta do crime imputado) e não à pena aplicada, o que é inquestionável, pois no caso do art. 400.°, als. e) e f), do mesmo diploma, quando o legislador quis reportar-se à pena que os tribunais "apliquem" efectivamente, disse-o "expressis verbis".*

(Ac. do STJ, de 20.12.2007 *in* www.dgsi.pt (Proc. n.° 07P4845))

[211] Antes da vigência da Lei n.° 48/2007, de 29.08, tais prazos eram elevados, respectivamente, para 8 meses, 1 ano, 2 anos e 30 meses.

154   *As Medidas de Coacção e de Garantia Patrimonial*

em casos de terrorismo, criminalidade violenta ou altamente organizada[212], ou quando se proceder por crime punível com pena de prisão de máximo superior a 8 anos, ou por crime:

a) Previsto nos arts. 299.º (*Associação criminosa*); 318.º (*Meios de prova de interesse nacional*), n.º 1; 319.º (*Infidelidade diplomática*); 326.º (*Incitamento à guerra civil ou à alteração violenta do Estado de direito*); 331.º (*Ligações com o estrangeiro*) ou 333.º (*Coacção contra órgãos constitucionais*), n.º 1, do CP e nos arts. 30.º, 79.º e 80.º, do Código de Justiça Militar (aprovado pela Lei n.º 100/2003, de 15 de Novembro);

b) De furto de veículos ou de falsificação de documentos a eles respeitantes ou de elementos identificadores de veículos;

c) De falsificação de moeda, títulos de crédito, valores selados, selos e equiparados ou da respectiva passagem;

d) De burla, insolvência dolosa, administração danosa do sector público ou cooperativo, falsificação, corrupção, peculato ou de participação económica em negócio;

e) De branqueamento de vantagens de proveniência ilícita (na versão anterior à Lei n.º 48/2007, esta alínea dizia respeito ao branqueamento de capitais, bens ou produtos provenientes de crime);

f) De fraude na obtenção ou desvio de subsídio, subvenção ou crédito;

g) Abrangido por convenção sobre segurança da navegação aérea ou marítima.

ii) No segundo caso, o alargamento dos prazos de prisão preventiva deve-se não apenas à natureza e gravidade do crime imputado ao arguido (quando estiverem em causa os crimes referidos no **n.º 2**, do art. 215.º), como ainda à *especial complexidade* dos autos, devido, nomeadamente, ao número de arguidos ou de ofendidos ou ao carácter altamente organizado do crime[213].

---

[212] Os conceitos legais de terrorismo, criminalidade violenta e criminalidade altamente organizada constam do art. 1.º, nas suas novas alíneas **i)**, **j)** e **m)**, aditadas pela Lei n.º 48/2007, de 29.08.

[213] Quando o procedimento se revelar de excepcional complexidade nos termos referidos, o juiz, a requerimento do MP, do assistente, do arguido ou das partes civis, pode prorrogar os prazos previstos nos arts. 78.º (*Contestação do pedido de indemnização civil*), 287.º (*Requerimento para abertura da instrução*), 315.º (*Contestação e rol de teste-*

Por conseguinte, os prazos são elevados, respectivamente, para *1 ano*, *1 ano e 4 meses*, *2 anos e 6 meses* e *3 anos e 4 meses* (cfr. o **n.º 3**, do art. 215.º)[214].

Em conformidade com o regime processual penal vigente, a excepcional complexidade apenas pode ser declarada durante a 1ª instância, por despacho fundamentado, oficiosamente ou a requerimento do MP.

Isto significa que a possibilidade de declaração de especial complexidade termina quando o processo é remetido ao Tribunal Superior sendo "irrelevante para este efeito que o juiz da 1.ª instância declare a excepcional complexidade do processo que se encontra em tramitação noutra instância, pois o que se exige é que a declaração seja *durante* a 1.ª instância e não pela 1.ª instância. A delimitação legal faz-se tendo em atenção o decurso temporal e não pela qualidade funcional de quem despacha."[215]

Actualmente, antes de se declarar a excepcional complexidade do processo, o arguido e o assistente devem ser ouvidos (cfr. o **n.º 4**, do art. 215.º)[216].

Em conexão com a matéria em apreciação, o Ac. do STJ, de 14.11.2007 *in* www.dgsi.pt (Proc. n.º 07P4289) sustenta que, não estabelecendo o n.º 4, do art. 215.º, "qualquer prazo específico para o exercício do direito

---

munhas) e 411.º (*Interposição e notificação do recurso*), n.ºs 1 e 3, até ao limite máximo de 30 dias (cfr. o **n.º 6**, do art. 107.º, alterado pela Lei n.º 48/2007).

[214] Antes da entrada em vigor da Lei n.º 48/2007, de 29.08, tais prazos eram de 12 meses, 16 meses, 3 anos e 4 anos, respectivamente.

[215] Cfr. o Ac. do STJ, de 11.10.2007 *in* www.dgsi.pt (Proc. n.º 07P3773)).

I – O efeito da declaração de um procedimento como sendo de especial complexidade interessa às fases preliminares do processo podendo também ter utilidade nas fases subsequentes; II – A lei actual exige que a declaração de especial complexidade tem que ter lugar na 1ª instância sendo irrelevante o momento processual em que deve ser efectuado.

(Ac. do STJ, de 25.10.2007 *in* CJ, Ano XV, Tomo III, p. 237)

Não é ilegal a prática de um tribunal de 1.ª instância que, já depois de proferida a decisão condenatória, mas antes da subida do recurso, mas antes da entrada em vigor da Lei n.º 48/2007 declara, de acordo com a redacção do art. 215.º do CPP então em vigor, a especial complexidade do processo.

(Ac. do STJ, de 11.10.2007 *in* www.dgsi.pt (Proc. n.º 07P3782))

[216] Lembramos que já resulta da al. b), do n.º 1, do art. 61.º (inserido no âmbito dos direitos e deveres processuais gerais) que o arguido goza, em qualquer fase do processo, do direito de ser ouvido pelo tribunal ou pelo juiz de instrução sempre que eles devam tomar qualquer decisão que pessoalmente o afecte.

156   *As Medidas de Coacção e de Garantia Patrimonial*

de audição do arguido, esse prazo só pode ser o prazo supletivo do art. 105.º, n.º 3, do CPP, ou seja, 10 dias. Assim, tendo o arguido sido notificado para se pronunciar sobre a promoção do MP de declaração de especial complexidade do processo, deveria ter-se aguardado o decurso de tal prazo. Tendo a decisão sido proferida antes de decorrido tal prazo de 10 dias, pode concluir-se que foi negado o direito de audição ao peticionante.".

P. PINTO DE ALBUQUERQUE *in* "Comentário do Código...", p. 573, faz saber que se a declaração de especial complexidade for feita atempadamente mas vier a ser revogada pelo tribunal de recurso, este "deve de imediato ordenar a cessação da medida e pode haver lugar a indemnização por prisão preventiva ou obrigação de permanência na habitação sofrida após a declaração de excepcional complexidade.".

Importa notar que o art. 54.º, do Dec.-Lei n.º 15/93, de 22 de Janeiro (referente à prisão preventiva no âmbito do tráfico e consumo de estupefacientes e de substâncias psicotrópicas) foi revogado pela al. b), do art. 5.º, da parte preambular da Lei n.º 48/2007, de 29.08. Nesse seguimento, o prazo máximo da prisão preventiva não é aumentado, nos termos do actual n.º 3, do art. 215.º, só por se tratar de crime de tráfico de estupefacientes, mas apenas se o procedimento por algum dos crimes referidos no n.º 2 (por ex., como é o caso, por crime punível com pena de prisão de máximo superior a 8 anos) se revelar de excepcional complexidade[217].

De acrescentar que, nos termos do actual **n.º 5**, do art. 215.º, os prazos máximos de prisão preventiva, previstos para as fases do Julgamento em 1ª instância e do Recurso (cfr. as als. c) e d), do n.º 1), bem como os correspondentemente referidos nos n.os 2 e 3, do mesmo preceito legal, são <u>acrescidos de 6 meses</u> se:

> – Tiver havido recurso para o Tribunal Constitucional[218] ou
> – Se o processo penal tiver sido suspenso para julgamento em outro tribunal de questão prejudicial (cfr. o art. 7.º).

---

[217] Cfr. o Ac. do STJ, de 24.10.2007 *in* www.dgsi.pt (Proc. n.º 07P4001)

[218] Ver o art. 280.º (*Fiscalização concreta da constitucionalidade e da legalidade*), da CRP e a Lei do Tribunal Constitucional (aprovada pela Lei n.º 28/82, de 15/11, alterada pela Lei n.º 143/85, de 26/11; Lei n.º 85/89, de 7/09; Lei n.º 88/95, de 1/09 e Lei n.º 13-A/98, de 26/02).

Medidas de Coacção   157

De harmonia com o teor do já referido Ac. do TC n.º 2/2008 (Proc. n.º 1087/07) *in* DR, II Série, n.º 32, de 14.02.2008, a norma constante do n.º 5, do art. 215.º, não distingue entre recursos de decisão condenatória ou recursos de decisão interlocutória, nem quanto ao efeito e regime de subida do recurso, limitando-se a fixar um acréscimo temporal único sempre que tenha havido recurso para o TC, *o que significa que o legislador ponderou esse prazo como sendo o suficiente para resolver, em processo de fiscalização concreta, as questões de constitucionalidade, independentemente da fase processual em que se suscitem e das vicissitudes ou complexidade do processado.*

O mesmo acórdão refere que o prazo acrescido *é único, independentemente das circunstâncias do caso e independentemente de ter sido interposto um ou vários recursos de constitucionalidade.*

As alterações ao CPP fixadas pela Lei n.º 48/2007, de 29 de Agosto, atingiram expressivamente o regime atinente aos prazos de duração máxima da prisão preventiva. Com efeito, para além do seu encurtamento, o legislador especificou ainda que:

– No caso de o arguido ter sido condenado a pena de prisão em 1ª instância e a sentença condenatória ter sido confirmada em sede de recurso ordinário, o prazo máximo da prisão preventiva eleva-se para metade da pena que tiver sido fixada (cfr. o **n.º 6**, do art. 215.º)[219].

– A existência de vários processos contra o arguido por crimes praticados antes de lhe ter sido aplicada a prisão preventiva não permite exceder os prazos previstos nos n.ºs 1 a 6, do art. 215.º (cfr. o **n.º 7**, do art. 215.º), o que permite "evitar que a prisão preventiva se possa perpetuar, transferindo-se agora os prazos de prisão preventiva de uns processos para os outros, como se de um só processo se tra-

---

[219] *I – Como o n.º 6 do art. 215.º refere textualmente a situação da "sentença condenatória ter sido confirmada em sede de recurso ordinário", basta para que fique estabelecido um prazo mais alargado de prisão preventiva a prolação do acórdão confirmativo, independentemente de notificação; II – Tal interpretação afigura-se como razoável, pois está de acordo com o sentido literal do texto e, nos tribunais superiores, a conferência e a audiência são inscritos em tabela pública, a respectiva decisão é publicada no dia indicado e os acórdãos são depositados antes da notificação, pelo que os interessados podem conhecer o teor da decisão e mesmo o texto integral do acórdão no próprio dia, se nisso estiverem interessados.*
(Ac. do STJ, de 20.09.2007 *in* www.dgsi.pt (Proc. n.º 07P3475))

tasse."[220]. Ainda neste contexto, cfr. o art. 80.º (*Medidas proces-suais*), do CP, cujo texto do **n.º 1** sofreu alterações com a Lei n.º 59/ /2007, de 4 de Setembro.

8.10. *Suspensão do decurso dos prazos de duração máxima da prisão preventiva*

O decurso dos prazos de duração máxima da prisão preventiva (previstos no art. 215.º) suspende-se apenas <u>em caso de doença do arguido que imponha internamento hospitalar, se a sua presença for indispensável à continuação das investigações</u> (cfr. o art. 216.º, na redacção dada pela Lei n.º 48/2007, de 29 de Agosto).

Lembramos que até 15.09.2007 (data em que entrou em vigor esse diploma legal), o decurso dos prazos de duração máxima da prisão preventiva suspendia-se, ainda, quando tivesse sido ordenada perícia (cfr. os arts. 151.º e segs.), cujo resultado pudesse ser determinante para a decisão de acusação, de pronúncia ou final, desde o momento da ordem de efectivação da perícia até ao da apresentação do relatório (neste caso a suspensão não podia, em caso algum, ser superior a 3 meses)[221]. Portanto, os n.ºs 1, al. a) e 2, do então art. 216.º, foram eliminados do texto legal.

A suspensão dos prazos de duração máxima da prisão preventiva pode verificar-se por tempo indeterminado, enquanto se mantiver o estado de doença do arguido, o que implica, naturalmente, que o tempo de prisão preventiva seja alargado.

---

[220] *Vide* MAIA GONÇALVES *in* "Código de Processo...", p. 484, anot. 4.

[221] *I – A suspensão do prazo de prisão preventiva em consequência da realização de perícia médico-legal tem de ser determinada por despacho do juiz de instrução em que este analise os respectivos pressupostos; II – O prazo limite para a prolação desse despacho é o dia em que, sem o prazo da suspensão, se esgota o prazo de prisão preventiva.*
(Ac. da RC, de 29.09.2001 *in* CJ, Ano XXVI, Tomo IV, p. 53)

I – O despacho que declare a suspensão da prisão preventiva com fundamento na realização de uma perícia, cujo resultado possa ser determinante para dedução da acusação, deve ser proferido quando a mesma esteja em curso e próximo do fim do prazo normal daquela prisão; II – O prazo da suspensão inicia-se no momento da prolação do despacho que a determina e finda quando seja recebido o resultado da perícia, ou decorridos três meses após o início da suspensão.
(Ac. da RL, de 06.03.2001 *in* CJ, Ano XXVI, Tomo II, p. 120)

Medidas de Coacção 159

Em caso de doença do arguido, nos termos referidos, poder-se-á também suspender a execução da prisão preventiva, ficando o arguido sujeito a quaisquer outras medidas que se revelem adequadas ao seu estado e compatíveis com ele (cfr. o art. 211.°).

Terminada a suspensão, o decurso do prazo da prisão preventiva volta de novo a correr, acrescendo ao já decorrido até à suspensão.

O regime jurídico relativo à suspensão do decurso dos prazos de duração máxima da prisão preventiva é extensível às medidas de proibição e imposição de condutas e de obrigação de permanência na habitação (cfr. os arts. 200.° e 201.°), por remissão dos n.os 2 e 3, do art. 218.°.

8.11. *Extinção da prisão preventiva e libertação do arguido*

O arguido sujeito a prisão preventiva deve ser posto em liberdade logo que a medida se extinguir, salvo se a prisão dever manter-se por outro processo.

Importa sublinhar que, no actual regime, quando considerar que a libertação do arguido pode criar perigo para o ofendido, o tribunal informa-o, oficiosamente ou a requerimento do MP, da data em que a libertação terá lugar[222] (cfr. os n.os 1 e **3**, do art. 217.°, este último aditado pela Lei n.° 48/2007, de 29 de Agosto).

A prisão preventiva deve extinguir-se de imediato quando:

– Se verificar alguma das circunstâncias previstas nas als. a) a e), do n.° 1, do art. 214.°: arquivamento do inquérito, prolação do despacho de não pronúncia, prolação do despacho que rejeitar a acusação (nos termos da al. a), do n.° 2, do art. 311.°), sentença absolutória[223] (mesmo que dela tenha sido interposto recurso) ou trânsito em julgado da sentença condenatória;

---

[222] O mesmo acontece quando o preso seja libertado após o cumprimento da pena de prisão ou quando se dê início ao período de liberdade condicional (cfr. o **n.° 3**, do art. 480.°, introduzido pela Lei n.° 48/2007, de 29.08).

Ainda no mesmo sentido, cfr. o art. 6.° da Lei n.° 51/2007, de 31 de Agosto.

[223] Nos termos do n.° 1, do art. 376.°, a sentença absolutória deve declarar a extinção de qualquer medida de coacção e ordenar a imediata libertação do arguido preso preventivamente, salvo se este dever continuar preso por outro motivo ou sofrer medida de segurança de internamento (cfr., ainda, o art. 214.°, n.os 1, al. d) e 3).

160   *As Medidas de Coacção e de Garantia Patrimonial*

– Tiver lugar sentença condenatória, ainda que dela tenha sido interposto recurso, se a pena aplicada não for superior à prisão já sofrida (cfr. o **n.º 2**, do art. 214.º[224]). Caso contrário, o tribunal procede ao reexame da situação do arguido, sujeitando-o às medidas de coacção admissíveis e adequadas às exigências cautelares que o caso requerer (cfr. o n.º 4, do art. 375.º).

Ainda de referir que, na <u>contagem dos prazos de duração máxima da prisão preventiva são incluídos os períodos em que o arguido tiver estado sujeito a obrigação de permanência na habitação</u> (cfr. o **n.º 8**, do art. 215.º), ou seja se o arguido esteve sujeito à aplicação destas duas medidas no mesmo processo, há que considerar a soma do tempo de duração de ambas as medidas;

– For revogada ou substituída nos termos dos arts. 212.º e 213.º;

– Tiverem decorrido os prazos de duração máxima previstos no art. 215.º. Neste caso, ao abrigo do n.º 2, do art. 217.º, o juiz pode sujeitar o arguido a alguma ou algumas das seguintes medidas de coacção: Caução (cfr. o art. 197.º); Obrigação de apresentação periódica (cfr. o art. 198.º); Suspensão do exercício de profissão, de função, de actividade e de direitos (cfr. o art. 199.º) e Proibição e imposição de condutas (cfr. o art. 200.º).

Em caso de posterior incumprimento das obrigações impostas, haverá que proceder de acordo com o art. 203.º, com a ressalva da impossibilidade de (re)aplicação de prisão preventiva (já que esta medida se encontra esgotada no processo), bem como da obrigação de permanência na habitação (dada a proximidade de regime com a prisão preventiva).

8.12. *Custas Processuais*

Conforme já referimos anteriormente, em virtude da reforma estabelecida pelo Dec.-Lei n.º 34/2008, de 26 de Fevereiro (diploma que

---

[224] Sobre essa matéria cfr., ainda, o art. 80.º, do CP (alterado pela Lei n.º 59/2007, de 4 de Setembro), o art. 279.º (*Cômputo do termo*), do CC e o art. 479.º (*Contagem do tempo de prisão*).

Medidas de Coacção 161

aprovou o Regulamento das Custas Processuais), entre outros, o CCJ e o n.° 2, do art. 522.°[225], do CPP, serão revogados[226].

O novo RCP somente entrará em vigor no dia 01.09.2008, apenas se aplicando aos processos iniciados a partir dessa data (cfr. os arts. 26.° e 27.°, n.° 1, da parte preambular do Dec.-Lei n.° 34/2008)[227].

A al. j), do n.° 1, do art. 4.°, do RCP, dispõe que estão isentos de custas[228], entre outros, os arguidos detidos ou sujeitos a prisão preventiva, quando a secretaria do Tribunal conclua pela insuficiência económica nos termos da lei de acesso ao direito e aos tribunais[229], em quaisquer requerimentos ou oposições, nas providências de *habeas corpus* e nos recursos interpostos em 1ª instância, desde que a situação de prisão se mantenha no momento do devido pagamento.

O responsável pelas custas que se encontre, nomeadamente, em cumprimento de medida privativa da liberdade pode tomar uma de duas atitudes nesta matéria (cfr. os n.os 6 e 7, do art. 32.°, do RCP):

– Proceder ao seu pagamento voluntariamente[230] ou

– Requerer ao tribunal, no prazo do pagamento voluntário, que seja levantada quantia necessária para o efeito, de conta que tenha constituída nos serviços prisionais (com exclusão do fundo de apoio à reinserção social).

Decorrido o prazo do pagamento das custas sem a sua realização ou sem que o responsável efectue o requerimento acima mencionado, o juiz

---

[225] De acordo com esta norma, os arguidos presos gozam de isenção de taxa de justiça pela interposição de recurso em 1ª instância, bem como nos incidentes que requererem ou a que fizerem oposição.

[226] Cfr. as als. a) e c), do n.° 2, do art. 25.°, da parte preambular do Dec.-Lei n.° 34/2008, de 26.02.

[227] Não obstante, há que considerar as excepções decorrentes dos n.os 2 a 6, do art. 27.°, da parte preambular do Dec.-Lei n.° 34/2008.

[228] As custas processuais abrangem a taxa de justiça, os encargos e as custas de parte (cfr. o n.° 1, do art. 3.°, do RCP).

[229] Cfr. a Lei n.° 34/2004, de 29 de Julho, com as alterações introduzidas pela Lei n.° 47/2007, de 28 de Agosto.

[230] De realçar que os pagamentos decorrentes do RCP são efectuados, preferencialmente, através dos meios electrónicos disponíveis, sendo obrigatório o pagamento por via electrónica quando se trate de pessoas colectivas ou, em qualquer caso, quando se trate de quantias superiores a 10 UC (cfr. o n.° 1, do art. 32.°, do RCP).

162 As Medidas de Coacção e de Garantia Patrimonial

colhe junto dos serviços prisionais informação sobre as importâncias de que o recluso seja titular e que possam ser afectadas ao pagamento das custas e ordena a penhora respectiva, devendo as guias ser remetidas aos serviços prisionais que diligenciarão pelo pagamento.

Relativamente às custas processuais ver ainda outras considerações nas ps. 77 e segs..

Jurisprudência

1 – O crime de roubo, do art. 210.°, n.° 1 do CP, integra-se na criminalidade violenta definida no art. 1.°, alínea j) do CPP, pois é crime doloso e dirige--se contra a liberdade das pessoas e a sua integridade física, sendo punível com pena de máximo superior a 5 anos;

2 – Como tal, o prazo de prisão preventiva até ao trânsito em julgado da condenação é de 2 anos, nos termos do n.° 2 do art. 215.° do CPP (na redacção anterior era de 30 meses);

3 – A lei nova aplica-se imediatamente, por dela não resultar agravamento da posição do arguido, entes resultando benefício.

(Ac. do STJ, de 13.03.2008 *in* www.dgsi.pt (Proc. n.° 08P924))

Numa situação em que os arguidos foram detidos e colocados em prisão preventiva, indiciados pela prática de um crime de tráfico de estupefacientes agravado, vindo posteriormente, por acórdão de 27-06-2007, a ser condenados em penas diversas entre 7 e 12 anos e 6 meses de prisão, como co-autores de um crime de tráfico de estupefacientes agravado, p. e p. pelos arts. 21.° e 24.°, al. c), do DL 15/93, de 22-01, decisão confirmada na íntegra por acórdão da Relação de 12-02-2008, impõe-se concluir, relativamente a todos os arguidos, que não foram excedidos os prazos máximos de prisão preventiva, já que:

– de acordo com o regime vigente anteriormente à entrada em vigor da Lei 48/2007, de 29-08, o prazo de prisão preventiva, por força do art. 54.° do DL 15/93, de 22-01, e do Assento n.° 2/2004, era de 4 anos;

– e face à actual redacção do art. 215.°, n.° 6, do CPP, introduzida pela mencionada Lei, e atenta a confirmação da decisão condenatória pelo Tribunal da Relação – independentemente do trânsito da decisão –, o prazo da prisão preventiva mostra-se elevado para metade do da(s) pena(s) fixada(s), sendo o mais curto o de 3 anos e 6 meses, correspondente à pena de 7 anos de prisão.

(Ac. do STJ, de 12.03.2008 *in* www.dgsi.pt (Proc. n.° 08P918))

I – Estando em causa um crime catalogado como de «criminalidade alta-mente organizada», a excepcional complexidade baseada no carácter altamente organizado do crime só poderá ser declarada quando o caso ultrapasse o grau médio que é pressuposto pelo legislador como inerente a toda e qualquer conduta que se integre na previsão da alínea m) do art. 1.° do Código de Processo Penal;

II – Durante o inquérito, a declaração de excepcional complexidade terá, necessariamente, de ser requerida pelo Ministério Público.

(Ac. da RP, de 05.03.2008 *in* www.dgsi.pt (Proc. n.° 0747362))

I – Por acórdão da 1.ª instância (ainda não transitado em julgado), o arguido foi condenado, em cúmulo, na pena de 5 anos e 9 meses de prisão, con-cretamente:

– pela prática do crime continuado de falsificação, na pena de 4 anos de prisão;

– pela prática de um crime de auxílio ilegal à imigração, na pena de 3 anos de prisão;

II – O art. 202.° do CPP faz depender, na al. a), a aplicação da medida de coacção de prisão preventiva, entre o mais, de haver no caso "fortes indícios da prática de crime doloso punível com a pena de prisão de máximo superior a cinco anos";

III – É certo que, segundo a al. b) do n.° 1 do preceito, mesmo os crimes puníveis com penas cujo limite máximo não exceda os 3 anos de prisão, se forem dolosos e de terrorismo, criminalidade violenta ou altamente organizada, podem sustentar a medida de prisão preventiva;

IV – Não é manifestamente o caso, pois os crimes pelos quais o requerente foi condenado não se incluem nas definições das als. i), j), l) ou m) do art. 1.° do CPP;

V – Claro que se fosse de aplicar a versão anterior da al. a) do n.° 1 do art. 202.° do CPP (o que não é o caso, de acordo com o art. 5.° do CPP), nunca o problema se poria, porque, então, bastava como pressuposto da aplicação da medida de coacção de prisão preventiva, a prática de qualquer crime punível com pena superior a 3 anos de prisão, e é esse o caso dos dois crimes pelos quais o requerente foi condenado;

VI – O facto da actual redacção do n.° 2 do art. 215.° do CPP ter mantido da redacção anterior à Lei 48/07, de 29-08, menção a crimes que já não admitem pri-são preventiva, entre eles o de falsificação, só pode dever-se a lapso do legislador, justificativo de interpretação abrogante do preceito no tocante a tais crimes;

VII – Nunca esta incongruência do sistema legitimaria uma aplicação ana-lógica do disposto na al. b) do n.° 1 do art. 202.° do CPP;

VIII – Foi intenção clara do legislador elevar, por regra, o limiar de pena relevante para que se pudesse admitir prisão preventiva, de 3 para 5 anos;

164   As Medidas de Coacção e de Garantia Patrimonial

IX – A citada norma da al. b) surge como disposição excepcional que não admite aplicação analógica – Paulo Pinto de Albuquerque, Comentário do C.P.P., pág. 572.
(Ac. do STJ, de 31.01.2008 *in* www.dgsi.pt (Proc. n.º 07P403))

Não pode ter-se como verificada a excepcional complexidade de um processo se há notícia da necessidade de realização de exames, mas estes não estão identificados, e de concreto apenas se sabe que estão em investigação crimes de burla contra seguradoras, com base em acidentes «preparados», sendo 6 os arguidos.
(Ac. da RP, de 30.01.2008 *in* www.dgsi.pt (Proc. n.º 0747014))

1. De acordo com a legislação vigente até ao dia 15/09/2007 – disposições conjugadas do n.º 3, do art. 215.º, do CPP e art. 54.º do Decreto-Lei n.º 15/ /93, de 22/01 e do Acórdão Uniformizador de Jurisprudência n.º 2/2004, de 11/02/2004 (DR I série A de 02/04/2004) –, o prazo de prisão preventiva de 4 anos era correspondente a um processo de especial complexidade, sem necessidade da sua declaração, por força da jurisprudência fixada;
2. Com a entrada em vigor da Lei n.º 48/2007, de 29/08, não só foram alterados os prazos da prisão preventiva como também foi revogado o art. 54.º do Decreto-Lei n.º 15/93, de 22/01 o que fez caducar o Acórdão Uniformizador de Jurisprudência n.º 2/2004, de 11/02/2004;
3. Em face da actual lei processual penal, decorrente da entrada em vigor da Lei 48/2007 de 29/08, sempre que o crime investigado for o de tráfico de estupefacientes, estamos, pelo menos em tese e por norma, perante "crime altamente organizado" – cfr. art. 1.º, alínea m), do C. P. Penal – e, consequentemente, de acordo com a factualidade concreta em investigação, deverá ser declarada a especial complexidade da investigação, nos termos e para os efeitos do disposto no art. 215.º, n.º 3, in fine, do mesmo diploma;
4. O reconhecimento, constitucionalmente afirmado, do carácter excepcional da prisão preventiva (art. 28.º, n.º 2, da CRP), envolve a consideração, além do mais, de que todo o arguido se presume inocente até ao trânsito em julgado da sentença que o condene (art. 32.º, n.º 2, da CRP), mas essa presunção não é incompatível com a indiciação dos arguidos pelo crime supra referido, nem com a aplicação da prisão preventiva, posto que verificados os respectivos pressupostos, o que ocorreu no caso.
(Ac. da RL, de 23.01.2008 *in* www.dgsi.pt (Proc. n.º 10902/2007-3))

I – A decisão de reenvio não tem por fundamento a nulidade da sentença e, portanto, não determina a sua anulação, mas obriga a que a sentença venha a ser reapreciada, total ou parcialmente, num novo julgamento;

Medidas de Coacção 165

II – No reenvio a sentença reenviada fica sujeita a reapreciação pelo tribunal da mesma hierarquia, mas mantém-se, sob efeito suspensivo, enquanto não for revogada. Aliás, o tribunal competente para o novo julgamento pode, após sanar o vício detectado pelo tribunal superior, limitar-se a confirmá-la;

III – Daí que careça de fundamento legal a afirmação dos peticionantes de que, após a decisão de reenvio para realização de novo julgamento na sua totalidade, "a tramitação processual recuou ao momento anterior ao julgamento, não existindo, assim, julgamento e qualquer condenação", pois existe uma condenação, não transitada em julgado, ainda sujeita a reapreciação;

IV – Por isso, apesar do reenvio ordenado pela Relação em relação à totalidade do processo, o prazo da prisão preventiva conta-se nos termos da al. d) e não da al. c), do n.º 1 do art. 415.º do CPP07, e, como o processo foi declarado de excepcional complexidade, o prazo máximo é agora de 3 anos e 4 meses (n.º 3 da mesma disposição) e esgotar-se-á apenas em 30/03/2008;

V – A mesma solução é de adoptar nos casos em que a sentença condenatória é anulada, no sentido de que na nulidade o acto existe, apenas não produz ou pode não produzir os efeitos para que foi criado, ante uma falta ou irregularidade no tocante aos seus elementos internos.

(Ac. do STJ, de 27.11.2007 *in* www.dgsi.pt (Proc. n.º 07P4447))

1 – Sendo deduzida acusação antes de decorrer o prazo de prisão preventiva, este alonga-se, mesmo que a notificação venha a ter lugar depois do decurso do primitivo prazo;

2 – Aliás, o legislador quando quis atribuir a relevância à notificação da acusação e não à sua dedução disse-o claramente na al. b) do n.º 1 do art. 120.º do Código Penal.

(Ac. do STJ, de 22.11.2007 *in* www.dgsi.pt (Proc. n.º 07P4446))

I – Fora dos casos de execução de medida de prisão preventiva ou de cumprimento de pena privativa da liberdade, a emissão de mandados de detenção europeu deve obedecer aos princípios da legalidade, da excepcionalidade, da subsidiariedade e da proporcionalidade;

II – Não é admissível a emissão de mandado de detenção europeu para executar a detenção que foi ordenada em Portugal por força da mera declaração de contumácia, nos termos do artigo 337.º, n.º 1, do C.P.P., se não tiver sido decretada a medida de prisão preventiva.

(Ac. da RC, de 21.11.2007 *in* CJ, Ano XXXII, Tomo V, p. 41)

I – Não estabelecendo o n.º 4 do art. 215.º do CPP qualquer prazo específico para o exercício do direito de audição do arguido, esse prazo só pode ser o prazo supletivo do art. 105.º, n.º 3, do CPP, ou seja, 10 dias. Assim, tendo o arguido sido notificado para se pronunciar sobre a promoção do MP de declaração de especial complexidade do processo, deveria ter-se aguardado o decurso de tal prazo. Tendo a decisão sido proferida antes de decorrido tal prazo de 10 dias, pode concluir-se que foi negado o direito de audição ao peticionante;

II – A al. c) do art. 119.° do CPP deve ser lida em conjugação com o art. 61.°, n.° 1, do mesmo diploma, que enumera os direitos do arguido e que distingue com clareza entre o direito de estar presente aos actos processuais que directamente lhe digam respeito (al. a) do n.° 1), e o direito de ser ouvido sempre que o tribunal tenha de tomar uma decisão que pessoalmente o afecte (al. b) do mesmo n.° 1);

III – São direitos distintos, com protecção jurídica também diferente, sendo evidentemente mais forte a do primeiro, que se reporta a situações em que o direito de defesa tem de beneficiar de uma mais intensa protecção. O direito à presença do arguido em determinado acto tem necessariamente o significado de presença física, e constitui uma superior garantia de defesa, ao permitir ao arguido a imediação com o julgador e com as provas que contra ele são apresentadas, estando naturalmente esse direito circunscrito a um número reduzido de actos, entre os quais sobressai o julgamento. O direito de audição não envolve a presença física do arguido, nem sequer a sua intervenção pessoal: trata-se do direito a tomar posição prévia sobre qualquer decisão que pessoalmente o possa afectar e pode ser (e é normalmente) exercido através do seu defensor;

IV – É, pois, insustentável a inclusão do direito de audição no de presença, sendo assim de rejeitar o conceito de "ausência processual", ao menos enquanto equivalente à ausência física, para os efeitos do art. 119.°, al. c), do CPP;

V – Consequentemente, o vício praticado, uma vez que não é cominado pela lei como nulidade (absoluta ou, sequer, relativa), constitui uma irregularidade, por força do n.° 2 do art. 118.° do CPP, que segue o regime do art. 123.° do CPP;

VI – Não havendo nulidade absoluta, mantém-se a validade do despacho que declarou a especial complexidade do processo, com as inerentes consequências ao nível do prazo da prisão preventiva;

VII – Não fica, assim, o peticionante privado de meios de defesa, pois que tem a faculdade de recorrer, ordinariamente, do despacho que foi proferido sobre o requerimento em que arguiu a nulidade do despacho que decretou a especial complexidade do processo. É essa a via que lhe é concedida pela lei para defesa dos seus direitos.

(Ac. do STJ, de 14.11.2007 *in* www.dgsi.pt (Proc. n.° 07P4289))

1 – Produzida decisão condenatória pelo crime do art. 21.°, n.° 1 e 24.° al. c) do D.L.15/93 de 22 de Janeiro, antes da entrada em vigor da Lei 48/07 de 29 de Agosto que reviu o C.P.P., e tendo sido interposto recurso no processo, o qual se encontra aliás ainda pendente na primeira instância, ficou estabelecido,

Medidas de Coacção 167

automáticamente, um prazo máximo de prisão preventiva de 4 anos, por força do n.° 1, al. d), n.° 2 e n.° 3 do art. 215.° do C.P.P., com atenção à doutrina do acórdão de fixação de jurisprudencia 2/2004, de 11 de Fevereiro;

2 – A entrada em vigor da citada Lei 48/07, por força da qual a especial complexidade do processo passou a ter que ser declarada expressamente, não incide retroactivamente sobre um efeito que já se tinha produzido, sem necessidade de declaração, eliminando-o;

3 – Respeitando-se embora o efeito de prorrogação já verificado, a lei nova deve aplicar-se ao prazo em curso, no tocante ao seu tempo de duração, nos termos do art. 5.° do C.P.P., pelo que o prazo acima referido, de 4 anos é reduzido para 3 anos e 4 meses.

(Ac. do STJ, de 25.10.2007 *in* www.dgsi.pt (Proc. n.° 07P4002))

I – (...);

II – O art. 5.°, al. b), da Lei 48/07 revogou a norma do art. 54.° do DL 15/93, do mesmo passo que o n.° 4 do art. 215.° do CPP passou a exigir que a declaração de excepcional complexidade fosse declarada durante a 1.ª instância, por despacho fundamentado, oficiosamente ou a requerimento do MP, ouvidos o arguido e o assistente;

III – Apesar da revogação dessa norma e da caducidade da jurisprudência fixada pelo Ac. n.° 2/2004, daí não se segue que a especial complexidade do processo, que resultava já do anterior quadro legal, não surta qualquer efeito com a entrada em vigor da nova lei – cf. Ac. deste STJ de 20-09-2007, Proc. n.° 3470/07 – 5.ª;

IV – A lei processual entra imediatamente em vigor, sem prejuízo dos actos validamente realizados no domínio da lei anterior (art. 5.°, n.° 1, do CPP);

V – A prorrogação do prazo da prisão preventiva por força da especial complexidade ocorreu validamente no domínio da lei anterior e, consequentemente, mantém-se a referida especial complexidade, com os efeitos que tem sobre os prazos da prisão preventiva;

VI – O facto de a lei, actualmente, exigir que a declaração de excepcional complexidade, para além de expressa e fundamentada, seja precedida de audiência do arguido, também não faz caducar os efeitos já produzidos em matéria de prorrogação dos prazos de prisão preventiva, justamente porque são efeitos decorrentes de uma acto validamente realizado, à luz da lei em vigor na altura;

VII – O facto de a nova lei exigir um pressuposto para a validade do acto que a lei anterior não exigia não torna retroactivamente inválido ou ineficaz o acto praticado validamente à sombra daquela lei – cf. Ac. deste STJ de 04-10-2007, Proc. n.° 3645/07 – 5.ª;

VIII – Apenas há que observar uma limitação: a de esses prazos não excederem os que, mais benéficos, resultam da nova lei (aplicação imediata da lei

168   *As Medidas de Coacção e de Garantia Patrimonial*

nova no que se refere ao encurtamento dos prazos de prisão preventiva que ainda não ocorreram, pois, para além de se tratar de um efeito ainda não produzido, de tal aplicação imediata resulta atenuação e não agravamento da situação processual do arguido).
(Ac. do STJ, de 25.10.2007 *in* www.dgsi.pt (Proc. n.º 07P3997))

I a VI – (…);
VII – No domínio anterior à Reforma do CPP à declaração de excepcional complexidade do processo era atribuído um valor declarativo, e não constitutivo, e poderia ser declarado a qualquer momento em que se constatasse a relevância em termos da dinâmica processual provocada pelo número de arguidos ou ofendidos ou carácter altamente organizado do crime. Admitia-se, assim, que a declaração fosse emitida na fase de recurso, assumindo que a "complexidade do processo" não é uma noção estática e auto-sustentada, mas uma realidade que se vai definindo e corporizando com a evolução do próprio processo;
VIII a XIV – (…).
(Ac. do STJ, de 24.10.2007 *in* www.dgsi.pt (Proc. n.º 07P4001))

1 – (…);
2 – A redacção dada ao art. 202.º do CPP pela Lei n.º 48/2007 de 29 de Agosto, passou a exigir, para que possa ser aplicada a prisão preventiva, que haja fortes indícios de prática de um crime doloso punível com pena de prisão de máximo superior a 5 anos [n.º 1. al. a)], contra o limite de 3 anos anterior;
3 – Mas a mesma revisão, ao lado da al. a) veio prever na al. b) que poderia ser aplicada a prisão preventiva, nas mesmas condições, quanto ao crime doloso de terrorismo, criminalidade violenta ou altamente organizada punível com pena de prisão de máximo superior a 3 anos e nessa medida aos crimes de associação criminosa, tráfico de pessoas, tráfico de armas, tráfico de estupefacientes ou de substâncias psicotrópicas, corrupção, tráfico de influência ou branqueamento [al. l) do art. 1.º do CPP];
4 – Tendo a conduta do arguido integrado crimes que, à luz da anterior al. a) do n.º 1 do art. 202.º do CPP ou de acordo com a actual al. b), permitam a aplicação de prisão preventiva, não há verdadeira vocação de duas leis diferentes que se sucederam no tempo e de cuja aplicação resultem soluções diversas para mesma questão, colocando uma questão de aplicação da lei no tempo;
5 – (…).
(Ac. do STJ, de 24.10.2007 *in* www.dgsi.pt (Proc. n.º 07P235))

I – A pena a que se refere o art. 202.º, n.º 1, do CPP é a pena abstractamente aplicável ao crime, ou seja, a pena prevista na moldura penal, correspondente ao respectivo tipo legal;

Medidas de Coacção 169

II – Com efeito, não pode ser outra a interpretação da lei, quando fala em crime punível, que é diferente de pena aplicável ao caso concreto, ou pena aplicada que não pode ser agravada em recurso;

III – É por relação à punição abstracta que as medidas coactivas são fixadas, as quais têm lugar, por regra, numa fase recuada do processo, mais propriamente no inquérito, quando ainda se não pode falar de pena aplicável no sentido de pena já aplicada numa decisão condenatória que não pode ser agravada no recurso e que, por isso, constitui o limite máximo de pena que o tribunal de recurso pode aplicar;

IV – De outro modo, o legislador teria que referir-se a pena que em concreto não possa ser aplicada em medida superior a 5 anos *e não (ou pelo menos não só)* a crime punível de máximo superior a 5 anos;

V – Ora, nos termos do art. 9.°, n.° 3, do CC, presume-se que o legislador "soube exprimir o seu pensamento de forma adequada";

VI – De resto, foi com base na punibilidade do crime em abstracto que foi admitido recurso para este STJ, não podendo para determinados efeitos interpretar-se a lei de uma forma e, para outros, de outra forma, sendo certo que a lei já anteriormente falava de crime punível, *com o significado de pena prevista na respectiva moldura penal abstracta, não havendo nenhuma inovação a tal propósito.*

(Ac. do STJ, de 18.10.2007 *in* www.dgsi.pt (Proc. n.° 07P3886))

I a III – (…);

IV – Invocando o requerente na sua petição o facto de não ter sido observado o disposto no art. 213.° do CPP, isto é, não ter havido revisão dos pressupostos da prisão preventiva, o que importa é saber se a falta de revisão, caso tivesse tido lugar, se mostra motivo suficiente para a extinção da medida de coacção de prisão preventiva, e de todo em todo, se é fundamento para a procedência da providência;

V – O art. 214.° do CPP enumera taxativamente as causas de extinção das medidas de coacção, reportando-se especificamente o seu n.° 2 à prisão preventiva, enquanto que o art. 215.° trata da extinção da prisão preventiva por decurso do prazo;

VI – Em lado algum se contempla a falta de revisão dos pressupostos da medida como causa da sua extinção; daí que se venha defendendo que aquela falta se traduz em mera irregularidade processual – cf. Ac. de 10-07-96, Proc. n.° 873/96;

VII – Como tem sido sistematicamente entendido por este STJ, os efeitos da revisão dos pressupostos da prisão preventiva que tiverem que se produzir, produzem-se independentemente de qualquer notificação do despacho que procedeu a tal revisão.

(Ac. do STJ, de 18.10.2007 *in* www.dgsi.pt (Proc. n.° 07P3890))

170 As Medidas de Coacção e de Garantia Patrimonial

I – Se é certo que o art. 215.°, n.° 4, do CPP não determina um prazo certo para serem ouvidos os arguidos, também é verdade que o prazo supletivo estabelecido no art. 105.°, n.° 1 do CPP tem que ser compatibilizado com o prazo máximo legalmente previsto da prisão preventiva;

II – Foi o que se verificou neste caso, em que o Tribunal deu ao arguido o prazo de 24 horas para se pronunciar nos termos e para os efeitos do art. 215.°, n.° 4, do CPP.

(Ac. do STJ, de 11.10.2007 *in* CJ, Ano XV, Tomo III, p. 214 e www.dgsi.pt (Proc. n.° 07P3852)

I a III – (...);

IV – O que releva para efeitos de cumprimento dos prazos de prisão preventiva é a dedução de acusação e não a sua notificação, por forma a que se aquela tiver sido deduzida em prazo, mas a notificação tiver sido feita para além desse prazo, é a data da acusação que deve servir para aferir da legalidade da manutenção da prisão – cf. Acs. deste Supremo Tribunal de 15-05-2002, Proc. n.° 1797/02 – 3.ª, 13-02-2003, Proc. n.° 599/03 – 5.ª, 22-05-2003, Proc. n.° 2159/03 – 5.ª e 10-03-2005, Proc. n.° 912/05 – 5.ª.

(Ac. do STJ, de 11.10.2007 *in* www.dgsi.pt (Proc. n.° 07P3774))

I – O processo penal – sequência lógica de actos processuais que visam apurar a responsabilidade criminal do arguido – tem de se conformar, na sua aplicabilidade, com a certeza do Direito;

II – Assim, num caso em que, estando o arguido sujeito à medida de coacção de prisão preventiva, foi interposto recurso para o TC e este demorou menos de 6 meses a proferir decisão – art. 215.°, n.° 4, do CPP –, o prazo de prorrogação da prisão preventiva é de 6 meses, o expressamente previsto na lei;

III – Com efeito, numa situação como a enunciada, ou se considera que o prazo de prorrogação da prisão preventiva emerge automaticamente com a interposição do recurso para o TC, ou se entende que tal prorrogação corresponde exclusivamente ao tempo necessário para a prolação de decisão pelo TC. Porém, nesta última perspectiva, a determinação de algo que é essencial para o estatuto e a garantia dos direitos do arguido – o limite da prisão preventiva – fica sujeita a um facto incerto, que é o da data da prolação da decisão naquele Tribunal, entendimento que é inconciliável com a certeza e segurança de que se deve revestir o processo penal;

IV – De todo o modo, no caso vertente, a situação de prisão preventiva do requerente e a contagem do respectivo prazo foram caucionadas no processo, pelo parecer do MP e o juízo implícito de concordância do Juiz Conselheiro relator que sobre o mesmo recaiu, podendo o requerente reagir pela via adequada em relação ao mérito de tal entendimento, sem necessidade de lançar mão

Medidas de Coacção   171

da providência excepcional de habeas corpus, *sendo, por isso, de rejeitar o seu requerimento.*
(Ac. do STJ, de 03.10.2007 *in* www.dgsi.pt (Proc. n.° 07P3649))

I – Se o arguido se conformou com a declaração de excepcional complexidade do processo, dela não recorrendo, nem no momento da sua emissão nem nos sucessivos momentos de reexame dos pressupostos da prisão preventiva, não pode vir a posteriori, *após a entrada em vigor da Lei 48/2007, de 29-08, e ao abrigo das suas disposições, invocar a nulidade do despacho que aquela declarou;*
II – Apesar de a nova a lei processual penal impor regras de maior exigência no plano temporal e de funcionamento prévio do contraditório, o acto praticado (declaração de excepcional complexidade do processo) a coberto da lei antecedente, e em consonância com esta, é um acto inteiramente válido e eficaz, sob pena de, assim não se entendendo, ocorrer quebra de harmonia e unidade dos vários actos do processo, óbice à imediata aplicabilidade da lei processual nova.
(Ac. do STJ, de 03.10.2007 *in* www.dgsi.pt (Proc. n.° 07P3646))

1 a 4 – (…);
5 – Não é ilegal a prática de um tribunal de 1.ª instância que recebe a titulo devolutivo um seu processo que estava em recurso na Relação, para tomar as providências necessárias à situação prisional do arguido (preso preventivamente), face à entrada em vigor para breve da Lei n.° 48/2007 que alterava o CPP e que, sendo o processo por tráfico de droga, que dispensava a declaração de especial complexidade face ao art. 54.° do DL n.° 15/95 e ao Acórdão Uniformizador de Jurisprudência n.° 2/2004, de 11.2.2004 (DR IS-A de 2.4.2004), declara essa especial complexidade por despacho de 14.9.2007, aplicando a redacção então vigente do CPP.
(Ac. do STJ, de 27.09.2007 *in* www.dgsi.pt (Proc. n.° 07P3506))

I – Com a revogação do art. 54.° do DL 15/93, de 22-01, operada pelo art. 5.°, al. b), da Lei 48/2007, de 29-08, caducou a jurisprudência fixada no Acórdão Uniformizador de Jurisprudência n.° 2/2004, de 11-02-2004;
II – Todavia, de tal revogação não decorre que a especial complexidade do processo que resultava já do anterior quadro legal não surta qualquer efeito com a entrada em vigor da Lei 48/2007, pois a lei processual entra imediatamente em vigor, sem prejuízo dos actos validamente realizados no domínio da lei anterior (art. 5.°, n.° 1, do CPP);
III – Nestes termos, caso a prorrogação do prazo de prisão preventiva, por força da especial complexidade, tenha ocorrido validamente no domínio do

172   *As Medidas de Coacção e de Garantia Patrimonial*

direito anterior, sem despacho que a declarasse, há que entender que se mantém a referida especial complexidade, com os efeitos que tem sobre os prazos de prisão preventiva e apenas com uma limitação: a de que esses prazos não podem exceder os que, mais benéficos, resultam da nova lei – ou seja, o prazo passou a ser o de 3 anos e 4 meses de prisão e não de 4 anos de prisão, como resultava da lei anterior;

IV – O art. 215.º, n.º 6, do CPP na redacção da Lei 48/2007, de 29-08, é inaplicável caso a decisão da 1.ª instância tenha sido confirmada por acórdão da Relação e este tenha sido, entretanto, anulado pelo STJ, encontrando-se o processo de novo pendente no Tribunal da Relação para apreciação de recurso interposto de 2.ª decisão da 1.ª instância proferida em virtude de anulação pela Relação da 1.ª decisão.

(Ac. do STJ, de 20.09.2007 *in* www.dgsi.pt (Proc. n.º 07P3470))

I – Diversamente do que ocorre no processo de extradição, no processo especialíssimo de mandado de detenção europeu, a decisão que mantenha a detenção ou a substitua por medida de coacção em processo de MDE é recorrível directamente para o Supremo Tribunal de Justiça, como decorre do disposto no art. 24.º da Lei 65/2003, o que está em consonância com a garantia expressa no art. 32.º, n.º 1, da CRP, com a alteração introduzida pela Lei 1/97, que explicita que o direito de defesa pressupõe a existência de um duplo grau de jurisdição, na medida em que o direito ao recurso integra o núcleo essencial das garantias de defesa constitucionalmente asseguradas;

II – A judiciarização do processo simplificado do MDE implica a inscrição da entrega no âmbito do processo penal com todas as garantias inerentes, assegurando-se a protecção da posição jurídica da pessoa procurada através da garantia de direitos conferidos à pessoa quando for detida, incluindo a juzante, como consequência jurídica da entrega, o instituto do desconto.

(Ac. do STJ, de 11.07.2007 *in* www.dgsi.pt (Proc. n.º 07P2618))

I – O conceito de especial complexidade, para efeitos de alargamento dos prazos de prisão preventiva, integra-se num juízo que resulte da ponderação de todos os elementos factuais do respectivo procedimento, numa perspectiva de acrescidas e especiais dificuldades da investigação no seu todo;

II – Justifica-se declarar a especial complexidade dos autos, em processo destinado a averiguar a verificação de crime de branqueamento de capitais, com vasta dimensão do processo e variada e abundante documentação destinada a estabelecer o circuito financeiro, no qual se configura a necessidade da expedição de dezassete cartas rogatórias, a expedir para oito países diferentes.

(Ac. da RL, de 06.06.2007 *in* CJ, Ano XXXII, Tomo III, p. 133)

Medidas de Coacção

O incumprimento do dever de, trimestralmente, se proceder ao reexame dos pressupostos da prisão preventiva constitui mera irregularidade, mas não a ilegalidade da prisão, pelo que não é admissível a utilização da providência de Habeas Corpus.
(Ac. do STJ, de 17.05.2007 *in* CJ, Ano XV, Tomo II, p. 190)

O Tribunal Constitucional decidiu não julgar inconstitucional a norma do art. 40.° do CPP, na versão resultante da Lei n.° 3/99, de 13 de Janeiro, *enquanto interpretada no sentido de permitir a intervenção simultânea, no julgamento, de juiz que, findo o primeiro interrogatório judicial do arguido detido, decretou a sua prisão preventiva e de juiz que, no decorrer do inquérito, manteve a prisão preventiva e, posteriormente, à acusação, indeferiu o pedido da sua revogação.*
(Ac. n.° 129/2007/T. Const.. – Proc. n.° 707/06, publicado no DR, II Série, n.° 80, de 24.04.2007)

I – A decisão que sujeita o arguido a prisão preventiva, se não for impugnada mediante recurso, faz caso julgado;
II – Este caso julgado está sujeito à condição rebus sic stantibus; e, por isso, tal decisão só pode ser alterada pelo juiz que a proferiu, substituindo a prisão por outra medida menos gravosa, quando se verifique uma atenuação das exigências cautelares que determinaram a aplicação daquela medida;
III – O assistente não tem legitimidade para recorrer da decisão que substitui a medida de coacção de prisão preventiva pela de permanência na habitação com recurso a vigilância electrónica.
(Ac. da RP, de 14.02.2007 *in* CJ, Ano XXXII, Tomo I, p. 218)

Para efeitos de realização de uma perícia, o juiz não pode suspender a prisão preventiva do arguido por período de tempo diferente do estabelecido no n.° 2 do artigo 216.° do CPP.
(Ac. da RL, de 08.02.2007 *in* CJ, Ano XXXII, Tomo I, p. 139)

Havendo no processo arguidos em situação de prisão preventiva e outros sujeitos a outras medidas de coacção, o prazo para requerer a abertura de instrução corre em férias em relação a todos.
(Ac. da RP, de 24.01.2007 *in* www.dgsi.pt (Proc. n.° 0616832))

I – A detenção provisória para extradição visa assegurar a possibilidade efectiva de execução da decisão de extradição, tendo lugar no âmbito do respectivo processo, a correr no Estado requerido, que não promove o processo final, com pressupostos e com um regime diverso da prisão preventiva;

174   *As Medidas de Coacção e de Garantia Patrimonial*

II – Não é imputável na duração da prisão preventiva o tempo de detenção para extradição no estrangeiro.
(Ac. da RL, de 09.01.2007 *in* CJ, Ano XXXII, Tomo I, p. 121)

O arguido detido na sequência de despacho judicial, que ordena a sua prisão preventiva no seguimento de condenação não transitada em julgado por crime a que corresponde pena de prisão de máximo superior a três anos, não tem que ser presente a interrogatório judicial.
(Ac. do STJ, de 28.09.2006 *in* CJ, Ano XIV, Tomo III, p. 202)

Estando suspensos os termos do processo, por força da declaração de contumácia, não pode ser admitido o recurso interposto pelo arguido do despacho que lhe indeferiu o pedido de revogação da prisão preventiva decretada, mas não executada.
(Ac. da RP, de 13.09.2006 *in* www.dgsi.pt (Proc. n.º 0643742))

I – A prisão preventiva do arguido só pode ser imposta se os pressupostos de que depende se verificarem no momento em que é decretada;
II – Não pode, por isso, decretar-se para data futura a prisão preventiva de um arguido que se encontra preso preventivamente à ordem de outro processo.
(Ac. da RP, de 19.04.2006 *in* CJ, Ano XXXI, Tomo II, p. 206)

Não é de aplicar a medida coactiva de prisão preventiva ao arguido que foi detido na posse de heroína (5 embalagens de 14,8 gramas) sem previamente se esclarecer se aquele estupefaciente era para consumo próprio ou para venda a terceiros. Assim não merece censura o despacho judicial que sujeitou o arguido à medida de coacção de apresentações periódicas na autoridade policial e outros complementares e não à medida de prisão preventiva.
(Ac. da RE, de 18.04.2006 *in* CJ, Ano XXXI, Tomo II, p. 244)

I – Não afecta os princípios do acusatório e do contraditório, associados constitucionalmente à função de garantia da imparcialidade do juiz, a intervenção pontual e não intensa no inquérito ou na instrução, do juiz que posteriormente venha a integrar a formação de julgamento;
II – Não configura caso de impedimento a participação de um juiz na audiência de julgamento no Tribunal de Recurso que anteriormente tinha procedido a interrogatório do arguido e aí aplicado a medida de prisão preventiva.
(Ac. do STJ, de 09.03.2006 *in* CJ, Ano XIV, Tomo I, p. 210)

I – A validade do despacho que declarou, no processo de onde foi feita a separação de processos, a especial complexidade do mesmo, mantém todos os efeitos no processo separado que proveio desse;

Medidas de Coacção 175

II – Deste modo, tendo sido ordenada e validada a prisão preventiva no processo originário, tal medida de coacção mantém-se válida no processo separado.

(Ac. da RG, de 23.01.2006 *in* CJ, Ano XXXI, Tomo I, p. 290)

Para o efeito previsto no art. 215.° do CPP – prazo de prisão preventiva – releva a data da acusação e não a notificação ao(s) arguido(s) dessa peça processual.

(Ac. do STJ, de 11.10.2005 *in* CJ, Ano XIII, Tomo III, p. 186)

I – O interrogatório judicial de arguido detido tem em vista assegurar-lhe, em fase processual anterior à formação de culpa, as suas garantias de defesa, dando-lhe, por isso, conhecimento dos factos que lhe são imputados e da sua relevância jurídico-penal, com vista a possibilitar o devido contraditório;

II – Tendo sido já deduzida acusação contra o arguido, encontrando-se o processo na fase de marcação do julgamento ou com este realizado sem trânsito em julgado da condenação, não se justifica a validação da prisão preventiva mediante prévio interrogatório judicial do arguido, porquanto, com a formação de culpa, foi-lhe dada a possibilidade de se defender das imputações fácticas e jurídicas que constituem o pressuposto da determinação de qualquer medida de coacção.

(Ac. do STJ, de 13.04.2005 *in* CJ, Ano XIII, Tomo II, p. 172)

I – "A indicação do facto que motivou a detenção" – art. 258.°, n.° 1 c) do CPP – não reclama uma descrição fáctica completa, bastando uma referência genérica;

II – Deste modo, não é nulo o mandado de detenção que não se limita à mera indicação da conduta que preenche os tipos incriminadores, referindo também os factos que motivaram a prática dos crimes;

III – Verificam-se os requisitos da prisão preventiva se ao(s) crime(s) corresponde(m) prisão superior a 3 anos e cumulativamente, se verifique ainda, perigo de fuga, perigo de perturbação da tranquilidade pública e continuação da actividade criminosa e perigo de perturbação do decurso do inquérito;

IV – É o caso dos ilícitos enunciados dos autos – associação criminosa e falsificação – e em que os arguidos têm ligações a indivíduos residentes no estrangeiro e estrangeiros que se encontram em Portugal.

(Ac. da RL, de 07.04.2005 *in* CJ, Ano XXX, Tomo II, p. 130)

I – Havendo fortes indícios de que o arguido, que está a cumprir pena de prisão, em data posterior à da condenação, cometeu, juntamente com outros, um crime de tráfico de estupefacientes, p. e p. pelo art. 21.°, n.° 1, do DL n.° 15/93,

176   As Medidas de Coacção e de Garantia Patrimonial

de 22/JAN; e de que existem fortes probabilidades de que ele se ausente do País, mal seja colocado em liberdade condicional, o que estava para breve; é legal a sua apresentação ao juiz para interrogatório e a aplicação por este da medida de coacção de prisão preventiva, que, no entanto, apenas será executada, quando o arguido for posto em liberdade;

II – Para tal efeito, não é necessária a emissão de mandados de detenção, bastando a requisição do arguido ao director do estabelecimento prisional onde ele cumpre pena; mas o facto de o M.° P.° ter passado mandados de detenção não constitui ilegalidade;

III – A aplicação da prisão preventiva obsta à imediata concessão da liberdade condicional;

IV – A prisão preventiva aplicada ao arguido só será descontada na pena que lhe vier a ser aplicada pelo crime de tráfico de estupefacientes, e não naquela que ele está a cumprir.

(Ac. da RP, de 23.02.2005 *in* CJ, Ano XXX, Tomo I, p. 222)

Nos casos em que está em causa somente um crime de tráfico de estupefacientes de menor gravidade, p. p. pelo art. 25.° do DL n.° 15/93 de 22/01, não é, legalmente, admissível o alargamento dos prazos normais da prisão preventiva, fixados no n.° 1 do art. 215.° do CPP, para os prazos (excepcionais) previstos (nomeadamente) pelo n.° 3 desse mesmo normativo (nem mesmo através do disposto no art. 54.°, n.° 1, daquele 1.° diploma, ou sequer por via do recurso à interpretação da jurisprudência fixada pelo acórdão do STJ n.° 2/2002).

(Ac. do STJ, de 17.02.2005 *in* CJ, Ano XIII, Tomo I, p. 203)

O crime de Associação Criminosa p. e p. pelo art. 89.° do RGIT está abrangido no elenco de crimes contidos no art. 215.°, n.° 2, do CPP.

(Ac. da RL, de 09.12.2004 *in* CJ, Ano XXIX, Tomo V, p. 143)

I – A imparcialidade em causa no incidente de recusa é também objectiva, visando preservar a confiança que, numa sociedade democrática, os Tribunais devem oferecer aos cidadãos;

II – Gera, por isso, desconfiança sobre a imparcialidade do julgador, terem os Senhores Juízes em análise e a quem foram distribuídos os autos, para decidirem sobre a pronúncia ou não pronúncia do arguido, terem antes, sobre o mesmo arguido, decidido sobre a medida de coacção a aplicar-lhe, formulando para tal um juízo – legítimo – sobre a inexistência de indícios suficientes dos crimes que são imputados ao mesmo arguido.

(Ac. do STJ, de 09.12.2004 *in* CJ, Ano XII, Tomo III, p. 241)

Medidas de Coacção 177

I – No processo de extradição apenas cabe recurso da decisão final;
II – Não é admissível recurso para o STJ da decisão da Relação que orde-nou que a extraditanda aguardasse em prisão preventiva os ulteriores termos do processo.
(Ac. do STJ, de 24.11.2004 *in* CJ, Ano XII, Tomo III, p. 230)

Se aquando de reexame dos pressupostos da prisão preventiva inexistirem circunstâncias supervenientes que modifiquem as exigências cautelares, ou alte-rem os pressupostos da medida de coacção aplicada, constitui fundamentação bastantes da decisão da sua manutenção, a referência à persistência do condi-cionalismo que a impôs.
(Ac. da RL, de 04.11.2004 *in* CJ, Ano XXIX, Tomo V, p. 128)

I – Embora pareça resultar do artigo 4.º, n.º 3 da Lei de Extradição – Lei n.º 144/99, de 31/8 – que só cabe recurso da «decisão final», tal possibilidade da impugnação há-de necessariamente estender-se, sob pena de irremediável incons-titucionalidade, às decisões que, no seu âmbito, impunham medidas detentivas;
II – O juízo sobre a inadequação ou insuficiência das outras medidas de coacção, condição legal da aplicação da prisão preventiva, não deve assentar numa interpretação securitária das atinentes normas processuais, importando sempre acautelar os princípios constitucionais da necessidade, proporcionali-dade e subsidiariedade da prisão preventiva.
(Ac. do STJ, de 29.09.2004 *in* CJ, Ano XII, Tomo III, p. 168)

I – A prisão preventiva constitui medida de coacção decretada no âmbito de um processo criminal e visa assegurar fmalidades cautelares relacionadas com aquele processo, sendo que a detenção provisória para extradição visa assegurar a possibilidade de efectiva execução da decisão de extradição, pelo que é diverso o regime jurídico destas duas medidas de privação de liberdade;
II – Deste modo, o tempo de detenção sofrido pelo extraditando no processo de extradição não deve ser adicionado ao tempo de prisão preventiva sofrido no processo criminal para efeitos de contagem do prazo de duração máxima desta medida de coacção.
(Ac. da RC, de 02.06.2004 *in* www.dgsi.pt (Proc. n.º 1629/04))

Quando a prisão preventiva esteja justificada por despacho judicial e em conformidade com os prazos de duração máxima fixados no art. 125.º do Código Penal, a não realização atempada do reexame trimestral não determina a sua invalidação, constituindo apenas simples irregularidade sujeita ao regime pre-visto no art. 123.º do Código de Processo Penal.
(Ac. da RE, de 25.05.2004 *in* CJ, Ano XXIX, Tomo III, p. 262)

178 As Medidas de Coacção e de Garantia Patrimonial

Fixação de Jurisprudência: *Quando o procedimento se reporte a um dos crimes referidos no n.° 1 do artigo 54.° do Decreto-Lei n.° 15/93, de 22 de Janeiro, a elevação dos prazos de duração máxima da prisão preventiva, nos termos do n.° 3 do artigo 215.° do Código de Processo Penal, decorre directamente do disposto no n.° 3 daquele artigo 54.°, sem necessidade de verificação e declaração judicial da excepcional complexidade do procedimento.*

(Ac. do STJ n.° 2/2004 (Proc. n.° 261/2000), de 02.04.2004, publicado no DR, I Série A)

Quando não se trate de prazo de duração máxima de prisão preventiva, a omissão de reapreciação do que tenha sido imposto, nos prazos estabelecidos no n.° 1 do artigo 213.° do CPP, constitui irregularidade processual sanável oficiosamente ou a requerimento do interessado.

(Ac. do STJ, de 11.03.2004 *in* CJ, Ano XII, Tomo I, p. 222)

I – Ponderando a jurisprudência e doutrina existentes sobre os crimes fiscais, entende-se que, antes de Junho de 2001, tais crimes relevavam para o escopo criminoso do crime p. e p. no art. 299.° do CP;
II – Assim sendo e estando o crime de associação criminosa p. e p. no art. 89.° do RGIT, abrangido no elenco de crimes contidos no n.° 2 do art. 215.° do CPP, é possível o alargamento dos prazos de prisão preventiva do arguido nos presentes autos.

(Ac. da RL, de 11.03.2004 *in* CJ, Ano XXIX, Tomo II, p. 128)

Quando o conceito de "excepcional complexidade" seja de aplicação automática, o interessado que se considere prejudicado pode suscitar a sua discordância perante o juiz e, se não obtiver provimento, recorrer da decisão proferida.

(Ac. do STJ, de 10.03.2004 *in* CJ, Ano XII, Tomo I, p. 221)

Não compete ao juiz, durante o inquérito, proceder à inquirição de testemunhas, que o arguido requeira sejam ouvidas, para abalar os fundamentos do despacho que imponha a medida de coacção de prisão preventiva.

(Ac. da RP, de 18.02.2004 *in* CJ, Ano XXIX, Tomo I, p. 218)

I – No art. 215.°, n.° 2 do CPP estão englobados não apenas os crimes explicitamente enumerados nas als. a) a g), mas também os crimes mencionados no corpo daquele n.° 2, nomeadamente os que têm subjacente criminalidade violenta e altamente organizada;
II – É susceptível de ser declarado de excepcional complexidade os autos respeitantes a crimes de fraude fiscal cometidos com recurso a uma estrutura

Medidas de Coacção 179

altamente organizada e a uma actuação planificada levada a cabo por um grupo de pessoas com funções diferenciadas.
(Ac. da RL, de 12.02.2004 *in* CJ, Ano XXIX, Tomo I, p. 136)

I – Se nada constar do respectivo mandado, nem da certidão de cumprimento, o desligamento, de um arguido preso, de um processo para outro, tem-se por efectuado dentro do horário de funcionamento da secretaria do estabelecimento prisional;
II – Na liquidação da pena não se conta o dia em que o detido ficou à ordem do novo processo.
(Ac. da RL, de 15.01.2004 *in* CJ, Ano XXIX, Tomo I, p. 122)

I – É comum à pena e à medida de segurança o fim da defesa a sociedade, isto é, a natureza do meio ou medida de tutela jurídica;
II – Por isso, nas duas figuras – medidas de coacção, por um lado, e medidas de segurança, por outro, que visam assegurar aquele objectivo – tem lugar um largo campo de interacção ou afinidade, qual seja a preservação da sociedade da actividade criminosa e (ou) simplesmente perigosa do arguido, objectivo comum às duas espécies de medidas apontadas;
III – Consequentemente, se se justifica o desconto da prisão preventiva nas penas de prisão aplicadas, sensivelmente pelas mesmas razões se justificará a extensão do mesmo regime às próprias medidas de segurança. Até porque, sendo a liberdade a regra – art. 27.º, n.º 1, da Constituição, art. 5.º da Convenção Europeia dos Direitos do Homem e art. 9.º do Pacto Internacional para a Protecção dos Direitos Civis e políticos e a privação dela, a excepção, não faria sentido discriminar negativamente, naquele ponto, o arguido sujeito a medida de segurança, sem que para tal se verificassem razões de peso – nomeadamente emergentes da eventual incompatibilidade entre os fins da prisão preventiva e a medida de segurança, incompatibilidade que não se vislumbra, ao menos em termos absolutos,0de tal forma que as tornasse mutuamente repelentes;
IV – Tudo, como é óbvio, sem prejuízo de o arguido continuar internado se e enquanto subsistirem os motivos da sua demonstrada perigosidade, situados na base do decretado internamento.
(Ac. do STJ, de 02.10.2003 *in* CJ, Ano XI, Tomo III, p. 185)

I – Cumpre o dever de fundamentação o despacho em que se procede ao reexame da prisão preventiva se limita a consignar em não se alterarem os pressupostos decisórios que anteditaram a aplicação daquela medida de coacção, remetendo para os fundamentos antes acolhidos, que refere manterem-se inalterados;

180 As Medidas de Coacção e de Garantia Patrimonial

II – "O art. 213.º do C.P.P., ao impor a obrigatoriedade da reapreciação de 3 em 3 meses dos pressupostos da prisão preventiva não significa que tal apreciação tenha de ser feita em períodos de 3 meses, mas sim que entre cada apreciação (que pode ter acontecido em consequência de algum requerimento do arguido) e a seguinte, não medeiem mais de três meses";
III – A não audição prévia do arguido sobre os pressupostos da sua prisão preventiva pode, quando muito e dado o disposto no art. 213.º do C.P.P., consubstanciar mera irregularidade que fica sanada se não for por ele arguida "no próprio acto ou, se a este não tiver assistido, nos três dias subsequentes a contar daquele em que tiver sido notificado para qualquer termo do processo ou intervindo em algum acto nele praticado".
(Ac. da RC, de 24.09.2003 *in* CJ, Ano XXVIII, Tomo IV, p. 42)

A situação decorrente da decisão do STJ que, anulando os acórdãos condenatórios das duas instâncias inferiores, ordenou o reenvio do processo – de arguido preso preventivamente – à 1ª instância a fim de aí se proceder à realização de nova audiência de julgamento, para ampliação da matéria de facto, enquadra-se na previsão da al. d) do n.º 1 do art. 215.º do CPP (e não na al. c)).
(Ac. do STJ, de 26.06.2003 *in* CJ, Ano XI, Tomo II, p. 230)

Toda a intervenção do juiz que, em sede de inquérito ou instrução, não se traduza na realização de meros actos de expediente e implique uma tomada de decisão, com valoração dos indícios recolhidos, designadamente aplicado a prisão preventiva do arguido e autorizado a realização de buscas domiciliárias, fica impedido de participar no julgamento e, se o fizer, verifica-se uma nulidade insanável determinante da anulação do julgamento.
(Ac. da RL, de 27.03.2003 *in* CJ, Ano XXVIII, Tomo II, p. 137)

I – (…);
II – O desconto da prisão preventiva, para que seja tomado em conta no cumprimento da pena, não é necessário que seja ordenado na decisão condenatória.
(Ac. da RE, de 18.02.2003 *in* CJ, Ano XXVII, Tomo I, p. 261)

I – Da decisão proferida, em processo penal, pelo Desembargador relator que se declarou legalmente impedido de continuar a intervir no processo (por ter nele proferido duas decisões a manter a prisão preventiva do arguido) apenas podem reclamar para conferência as pessoas ou entidades referidas no n.º 2 do art. 41.º do CPP;
II – Não havendo reclamação, tal decisão fica a coberto do caso julgado, impondo-se ao Juiz Desembargador a quem os autos foram distribuídos em con-

sequência de tal decisão, ficando-lhe vedado questionar aquela declaração de impedimento.
(Ac. do STJ, de 29.01.2003 *in* CJ, Ano XXVIII, Tomo I, p. 173)

Encontrando-se o arguido em liberdade sujeito a medida de caução, a sua posterior condenação na pena de 8 anos de prisão, por decisão ainda não transitada, não constitui por si só a verificação em concreto do perigo de fuga a que alude o artigo 204 alínea a) do Código de Processo Penal, pelo que, sem mais, não é legitimo substituir aquela medida de coacção pela sujeição do arguido a prisão preventiva.
(Ac. da RP, de 15.01.2003 *in* www.dgsi.pt (Proc. n.º 0243380))

A qualificação de um crime de tráfico de estupefacientes como de especial complexidade não é "ope legis" mas "ope judicis", tendo em atenção o caso concreto e a consideração de princípios de adequação, exigibilidade e proporcionalidade.
(Ac. do STJ, de 21.11.2002 *in* CJ, Ano X, Tomo III, p. 234)

I – Na contagem do tempo de cumprimento da pena de prisão, havendo detenção sofrida, há que apurar o período desta e, só depois deste encontrado, é que se procede à operação aritmética do desconto;
II – Tendo o arguido estado detido das 18 horas de um dia até às 12 horas do dia seguinte, e uma vez que, face ao art. 479.º, n.º 1, c), do C.P.P., o dia é equivalente a um período de 24 horas, mostra-se correcto contabilizar tão só como um dia daquele tempo de detenção.
(Ac. da RC, de 06.11.2002 *in* CJ, Ano XXVII, Tomo V, p. 41)

Ainda que o período de detenção, sofrido pelo arguido, tenha sido inferior a 24 horas, deve ser-lhe descontado um dia no cumprimento da pena a que tenha sido condenado.
(Ac. da RL, de 29.10.2002 *in* CJ, Ano XXVII, Tomo IV, p. 138)

I e II – (…);
III – A detenção do arguido julgado na sua ausência só pode ter lugar com a finalidade de lhe ser aplicada ou executada a medida de coacção de prisão preventiva, o que pressupõe a prática de crime doloso a que corresponda pena de prisão cujo limite máximo seja superior a 3 anos, num quadro de respeito pelos princípios da excepcionalidade e da necessidade da prisão preventiva;
IV – Tal arguido não pode, por isso, ser detido para o tão-só efeito de lhe ser notificada a sentença.
(Ac. da RP, de 02.10.2002 *in* CJ, Ano XXVII, Tomo IV, p. 210)

182 As Medidas de Coacção e de Garantia Patrimonial

I – A anulação do julgamento em consequência de recurso não tem a virtualidade de fazer considerar, para efeitos de contagem de prazo máximo de prisão preventiva do art. 215.° do C.P.P., que ainda não houve condenação em primeira instância;

II – Nos processos por crimes de tráfico de estupefacientes é sempre de aplicar o disposto no n.° 3 do art. 54.° do Decreto-Lei 15/93 de 22 de Janeiro, sendo que essa aplicação não só resulta «ope legis» como, até, confere, por essa via, à referida norma, a sua útil razão de ser.

(Ac. do STJ, de 11.07.2002 *in* CJ, Ano X, Tomo III, p. 178)

Quer no momento da aplicação, quer no momento do reexame da aplicação da medida de coacção, quer numa situação que não seja de reexame oficioso e obrigatório nos termos do art. 213.° do C.P.P., quer em matérias que contendam directamente com a do próprio crime em investigação, é ao julgador que cabe a realização das diligências requeridas e/ou que repute necessárias por forma a poder formular uma decisão consciente.

(Ac. da RC, de 19.06.2002 *in* CJ, Ano XXVII, Tomo III, p. 52)

I – A condenação por sentença, ainda que não transitada em julgado, transforma os indícios suficientes em reforçada possibilidade de que os factos de que o arguido estava acusado ocorreram tal como foram dados como provados, verificando-se assim o requisito especial do art. 202.° do CPP ou que, conjugado com os requisitos gerais, previstos nas als. a) e c) do art. 204.° do mesmo Código, justifica o reexame da sua situação processual;

II – Com efeito, embora o poder jurisdicional do juiz, após a prolação da sentença, se esgote quanto à questão de fundo, o mesmo não acontece quanto à definição da situação processual do arguido.

(Ac. da RL, de 14.03.2002 *in* CJ, Ano XXVII, Tomo II, p. 134)

I – Estando em causa um crime de tráfico de estupefacientes, os prazos de prisão preventiva são os do art. 215.°, n.° 3, do CPP;

II – Tais prazos aplicam-se ope legis, ou seja, sem necessidade de que o juiz profira despacho a qualificar o processo como de especial complexidade.

(Ac. da RP, de 13.03.2002 *in* CJ, Ano XXVII, Tomo II, p. 228)

Resultando da sentença proferida, ainda que não transitada em julgado, factos que não foram considerados no momento em que foi aplicada a medida de coacção a que o ré estava sujeito, e se conclua que deles resulta, a nível de indícios, uma alteração não só no que se refere à sua consistência, mas, fundamentalmente, à gravidade e à dimensão da actividade criminosa do arguido justificativa do receio de que continue a sua actividade criminosa, é admissível

impor uma medida de coacção mais gravosa, nomeadamente a da prisão preventiva.
(Ac. da RL, de 19.02.2002 *in* CJ, Ano XXVII, Tomo I, p. 149)

Para efeitos do disposto no n.° 3 do art. 215.° do CPP, a declaração de um crime como de excepcional complexidade opera ope legis *pelo que, para ser eficaz, não necessita de ser declarada no prazo estabelecido no n.° 1 daquele preceito legal.*
(Ac. do STJ, de 07.02.2002 *in* CJ, Ano X, Tomo I, p. 204)

I – Na fase do inquérito, é o M.° P.° que tem competência para ordenar a separação de processos;
II – Tendo o M.° P.° ordenado a separação de processos, havendo um arguido preso preventivamente, este passou a ficar, sem necessidade de despacho nesse sentido, à ordem do inquérito, com novo número, formado com a certidão das peças que a si diziam respeito;
III – É que, o processo continua a ser o mesmo, não obstante ter um número novo; e, por isso, não se torna necessário o desligamento do arguido;
IV – O desligamento do arguido só tem lugar quando termina a situação de prisão à ordem de um processo e passa a ficar preso à ordem de outro.
(Ac. da RP, de 06.02.2002 *in* CJ, Ano XXVII, Tomo I, p. 235)

I – Mesmo que o "internamento" não caiba no âmbito lato de "prisão" e a lei seja, a esse respeito, omissa, pareceria adequado – sob pena de situações análogas gozarem de tratamento injustificadamente dissemelhante – que aquelas disposições relativas à "prisão" se aplicassem, por analogia, ao próprio "internamento";
II – Quando a prisão não for cumprida continuadamente, ao dia encontrado segundo os critérios legais para o seu termo, acresce o tempo correspondente às interrupções;
III – Esta regra aplica-se à medida de internamento.
(Ac. do STJ, de 03.10.2001 *in* CJ, Ano IX, Tomo III, p. 174)

I – O internamento não pode exceder o limite máximo da pena correspondente ao tipo objectivo de crime cometido pelo inimputável;
II – A inimputabilidade pressupõe a incapacidade de culpa, pelo que ao considerar-se o tipo de crime para efeito de duração da medida de segurança aplicável ou aplicada, só pode atender-se à qualificação dos factos que releva unicamente da consideração do tipo objectivo e/ou subjectivo de ilícito, mas já não quando é elemento qualificador um tipo de culpa especialmente agravada;

184 As Medidas de Coacção e de Garantia Patrimonial

III – Assim, em caso de homicídio voluntário, o tipo a considerar para tal efeito não pode ser nunca o do art. 132.°, mas antes, o do art. 131.° do CP;

IV – Por identidade de razão, é de estende aos casos de internamento a previsão do art. 88.°, n.° 1, pelo que o tempo de prisão preventiva sofrido pelo inimputável deve ser descontado na duração da medida de segurança;

V – Tal "desconto" aplica-se mesmo ao período de duração mínima aludido no n.° 2 do art. 91.°.

(Ac. do STJ, de 30.05.2001 *in* CJ, Ano IX, Tomo II, p. 215)

O juiz, quando procede ao reexame dos pressupostos da prisão preventiva, mesmo quando mantenha tal medida de coacção, só tem que ouvir o arguido, se o considerar necessário.

(Ac. da RP, de 02.05.2001 *in* CJ, Ano XXVI, Tomo III, p. 224)

É ilegal e determina, por isso, a sua imediata libertação, a prisão preventiva de menor com 15 anos e 6 meses de idade no momento da prática dos factos.

(Ac. do STJ, de 05.04.2001 *in* CJ, Ano IX, Tomo I, p. 269)

O período de prisão sofrida no estrangeiro, à ordem de processo de extradição, só é descontável na pena em que o arguido venha a ser condenado, e não nos prazos de prisão preventiva, estabelecidos na lei processual portuguesa.

(Ac. da RL, de 14.02.2001 *in* CJ, Ano XXVI, Tomo I, p. 152)

Nos crimes de tráfico de estupefacientes, para que os prazos de prisão preventiva sejam elevados, respectivamente, para 12 meses, 16 meses, 3 anos e 4 anos, é necessário que, o juiz expressa e fundadamente, declare o processo como de excepcional complexidade.

(Ac. da RL, de 29.03.2000 *in* CJ, Ano XXV, Tomo II, p. 148)

Não compete ao juiz, sim ao M.° P.°, a realização de diligências, com vista à reavaliação dos pressupostos da prisão preventiva.

(Ac. da RP, de 15.03.2000 *in* CJ, Ano XXV, Tomo II, p. 234)

I – O juiz, tanto quando procede ao reexame dos pressupostos da prisão preventiva, como quando verifica os fundamentos da elevação dos prazos da mesma, só ouve o arguido, se o julgar necessário;

II – Mas, se o juiz classificar o processo de excepcional complexidade, tem que fundamentar a sua decisão no que toca à desnecessidade de prévia audição do arguido;

III – A falta de fundamentação dessa decisão constitui mera irregularidade.
(Ac. da RP, de 15.03.2000 *in* CJ, Ano XXV, Tomo II, p. 235)

I – O disposto no art. 215.°, n.° 2, al. d), do CPP, na sua nova redacção – elevação do prazo de prisão preventiva – não é de aplicação imediata aos processos já em curso, uma vez que alarga o prazo de prisão preventiva, sendo, portanto, de conteúdo mais desfavorável ao arguido;
II – (...).
(Ac. do STJ, de 02.02.2000 *in* CJ, Ano VIII, Tomo I, p. 195)

Durante a execução da prisão preventiva, o Juiz, antes de decidir o incidente de reexame da subsistência dos respectivos pressupostos deverá ouvir o arguido, quando seja o MP o requerente, o MP quando o requerente seja o arguido e ambos quando a iniciativa parta do próprio Tribunal, a menos que invoque e fundamente a desnecessidade dessa audição.
(Ac. da RL, de 01.02.2000 *in* CJ, Ano XXV, Tomo I, p. 142)

I – O juiz que, no despacho do art. 311.° do CPP, decidiu substituir a caução pela medida de prisão preventiva do arguido, não se encontra impedido de intervir no julgamento, por a situação se não enquadrar no n.° 2 do art. 40.° do mesmo Código;
II – Esse juiz também não pode ser recusado ao abrigo do art. 43.°, n.° 1, do dito Código, pois não ocorre motivo sério e grave que seja adequado a gerar desconfiança sobre a sua imparcialidade;
III – O puro convencimento subjectivo do arguido de que o juiz não será imparcial não é suficiente para o afastar do julgamento, pois tem que existir, entre o motivo e a desconfiança, uma situação relacional lógica que justifique o juízo de parcialidade, de forma clara e nítida, baseada na seriedade e gravidade do motivo.
(Ac. da RP, de 19.01.2000 *in* CJ, Ano XXV, Tomo I, p. 233)

I – Nos processos respeitantes a crimes de tráfico de estupefacientes, não é necessário que o juiz profira despacho a declarar o processo de excepcional complexidade, para que se apliquem os prazos de prisão preventiva do n.° 3 do art. 215.° do CPP;
II – O art. 54.° do Dec.-Lei n.° 15/93, de 22/1, ao prescrever que se aplica sempre o n.° 3 do mencionado art. 215.°, está a impor a aplicação, ope legis, desses prazos.
(Ac. da RP, de 05.01.2000 *in* CJ, Ano XXV, Tomo I, p. 229)

Não havendo razões de especial relevância a impor a aplicação ao arguido, toxicodependente em tratamento de desintoxicação, da medida de coacção de prisão preventiva, justifica-se a sua substituição pela imposição de continuação de tratamento em estabelecimento adequado.
(Ac. da RC, de 20.10.1999 *in* CJ, Ano XXIV, Tomo IV, p. 66)

O tempo de prisão preventiva sofrida pelos arguidos no processo de que, por se ter verificado a situação de alteração substancial dos factos, foi extraída certidão para instauração de inquérito, deve ser computada para o efeito de saber se o prazo máximo de duração da prisão foi excedido.
(Ac. da RP, de 30.08.1999 *in* CJ, Ano XXIV, Tomo IV, p. 237)

8.13. *Providência de* habeas corpus[231]

8.13.1. *Nota prévia*

O arguido pode impugnar a prisão preventiva requerendo a sua revogação ou substituição (cfr. os arts. 212.º e 213.º), recorrendo da decisão que a aplicou (cfr. os arts. 219.º e 399.º e segs.) ou ainda através da providência de *habeas corpus* (cfr. os arts. 222.º e 223.º e o art. 31.º, da CRP), naturalmente quando observados os pressupostos legais correspondentes a cada uma dessas figuras.

No *habeas corpus*, tal como é constitucionalmente delimitado "está em causa a tutela da liberdade física ou locomoção e não qualquer outro direito fundamental."[232]

A providência de *habeas corpus* é um modo de impugnação contra detenções[233] ou prisões ilegais[234], que constituam um atentado ilegítimo à liberdade individual (cfr. os arts. 27.º e 28.º, da CRP), não valendo como

---

[231] Numa tradução livre, a expressão significa *que tenhas o teu corpo*.

[232] *Vide* JORGE MIRANDA/RUI MEDEIROS *in* "Constituição...", Tomo I, p. 345.

[233] O regime da providência de *habeas corpus*, em virtude de detenção ilegal, encontra-se previsto nos arts. 220.º e 221.º. Cfr., ainda, os arts. 254.º e segs..

Quanto à providência de *habeas corpus*, em virtude de privação da liberdade ilegal de portador de anomalia psíquica, rege o art. 31.º da Lei n.º 36/98, de 24 de Julho (Lei da Saúde Mental), alterada pela Lei n.º 101/99, de 26 de Julho.

[234] Lembramos que todos têm o direito de resistir a qualquer ordem que ofenda os seus direitos, liberdades e garantias e de repelir pela força qualquer agressão, quando não seja possível recorrer à autoridade pública (cfr. o art. 21.º, da CRP).

Medidas de Coacção						187

meio *para impugnar irregularidades processuais ou para conhecer da bondade das decisões judiciais*[235], cuja sede própria de reapreciação é o recurso.

Por conseguinte, a providência de *habeas corpus* não é um recurso mas antes "uma providência extraordinária com a natureza de acção autónoma com fim cautelar, destinada a pôr termo em muito curto espaço de tempo a uma situação de ilegal privação de liberdade."[236]

Salientemos que esta providência não se substitui aos recursos ordinários, ou seja, não é o meio adequado a pôr termo a todas as situações de ilegalidade da prisão, encontrando-se, outrossim, reservada aos casos de ilegalidade *grosseira*. Aliás, devemos ter presente que os fundamentos do recurso são mais abrangentes.

Considerando o conteúdo do Ac. do STJ, de 24.10.2007 *in* www.dgsi.pt (Proc. n.º 07P3976) o *habeas corpus* é configurado como "uma providência excepcional vocacionada a responder a situações de gravidade extrema, com uma celeridade incompatível com a prévia exaustação dos recursos ordinários e com a sua própria tramitação, visando reagir, de modo imediato e urgente, contra a privação arbitrária da liberdade ou contra a manutenção de uma prisão manifestamente ilegal, ilegalidade essa que se deve configurar como violação directa, imediata, patente e grosseira dos seus pressupostos e das condições da sua aplicação.".

Por sua vez, o Ac. do STJ, de 18.03.2008 *in* www.dgsi.pt (Proc. n.º 08P1018) sustenta que "no nosso sistema jurídico, o *habeas corpus* não constitui um recurso dos recursos, nem um recurso contra os recursos: não exclui os recursos mas, não lhes é subsidiário.".

O art. 219.º, na redacção anterior à Lei n.º 48/2007, de 29 de Agosto, previa que da decisão que aplicasse ou mantivesse medidas de coacção havia recurso, sem prejuízo do disposto quanto à providência de *habeas corpus*[237] (constante dos arts. 220.º e segs.).

Com a entrada em vigor desse diploma legal, o legislador eliminou a referida ressalva. Com efeito, o actual **n.º 2**, do art. 219.º, refere expres-

---

[235] Cfr. o Ac. do STJ, de 12.05.2005 *in* CJ, Ano XIII, Tomo II, p. 201.

[236] *Vide* GERMANO MARQUES DA SILVA *in* "Curso...", Vol. II, p. 321.

[237] Quanto ao alcance de tal ressalva *vide*, à luz do regime anterior, os entendimentos de GIL MOREIRA DOS SANTOS *in* "O Direito...", p. 312; M. SIMAS SANTOS/M. LEAL HENRIQUES *in* "Código de Processo...", Vol. I, p. 1052 e MAIA GONÇALVES *in* "Código de Processo...", p. 497, anot. 3.

188   *As Medidas de Coacção e de Garantia Patrimonial*

samente que as decisões que <u>apliquem, mantenham ou substituam medidas de coacção são impugnáveis por via de recurso ou através da providência de *habeas corpus*, não existindo, entre os dois modos de impugnação, relação de litispendência ou de caso julgado, independentemente dos respectivos fundamentos.</u>

Considerando as palavras do Cons. SOUTO DE MOURA[238], "Daqui se extrai que

> – não é invocável a excepção de litispendência, como argumento para se deixar de tomar conhecimento, do conteúdo de uma providência de Habeas Corpus,
> – que pode haver, desencadeada pela mesma decisão, uma reacção por via de recurso, sem que se interponha a providencia de Habeas Corpus, ou vice-versa, e, obviamente,
> – que os fundamentos para cada um destes tipos de reacção não têm que ser os mesmos."

Portanto, tendo sido decretada a prisão preventiva, o arguido pode reagir a essa medida optando pela providência de *habeas corpus*, evidentemente desde que observados os respectivos pressupostos legais (cfr. os arts. 222.º e 223.º). Cfr., ainda, o art. 4.º, da CEDH e da DUDH.

Aliás, nos termos do Ac. do STJ, de 18.10.2007 *in* <u>www.dgsi.pt</u> (Proc. n.º 07P3975), "não obsta à apreciação do pedido de *habeas corpus* a circunstância de poder ser, ou mesmo ter sido, interposto recurso da decisão que aplicou a medida de prisão preventiva, o que é reforçado pela nova redacção dada ao art. 219.º do CPP…".

Ainda em virtude das alterações implementadas pela Lei n.º 48/2007, de 29.08, <u>a decisão que mantenha a prisão preventiva (ou a obrigação de permanência na habitação) é susceptível de recurso nos termos gerais, todavia não determina a inutilidade superveniente de recurso interposto de decisão prévia que haja aplicado ou mantido a medida em causa</u>. (cfr. o **n.º 5**, do art. 213.º).

A providência em análise, constitucionalmente consagrada no art. 31.º, da Lei Fundamental, perfila-se como um instrumento de reacção contra *o abuso de poder, por virtude de prisão ou detenção ilegal*, devendo ser requerida perante o tribunal competente (cfr. o n.º 1, do preceito indicado).

---

[238] Cfr. voto de vencido no Ac. do STJ, de 27.11.2007 *in* <u>www.dgsi.pt</u> (Proc. n.º 07P4472) e CJ, Ano XV, tomo III, p. 251.

Conforme propugna MANUEL CAVALEIRO DE FERREIRA *in* "Curso…", Vol. 1.º, p. 273, "O «habeas corpus» é uma providência destinada a garantir a liberdade individual contra o abuso de autoridade.".

8.13.2. *Fundamentos*

Nos termos da 2ª parte, do n.º 2, do art. 222.º, a petição de *habeas corpus* deve fundar-se em ilegalidade da prisão proveniente de (trata-se de um elenco taxativo):

a) Ter sido efectuada ou ordenada por entidade incompetente (*v. g.*, prisão preventiva ordenada por alguém que não é juiz[239] ou por um juiz de jurisdição diferente[240]);

b) Ser motivada por facto pelo qual a lei a não permite (*v. g.*, prisão preventiva aplicada a arguido suspeito pela prática de crime negligente ou punível com pena de prisão inferior a 3 anos, cfr. o art. 202.º, n.º 1, **als. a)** e **b)**; quando faltem os requisitos previstos no art. 204.º; quando violado o n.º 2, do art. 28.º, da CRP; quando a prisão ocorra fora dos casos previstos no art. 27.º, da CRP) ou

c) Manter-se para além dos prazos fixados pela lei ou por decisão judicial[241] (a prisão obedece a prazos: sejam os prazos máximos legalmente estipulados para a prisão preventiva (art. 215.º), seja a medida concreta da pena fixada em decisão judicial condenatória).

Conforme veremos melhor adiante, quem tiver sofrido prisão preventiva ou obrigação de permanência na habitação ilegal nos termos supra mencionados pode requerer uma indemnização pelos danos sofridos (cfr. a **al. a)**, do **n.º 1**, do art. 225.º).

---

[239] Lembramos que a prisão (seja a preventiva (cfr. o n.º 1, do art. 194.º), seja a resultante de decisão de condenação) só pode ser ordenada pelo juiz e efectuada pelos órgãos de polícia criminal.

[240] Cfr. os arts. 79.º (*Competência*) e 80.º (*Casos especiais de competência*), da LOFTJ.

[241] Para este efeito devemos considerar não só a manutenção da prisão para além do termo da sua duração, como também as situações em que "por força da extinção da responsabilidade criminal, deva cessar a execução.", GERMANO MARQUES DA SILVA *in* "Curso…", Vol. II, p. 326.

190   *As Medidas de Coacção e de Garantia Patrimonial*

Importa realçar que a providência de *habeas corpus* está reservada aos casos de *ilegalidade grosseira, porque manifesta, indiscutível, sem margem para dúvidas*[242], como o são os casos de prisão acima referidos.

Destarte, os fundamentos do *habeas corpus* podem ser conhecidos no âmbito do recurso, porém o contrário já não é admissível.

Por outro lado, é necessário que a ilegalidade da prisão seja actual, atendendo ao momento em que o pedido é apreciado e decidido pelo STJ (neste sentido *vide* os Acs. do STJ, de 06.02.2002 *in* CJ, Ano X, Tomo I, p. 198 e de 26.06.2003 *in* CJ, Ano XI, Tomo II, p. 224).

8.13.3. *Legitimidade, tramitação e decisões possíveis*

A petição de *habeas corpus* pode ser formulada por aquele que se encontre ilegalmente preso[243] (está aqui em causa não só a prisão preventiva como a prisão imposta por condenação) ou por qualquer cidadão no gozo dos seus direitos políticos, naturalmente em benefício daquele que se encontra preso (cfr. o n.º 2, do art. 31.º, da CRP).

De acordo com os ensinamentos de GOMES CANOTILHO/VITAL MOREIRA, trata-se de uma espécie de acção popular de *habeas corpus* (cfr. o art. 52.º, da CRP). Segundo estes Autores *in* "Constituição da República...", Vol. I, p. 509, "Além de corporizar o objectivo de dar sentido útil ao *habeas corpus*, quando o detido não possa pessoalmente desencadeá-lo, essa acção popular sublinha o valor constitucional objectivo do direito à liberdade.".

Tal petição (requerimento) é dirigida, em duplicado, ao presidente do STJ (cfr. o art. 433.º), embora deva ser apresentada à autoridade à ordem da qual a pessoa visada se mantenha presa (cfr. o n.º 1 e o corpo do n.º 2, do art. 222.º).

Compete às secções criminais do STJ, em matéria penal, conhecer dos pedidos de *habeas corpus* em virtude de prisão ilegal (cfr. o art. 11.º, **n.º 4, al. c)** e o art. 36.º, al. f), da LOFTJ). A composição do tribunal na audiência consta do art. 435.º.

Juntamente com a petição (a qual deve conter o fundamento do pedido de *habeas corpus*) deve ser enviado ao STJ toda a informa-

---

[242] Cfr. o Ac. do STJ, de 01.02.2007 *in* CJ, Ano XV, Tomo I, p. 181.

[243] Ou internado (cfr. os arts. 91.º e segs., do CP, no âmbito das medidas de segurança).

ção[244] sobre as condições em que foi efectuada ou se mantém a prisão (cfr. o n.º 1, do art. 223.º).

Uma das características mais significativas da providência de *habeas corpus* é o facto de a mesma impor uma decisão verdadeiramente célere e urgente (já que estão em causa ilegítimas restrições à liberdade).

Concomitantemente, o pedido de *habeas corpus* deve ser decidido pelo STJ no prazo de 8 dias, em audiência contraditória (cfr. o art. 223.º, n.º 2, 1ª parte e os arts. 31.º, n.º 3 e 32.º, n.º 5, ambos da CRP). Refira- -se que este prazo é meramente ordenador, não prevendo a lei nenhuma consequência para o seu incumprimento (o que não significa que fique excluída a possibilidade de responsabilidade disciplinar daquele que provocou tal atraso).

Também o recurso da decisão que tiver decretado, mantido ou subs- tituído, neste caso, a prisão preventiva, pressupõe alguma celeridade, porquanto o mesmo deve ser julgado no prazo máximo de 30 dias, a par- tir do momento em os autos forem recebidos (cfr. o actual **n.º 4**, do art. 219.º).

Em conformidade com o exposto, o n.º 5, do art. 20.º, da CRP, esta- tui que *para defesa dos direitos, liberdades e garantia pessoais, a lei asse- gura aos cidadãos procedimentos judiciais caracterizados pela celeridade e prioridade, de modo a obter tutela efectiva e em tempo útil contra amea- ças ou violações desses direitos.*

De acordo com o art. 223.º, n.os 3, *in fine* e 4, a deliberação sobre a petição de *habeas corpus*[245] deve ser tornada pública e pode ser tomada no sentido de:

a) Indeferir o pedido por falta de fundamento bastante (isto é, se não se fundar em nenhuma das hipóteses previstas nas alíneas do n.º 2, do art. 222.º).

---

[244] Por força dos n.os 3 e 4, do art. 223.º, se da informação constar que a prisão se mantém, o presidente do STJ convoca a secção criminal, que delibera nos 8 dias subse- quentes, notificando o MP e o defensor e nomeando este, se não estiver já constituído. São correspondentemente aplicáveis os arts. 424.º (*Deliberação*) e 435.º (*Audiência*), os quais sofreram alterações com a Lei n.º 48/2007, de 29 de Agosto.

O relator faz uma exposição da petição e da resposta, após o que é concedida a pala- vra, por 15 minutos, ao MP e ao defensor. Seguidamente, a secção reúne para deliberação, a qual é imediatamente tornada pública.

[245] Sobre a possibilidade de a decisão sobre o pedido de *habeas corpus* ser impug- nada, *vide* MANUEL LEAL-HENRIQUES *in* "Medidas de...". ps. 60/61.

Se a petição for julgada manifestamente infundada, o STJ condena o peticionante ao pagamento de uma soma entre 6 e 30 UC (cfr. o n.º 6, do art. 223.º), não obstante o pagamento das custas que forem devidas, nos termos do art. 84.º, do CCJ;

b) Ordenar a colocação imediata do preso à ordem do STJ e no local por este indicado, nomeando um juiz para proceder a averiguações sobre as condições de legalidade da prisão[246]. Tenhamos em atenção que "a matéria de facto sobre que há-de assentar a decisão de *habeas corpus* tem forçosamente de ser certa, ou, pelo menos, estabilizada, sem prejuízo de o STJ poder ordenar algumas diligências de última hora (...) mas sempre sem poder substituir-se a instância de julgamento da matéria de facto, e apenas como complemento esclarecedor de eventuais lacunas de informação do quadro de facto porventura subsistentes, com vista à decisão...".[247];

c) Ordenar a apresentação do preso no tribunal competente e no prazo de 24 horas, sob pena de desobediência qualificada, ou

d) Declarar a ilegalidade da prisão e, se for caso disso, ordenar a libertação imediata do arguido.

Convém sublinhar que, por força do art. 224.º, o incumprimento da decisão do STJ sobre a petição de *habeas corpus*, relativa ao destino a dar à pessoa presa, é punível com as penas previstas no art. 369.º (*Denegação de justiça e prevaricação*), n.ºs 4 e 5, do CP (pena de prisão de 1 a 8 anos e pena de prisão até 2 anos ou pena de multa, respectivamente), conforme o caso.

8.13.4. *Custas Processuais*

Conforme já dissemos, o Dec.-Lei n.º 34/2008, de 26 de Fevereiro, aprovou o Regulamento das Custas Processuais e entrará em vigor no dia 01.09.2008, data em que serão revogados, designadamente, o CCJ e algumas normas do CPC e do CPP[248].

---

[246] Tendo sido ordenadas averiguações nos termos mencionados, deve o relatório ser apresentado à secção criminal, a fim de ser tomada a decisão que ao caso couber dentro do prazo de 8 dias (cfr. o n.º 5, do art. 223.º).

[247] Cfr. o o Ac. do STJ, de 01.02.2007 *in* CJ, Ano XV, Tomo I, p. 181.

[248] Cfr. os arts. 25.º, n.º 2, als. a), b) e c) e 26.º, da parte preambular, do Dec.-Lei n.º 34/2008, de 26.02.

Medidas de Coacção								193

Na senda dessas alterações, estão isentos de custas, entre outros, os arguidos detidos ou sujeitos a prisão preventiva, quando a secretaria do Tribunal conclua pela insuficiência económica nos termos da lei de acesso ao direito e aos tribunais[249], designadamente, nas providências de *habeas corpus*, desde que a situação de prisão ou detenção se mantenha no momento do devido pagamento (cfr. a al. j), do n.º 1, do art. 4.º, do RCP).

No regime actual, no incidente de *habeas corpus* é devida taxa de justiça, segundo os princípios que regem a condenação, entre 1 e 5 UC (cfr. o art. 84.º, do CCJ). Cfr., ainda, os arts. 513.º, n.º 1 e 514.º, n.º 1, quanto à responsabilidade do arguido por custas e encargos, os quais também serão alterados pelo Dec.-Lei n.º 34/2008, de 26.02 (cfr. o art. 6.º, da parte preambular desse diploma).

Todavia, nos termos da 2ª parte, do n.º 2, do art. 522.º, os arguidos presos gozam de isenção nos incidentes que requerem ou a que fizerem oposição[250].

Para além disso, ficam dispensados do pagamento prévio da taxa de justiça, nomeadamente, os arguidos nos *habeas corpus* (cfr. a al. c), do art. 15.º, do RCP).

Jurisprudência

I – Em processo penal, detenção, por contraposição à prisão, corresponde a qualquer privação total, precária e condicional da liberdade, que não resulta, em princípio, de decisão judicial e que se situa entre os momentos da captura e do despacho judicial sobre a sua apreciação e validação e a prisão preventiva;

II – A par da detenção com o âmbito que lhe é atribuído pelo processo penal, a Constituição, na al. c) do n.º 3 do art. 27.º, prevê, como excepção ao princípio do direito à liberdade, "a prisão, detenção ou outra medida coactiva sujeita a controlo judicial, de pessoa que tenha penetrado ou permaneça irregularmente no território nacional ou contra a qual esteja em curso processo de extradição ou de expulsão";

III – Sempre que um cidadão seja vítima duma decisão judicial que, por abuso do poder, afecte a sua liberdade individual, poderá requerer ao STJ a

---

[249] Cfr. a Lei n.º 34/2004, de 29 de Julho, alterada pela Lei n.º 47/2007, de 28 de Agosto.

[250] O n.º 2, do art. 522.º, será revogado pelo Dec.-Lei n.º 34/2008, de 26.02.

providência para que se proceda ao reexame da situação e seja posto fim à situação de ilegalidade;

IV – Não há que procurar eventuais diferenças de regime para justificar a não aplicação pelo STJ da providência de habeas corpus *à situação de detenção para expulsão de cidadão estrangeiro, devendo considerar-se que qualquer restrição à liberdade individual que dimane duma autoridade pública é fundamento bastante para a providência de* habeas corpus;

V – Ocorrendo a detenção de cidadão estrangeiro que entre ou permaneça ilegalmente em Portugal, seguida da sua apresentação ao juiz para aplicação de medida de coacção, se esta for a de detenção em centro de instalação temporária, é dado seguimento pelo SEF ao adequado processo para afastamento desse cidadão estrangeiro;

VI – A norma do n.° 1 do art. 142.° da Lei 23/2007, nomeadamente a expressão "no âmbito de processo de expulsão", não pode ser interpretada independentemente da regra do art. 146.°, devendo entender-se que a detenção faz parte já de tal processo, de que pode constituir o primeiro acto, não fazendo sentido pensar que só há processo de expulsão a partir da comunicação a que se refere o n.° 2 do art. 146.°;

VII – Decorrendo a verificação de perigo de fuga, segundo o despacho judicial, da actividade de alterne *que a requerente exerce, da mobilidade dentro do espaço Schengen e no próprio país, o que é susceptível de dificultar a expulsão, tanto mais que é patente a falta de vontade de regressar ao Brasil, excede em muito os fundamentos do pedido de* habeas corpus, *visto esta providência não ser um recurso, a apreciação de tudo quanto a requerente aduziu no sentido de infirmar a existência de perigo de fuga.*

(Ac. do STJ, de 13.03.2008 *in* www.dgsi.pt (Proc. n.° 08P926))

Numa situação em que:

– na decisão emitida em 12-12-2007, relativamente a um anterior pedido de habeas corpus, *a questão de aplicação da lei no tempo em face da redacção do art. 215.° do CPP, na redacção anterior e posterior à Lei 48/2007, assentava no facto de, em relação à situação do arguido, existir uma decisão de 1.ª instância condenatória numa pena de 6 anos e 3 meses de prisão, confirmada por acórdão do Tribunal da Relação, pelo que a lei antiga se mostrava mais favorável;*

– após a decisão daquele pedido de habeas corpus, *foi proferida, em 07-02-2008, decisão sumária a anular todos os actos praticados no processo de onde a presente providência dimana e «até ao parecer do Ministério Público», o que afectou, de forma irremediável, o acórdão do Tribunal da Relação proferido e confirmativo da decisão de 1.ª instância;*

– não se podendo afirmar que existe uma decisão do tribunal superior a confirmar a decisão de 1.ª instância – pois que a decisão anulada não produz

Medidas de Coacção 195

quaisquer efeitos –, o cotejo a fazer para o efeito de se concluir sobre o regime mais favorável situa-se na diferença entre o ano e seis meses que a actual redacção do art. 215.°, n.° 1, al. d), do CPP fixa como limite para a extinção da prisão preventiva, desde o seu início e sem que tenha existido condenação com trânsito em julgado, e o período de dois anos definido na lei no regime anterior à Lei 48/2007 em relação à mesma situação;

– é liminar a conclusão de que a lei nova tem aplicabilidade imediata ao caso, e que, tendo o requerente sido detido em 28-05-2006, se encontra, neste momento, ilegalmente preso por ter decorrido o prazo máximo de prisão preventiva (1 ano e 6 meses), ilegalidade que derivou de forma directa e imediata da declaração de nulidade decretada em 07-02-2008.

(Ac. do STJ, de 05.03.2008 *in* www.dgsi.pt (Proc. n.° 08P831))

I – A declaração de excepcional complexidade do processo produzia, antes da reforma processual introduzida pela Lei 48/2007, de 29-08, e no âmbito de procedimento pelo crime de tráfico de estupefacientes, atento o disposto no art. 54.°, n.° 3, do DL 15/93, de 22-01, o efeito da aplicabilidade do art. 215.°, n.° 3, do CPP, elevando os prazos de prisão preventiva até 4 anos, elevação ope legis, automática, e que podia ter lugar em qualquer fase processual;

II – O acórdão de fixação de jurisprudência deste STJ com o n.° 2/2004, de 11-02-2004, firmou esse sentido imperativo da lei, mas esse preceito foi expressamente revogado pelo art. 5.°, al. b), da Lei 48/2007, de 29-08, e com essa revogação adveio a caducidade daquele acórdão;

III – Actualmente, a declaração de excepcional complexidade, continuando a ser prevista pela lei nova enquanto pressuposto de elevação, embora em moldes mais reduzidos comparativamente com a antecedente, tem como traço distintivo só poder ser declarada durante a 1.ª instância, por despacho fundamentado, oficiosamente ou a requerimento do MP, ouvidos o arguido e o assistente – art. 215.°, n.° 6, do CPP;

IV – O legislador não forneceu justificação para esse decretamento preclusivo só nessa fase processual, mas alcança-se que a oportunidade da declaração se faz por razões de maior protecção da liberdade individual, coarctando a possibilidade de, noutra fase processual, aquela declaração ter ainda lugar, estimulando a uma maior celeridade processual, desincentivando esse último recurso de elevação do prazo da prisão preventiva;

V – A excepcional complexidade do processo declarada em 1.ª instância à sombra da lei antiga é inteiramente válida e eficaz, pois a lei processual nova aplica-se de imediato a todos os processos pendentes, nos termos do art. 5.°, n.° 1, do CPP, mas salvaguardando as situações em que da sua aplicabilidade resulte quebra da harmonia e unidade dos vários actos do processo, um agravamento sensível da posição do arguido ou uma limitação do seu direito de defesa;

196   *As Medidas de Coacção e de Garantia Patrimonial*

VI – A providência de habeas corpus *tem como pressuposto de facto a prisão efectiva e actual e como fundamento de direito a sua ilegalidade. Prisão efectiva e actual compreende toda a privação de liberdade, quer se trate de prisão sem culpa formada, com culpa formada ou em execução de condenação penal, ou seja, aquela que se mantém na data da instauração da medida e não a que perdeu tal requisito;*

VII – É pacífico o entendimento por parte deste STJ de que o mesmo não pode substituir-se ao juiz que ordenou a prisão em termos de sindicar os seus motivos, com o que estaria a criar um novo grau de jurisdição;

VIII – E a afirmação da inexistência de relação de litispendência ou de caso julgado entre o recurso sobre medidas de coacção e a providência de habeas corpus, *independentemente dos seus fundamentos, em face do estipulado no art. 219.°, n.° 2, do CPP, na alteração trazida pela Lei 48/2007, de 29-08, reforça aquela;*

IX – As leis sobre a prisão preventiva apresentam uma natureza mista, a um tempo de índole processual e substantiva, verdadeiro direito constitucional aplicado, processual penal formal e material, repercutindo-se a alteração dos prazos de duração daquela medida cautelar na liberdade individual, postulando na sua sucessão a determinação da lei de tratamento mais benévolo, nos termos do art. 2.°, n.° 4, do CP;

X – A prisão preventiva a impor ao arguido, já submetido a julgamento, condenado por acórdão de 22-02-2006, não transitado em julgado, pela prática de um crime de tráfico de estupefacientes p. e p. pelo art. 21.°, n.° 1, do DL 15/93, de 22-01, em 5 anos e 6 meses de prisão, à face da lei antiga tinha a duração de 4 anos (art. 215.°, n.°s 1, al. d), 2 e 3, do CPP); a alteração introduzida pela Lei 48/2007, de 29-08, encurtou essa duração para 3 anos e 4 meses;

XI – Encontrando-se longe de se mostrar exaurido o prazo máximo de prisão preventiva, o que terá lugar em 22-06-2009, é de indeferir o pedido de habeas corpus, *por falta de fundamento, nos termos do art. 223.°, n.° 4, al. a), do CPP de sindicância, reservando-a às instâncias em processo ordinário.*

(Ac. do STJ, de 05.03.2008 *in* www.dgsi.pt (Proc. n.° 08P801))

Se o Supremo Tribunal de Justiça já apreciou e indeferiu um pedido de Habeas Corpus, *formulado por um arguido preso preventivamente no âmbito de um determinado Inquérito, a apresentação de uma nova petição de* Habeas Corpus *pelo mesmo interessado, apesar de corridos uns escassos dias relativamente à primitiva petição, com base nos mesmos fundamentos que foram conhecidos e decididos no acórdão, constitui a excepção de caso julgado obstativa do conhecimento do segundo pedido.*

(Ac. do STJ, de 17.01.2008 *in* www.dgsi.pt (Proc. n.° 08P136))

Medidas de Coacção 197

1 – (…);

*2 – A entender-se que não obsta à apreciação do pedido de habeas corpus
a circunstância de poder ser, ou mesmo ter sido, interposto recurso da decisão
que aplicou a medida de prisão preventiva, como resulta agora do n.º 2 do art.
219.º do CPP, deve ser-se especialmente exigente na análise do pedido de* habeas
corpus;

*3 – Se o arguido está em prisão preventiva desde 29-03-2004, foi declarada
a especial complexidade do processo e a incriminação se reporta a um crime
agravado de tráfico de estupefacientes e entretanto foi condenado na pena de 12
anos de prisão, confirmada pela Relação, deve optar-se pela aplicação da redacção do art. 215.º do CPP, anterior à Lei n.º 48/2007, mais favorável ao arguido,
mas não é a prisão ilegal, por não terem ainda decorrido 4 anos.*

(Ac. do STJ, de 17.01.2008 *in* www.dgsi.pt (Proc. n.º 08P200))

1 – Tem entendido o STJ que o habeas corpus, *tal como o configura o
Código de Processo Penal, é uma providência extraordinária e expedita destinada a assegurar de forma especial o direito à liberdade constitucionalmente
garantido, que não um recurso; um remédio excepcional, a ser utilizado quando
falham as demais garantias defensivas do direito de liberdade, para estancar
casos de detenção ou de prisão ilegais;*

*2 – Por isso que a medida não pode ser utilizada para impugnar outras ir-
regularidades ou para conhecer da bondade de decisões judiciais, que têm o
recurso como sede própria para a sua reapreciação, tendo como fundamentos,
que se reconduzem todos à ilegalidade da prisão, actual à data da apreciação
do respectivo pedido: (i) – incompetência da entidade donde partiu a prisão;
(ii) – motivação imprópria; – (iii= – excesso de prazos;*

3 – Mas a entender-se que não obsta à apreciação do pedido de habeas
corpus *a circunstância de poder ser, ou mesmo ter sido, interposto recurso da
decisão que aplicou a medida de prisão preventiva, deve ser-se especialmente
exigente na análise do pedido de* habeas corpus;

*4 – Se o requerente pretende discutir a revogação da suspensão da exe-
cução da pena, com base na nova redacção dada aos arts. 50.º, n.º 1 e 2.º, n.º 4
do C. Penal pela Lei n.º 59/2007. deve fazê-lo no recurso ordinário que interpôs
para a Relação e não na providência extraordinária de Habeas Corpus.*

(Ac. do STJ, de 20.12.2007 *in* www.dgsi.pt (Proc. n.º 07P4815))

I a X – (…);

XI – Pressuposto formal de habeas corpus *é a decisão que determinou a privação de liberdade do detido e não a notificação dessa decisão;*

*XII – Tendo o arguido sido condenado pelo tribunal colectivo, em cúmulo,
na pena de seis anos e três meses de prisão, por dois crimes de furto qualificado,*

198   *As Medidas de Coacção e de Garantia Patrimonial*

previstos e punidos pelos artigos 203° e 204°, n° 2 ai. e) do Código Penal, e, interposto recurso dessa decisão condenatória, para a o Tribunal da Relação, que veio a julgar improcedente o recurso, confirmando a decisão recorrida, não constitui fundamento de habeas corpus *o facto de, na data da apresentação da respectiva petição, não ter ainda sido notificado do acórdão da Relação que decidiu o recurso;*

XIII – Encontrando-se o arguido em prisão preventiva desde 30 de Maio de 2006, o n.° 1, alínea d) e, o n.° 6 do artigo 215.° do Código de Processo Penal, na sua nova redacção, dada pela Lei n.° 48/2007 de 29 de Agosto, vigente a partir de 15 de Setembro, devem ser equacionados por força do artigo 5.° do mesmo diploma legal adjectivo, com a redacção do mesmo preceito anteriormente à vigência da referida Lei n.° 4/82007, com vista á aplicação do regime legal concretamente mais favorável sobre o prazo de duração máximo da prisão preventiva, sendo que art. 215.° do CPP, antes da Lei n.° 48/2007, não continha norma equivalente à introduzida pela mesma Lei no n.° 6 do preceito;

XIV– In casu, o regime concretamente mais favorável, é o da lei antiga ou seja, o art. 215.°, n.° 1 al. d) na redacção anterior da Lei n.° 48/2007, pois que o regime constante da Lei n.° 48/2007, através do n.° 6 do art. 215.° – surge mais gravoso para o arguido, na medida em que lhe amplia o prazo de duração máximo da prisão preventiva de forma a exceder o contemplado na alínea d) do art. 215.° na redacção anterior, a vigente à data da aplicação da medida de coacção, sendo que, no caso concreto, não se verifica situação que implique elevação do prazo da prisão nos termos do n.° 2 e 3 do art. 215.° (redacção anterior à Lei n.° 48/2007); não houve declaração de especial complexidade do processo, nem recurso para o Tribunal Constitucional;

XV – Se o arguido se encontra em prisão preventiva desde 30 de Maio de 2006, é patente, que só atingirá o termo legal dessa medida de coacção em 30 de Maio de 2008, se não tiver havido condenação com trânsito em julgado, sendo por isso manifestamente infundado o presente pedido de habeas corpus.

(Ac. do STJ, de 12.12.2007 *in* www.dgsi.pt (Proc. n.° 07P4643))

I a IV – (…);

V – O novo regime processual penal, aprovado pela Lei 48/2007, de 29-08, introduziu uma alteração substancial ao dispor que a especial complexidade apenas pode ser declarada «durante» a 1.ª instância, o que significa que se cindiu a fase de julgamento em 1.ª instância e fase de recurso;

VI – Não é explicitado o critério positivo que presidiu a tal cisão, mas intuise que o legislador teve a intenção de impedir que sejam os Tribunais Superiores a declarar a especial complexidade do processo;

VII – Assim, perante a nova letra da lei, a possibilidade de declaração de especial complexidade termina quando o processo é remetido ao Tribunal Supe-

rior. É irrelevante para este efeito que o juiz da 1.ª instância declare a excepcional complexidade do processo que se encontra em tramitação noutra instância, pois o que se exige é que a declaração seja «durante» a 1.ª instância e não «pela» 1.ª instância (cf. Ac. do STJ de 11-10-2007);

VIII – Aferir da legalidade do despacho que declarou a excepcional complexidade do processo, tendo esta sido emitida pelo juiz da 1.ª instância, na véspera da entrada em vigor da Lei 48/2007, de 29-08, quando o processo se encontrava já em recurso no Tribunal da Relação, para o que foi devolvido à 1.ª instância para tal efeito, é questão que respeita à aplicação da lei processual penal no tempo (antes da Lei 48/2007 era legalmente admitido tal despacho; depois da entrada em vigor da mesma Lei tal declaração não é admissível);

IX – Ora, de acordo com art. 5.º do CPP, a lei processual penal é de aplicação imediata, sem prejuízo da validade dos actos realizados na vigência da lei anterior, e ressalvadas as situações em que os processos se iniciaram anteriormente à sua vigência quando da sua aplicabilidade imediata possa resultar agravamento sensível e ainda evitável da situação processual do arguido, nomeadamente uma limitação do seu direito de defesa, ou quebra da harmonia e unidade dos vários actos do processo;

X – Assim sendo, e respeitando os efeitos dos actos processuais praticados no domínio de lei anterior, é liminar a conclusão de que a nova lei se aplica à situação do arguido, com as consequentes implicações ao nível da diminuição do prazo de prisão preventiva, e que, relativamente à legalidade da declaração de excepcional complexidade do processo, se aplica a lei vigente no momento da sua prática – tempus regit actum;

XI – Se, face à anterior redacção do CPP, existia entendimento jurisprudencial no sentido de ser admissível que tal declaração fosse emitida pelo juiz de 1.ª instância por devolução do tribunal de recurso, não pode afirmar-se que o mesmo constitui uma manifesta e gritante ilegalidade, susceptível de consubstanciar fundamento de habeas corpus.

(Ac. do STJ, de 28.11.2007 *in* www.dgsi.pt (Proc. n.º 07P4469))

I a III – (…);

IV – Ao decretar a prisão preventiva do arguido sem uma indicação precisa dos concretos factos que o permitiam, embora referindo-se à existência de perigo de fuga e a perigo de perturbação da ordem e tranquilidade públicas, o juiz agiu com abuso do poder, na medida em que desrespeitou grosseira e flagrantemente as normas que prevêem as restrições ao direito à liberdade e, em consequência, violou os direitos constitucionalmente garantidos, mostrando-se preenchido o requisito da al. b) do n.º 2 do art. 222.º do Código de Processo Penal.

(Ac. do STJ, de 27.11.2007 *in* www.dgsi.pt (Proc. n.º 07P4472) e CJ, Ano XV, Tomo III, p. 251)

200   *As Medidas de Coacção e de Garantia Patrimonial*

I – Numa situação em que:
– o peticionante foi condenado em 1.ª instância na pena de 6 anos de prisão, pena esta confirmada pelo Tribunal da Relação;
– por efeito de recurso interposto para o STJ por outros arguidos no processo, foi o acórdão da Relação anulado, por omissão de pronúncia relativamente ao reexame da matéria de facto que lhe foi pedido por um dos recorrentes, anulação que este Supremo Tribunal, com apelo ao disposto no art. 402.º do CP, entendeu aproveitar aos restantes recorrentes e arguidos, com o fundamento de que a nulidade produzida se refere a matéria de facto que se encontra inexoravelmente imbricada na materialidade fáctica que suporta a responsabilidade criminal dos restantes recorrentes e arguidos; conquanto o peticionante não haja interposto recurso para este STJ do acórdão do Tribunal da Relação que confirmou a decisão de 1.ª instância que o condenou na pena de 6 anos de prisão, circunstância que determinou a formação de caso julgado condicional ou sob condição resolutiva em relação ao mesmo e, consequentemente, a alteração da sua situação e estatuto processual, tendo passado de preso preventivo a preso em cumprimento de pena, a verdade é que por efeito do acórdão anulatório (de 21-02-2007) deste Supremo Tribunal, e dado o disposto no n.º 2, al. a), do art. 402.º do CPP, se alterou uma vez mais a sua situação e estatuto processual, encontrando-se de novo em prisão preventiva.
II – De acordo com o regime processual penal anterior à entrada em vigor da Lei 48/2007, de 29-08, o prazo de duração máxima da medida de coacção de prisão preventiva a que o peticionante foi sujeito era de 4 anos – art. 215.º, n.ᵒˢ 1, al. d), 2, al. a), e 3, do CPP;
III – Em face da redacção dada àqueles preceitos pela referida Lei 48/2007, o prazo reduz-se para 3 anos e 4 meses, caso se tenha verificado declaração de especial complexidade em 1.ª instância, e para 2 anos no caso contrário [não sendo caso de aplicação do n.º 6 do art. 215.º do CPP, situação em que o prazo seria de 3 anos, visto que a decisão de 1.ª instância não se mostra confirmada, consabido que o acórdão da Relação que a confirmou foi anulado e, por isso, se tornou ineficaz], *havendo, pois, que aplicar ao caso em apreciação o regime introduzido pela Lei 48/2007, atento o que o art. 5.º da lei adjectiva penal estabelece em matéria de aplicação da lei no tempo;*
IV – Encontrando-se o peticionante preso preventivamente desde 27-11-2003, haja ou não sido feita em 1.ª instância declaração de especial complexidade, mostra-se excedido o prazo daquela medida de coacção, o que significa que aquele se encontra ilegalmente preso desde 15-09-2007, data da entrada em vigor da Lei 48/2007, devendo ser concedido provimento à petição de habeas corpus *e ordenada a imediata libertação do peticionante.*

(Ac. do STJ, de 07.11.2007 *in* www.dgsi.pt (Proc. n.º 07P4209))

I – Com a alteração introduzida pela Lei n.º 48/2007 a especial complexidade do processo apenas pode ser declarada na primeira instância, tendo-se impedido os tribunais superiores de efectuarem essa declaração;

II – Terminando a possibilidade da decisão de especial complexidade do processo, quando este é remetido ao Tribunal Superior, não é possível o Tribunal da Relação remeter à 1ª instância os autos para que seja proferido esse despacho, fundamentando a prorrogação dos prazos da prisão preventiva;

III – Ultrapassados os prazos da prisão preventiva é de aplicar imediatamente o instituto do habeas corpus e restituir o arguido à liberdade.

(Ac. do STJ, de 24.10.2007 *in* CJ, Ano XV, Tomo III, p. 229)

1 – (…);

2 – Tem ultimamente entendido o Supremo Tribunal de Justiça que não obsta à apreciação do pedido de habeas corpus *a circunstância de poder ser, ou mesmo ter sido, interposto recurso da decisão que aplicou a medida de prisão preventiva, o que é reforçado pela nova redacção dada ao art. 219.º do CPP, mas deve ser-se especialmente exigente na análise do pedido de* habeas corpus, *com o acento tónico posto na previsão constitucional, o que vale por dizer na ocorrência de abuso de poder, por virtude de prisão ou detenção ilegal, na protecção do direito à liberdade, reconhecido constitucionalmente, uma providência a decretar apenas nos casos de atentado ilegítimo à liberdade individual – grave e em princípio grosseiro e rapidamente verificável – que integrem as hipóteses de causas de ilegalidade da detenção ou da prisão taxativamente indicadas nas disposições legais que desenvolvem o preceito constitucional, incluindo obrigatoriamente a elencagem dos factos em que se apoia a invocação de tal atentado, incluindo os referentes à componente subjectiva imputada à(s) autoridade(s) ou magistrado(s) envolvido(s).*

(Ac. do STJ, de 18.10.2007 *in* www.dgsi.pt (Proc. n.º 07P3975))

I – (…);

II – A primeira referência é, pois, o respeito da lei, no sentido de respeito pelas condições substantivas e processuais. Mas, ao nível dos fundamentos da providência de habeas corpus, *o que releva não são os juízos, verdadeiramente de julgamento de direito e de facto, quanto à interpretação e verificação dos pressupostos e condições da privação da liberdade, mas a* imediata e directa, patente e grosseira *contrariedade à lei. Daí a enunciação dos fundamentos da providência que o CPP indica, na identificação das causas que possam constituir abuso de poder, em desenvolvimento da projecção constitucional;*

III – Os fundamentos enunciados revelam que a ilegalidade da prisão, que lhes está pressuposta, se deve configurar como violação directa e substancial e em contrariedade imediata e patente da lei: quer seja a incompetência *para orde-*

202 *As Medidas de Coacção e de Garantia Patrimonial*

nar a prisão, a inadmissibilidade substantiva *(facto que não admita a privação de liberdade), ou a directa, manifesta e auto-determinável* insubsistência de pressupostos, *produto de simples e clara verificação material (excesso de prazo);*

IV – Deste controlo estão afastadas todas as condicionantes, procedimentos, avaliação prudencial segundo juízos de facto sobre a verificação de pressupostos, condições, intensidade e disponibilidade de utilização in concreto *dos meios de impugnação judicial. Todas estas condições relevam já dos procedimentos e não da substância, e são, ou podem ser, objecto do exercício do direito aos recursos ordinários previstos na lei de processo e colocados por esta à disposição dos interessados;*

V – Podendo ser objecto – dir-se-ia típico – de recursos ordinários, e tenham estes o efeito que tiverem, ou qualquer que seja a decisão que, em concreto, vier neles a ser proferida, as referidas questões procedimentais estão inteiramente fora do âmbito dos pressupostos, nominados e em numerus clausus, *da providência extraordinária (cf. Ac. do STJ de 16-07-2003, Proc. n.° 2860);*

*VI – Numa situação em que o tribunal decidiu, por despacho não impugnado, que o prazo de duração máxima da prisão preventiva era, no caso, de 3 anos, por tal prazo, ao abrigo do disposto no n.° 4 do art. 215.° do CPP (agora, n.° 5, na numeração introduzida pela Lei 48/2007), ser acrescentado de seis meses, por ter havido recurso(s) para o Tribunal Constitucional, a questão de saber se há ou não lugar a tal acrescento [*por, segundo o peticionante defende, os recursos para o TC não terem sido por si interpostos, tratar-se de recursos interlocutórios e essa actividade não ter determinado qualquer protelamento, retardamento ou atraso na tramitação do processo, nem ter acarretado a realização de qualquer novo acto de inquérito*] não cabe nos limites de discussão e decisão no âmbito de uma providência de* habeas corpus, *que é, assim, de indeferir.*

(Ac. do STJ, de 10.10.2007 *in* www.dgsi.pt (Proc. n.° 07P3775))

I e II – (…);

III – Se na sua petição de habeas corpus *o peticionante manifesta o entendimento de que o tribunal que decretou a prisão preventiva, e que a manteve, o TIC de Lisboa, é incompetente para o efeito, nos termos do art. 47.°, n.ºs 1, als. e) e f), e n.° 4, als. a) e b), da Lei 60/98, de 27-08 (EMP), e do art. 80.°, n.ºs 1 e 2, da Lei 3/99, de 13-01 (LOFTJ), uma vez que lhe são imputados crimes cometidos em distritos judiciais diferentes, e que competente, para a direcção da investigação, seria o Departamento Central de Investigação e Acção Penal (DCIAP) e, para a prática dos actos jurisdicionais, como o decretamento da prisão preventiva, o Tribunal Central de Instrução Criminal (TCIC), não está a invocar a incompetência "material", como pretende, mas sim a incompetência meramente funcional, já que ambos os tribunais, TIC e TCIC, se inserem na jurisdição criminal, divergindo apenas quanto ao âmbito territorial/funcional, tendo este*

Medidas de Coacção

último uma competência territorial mais vasta (nacional), mas apenas para certos tipos de crime;

IV – Contudo, esta situação está fora do âmbito do habeas corpus, *pois a incompetência que se refere na al. a) do n.° 2 do art. 222.° do CPP é, essencialmente, a falta de jurisdição, ou seja, a situação em que a entidade que decidiu a prisão é alguém que não detém poder jurisdicional para intervir e decidir no caso concreto: ser a decisão tomada por alguém que não é juiz, ou por um juiz de jurisdição diferente, ou por um juiz fora do âmbito do processo; em todos esses casos estamos perante um abuso de poder;*

V – Irrelevante se apresenta, assim, em princípio, em termos de habeas corpus, *a competência funcional dos tribunais. A intervenção de juiz diferente do competente segundo as regras da repartição funcional de competências não envolve nenhuma diminuição de garantias para o arguido;*

VI – Só no caso de ser notório que essa intervenção constitui uma "subtracção" deliberada, arbitrária e abusiva da causa ao tribunal competente haverá fundamento para habeas corpus, *pois então essa situação envolve abuso de poder;*

VII – No caso dos autos, o peticionante foi detido e apresentado para interrogatório no TIC de Lisboa, porquanto contra ele foi instaurado um inquérito no DIAP de Lisboa, tendo como objecto um conjunto de crimes radicados territorialmente na comarca de Lisboa, uma vez que todos se enquadram na actividade do arguido enquanto director não executivo da Sociedade…, com sede em Lisboa. Nenhuma infracção foi imputada ao arguido no auto de detenção que explicitamente extravasasse os limites daquela comarca, nem o despacho que indiciou o peticionante pelos crimes de fraude fiscal qualificada, abuso de confiança qualificado, falsificação de documentos, burla qualificada e branqueamento de capitais faz referência a actividades delituosas cometidas fora do âmbito daquela comarca;

VIII – O desenvolvimento da investigação poderá eventualmente conduzir ao alastramento territorial do âmbito da actividade criminosa imputada ao peticionante. Contudo, a intervenção do DIAP de Lisboa, e consequentemente do TIC de Lisboa, obedeceu a regras objectivas – às regras processuais aplicáveis, tendo em conta os elementos então disponíveis, apontando para a prática de infracções na área da comarca de Lisboa –, inexistindo qualquer abuso de poder na intervenção daquele Tribunal;

IX – Não cabe no âmbito desta providência a apreciação da suficiência dos indícios que motivaram a prisão preventiva. Ou seja, não compete ao STJ, em processo de habeas corpus, *indagar se as provas reunidas são ou não suficientes para em concreto fundamentarem a decisão que decreta a prisão preventiva. De igual modo, também não compete a este Supremo Tribunal, no âmbito da mesma providência, avaliar da validade ou invalidade das provas constantes do processo.*

(Ac. do STJ, de 10.10.2007 *in* <u>www.dgsi.pt</u> (Proc. n.° 07P3777))

204 *As Medidas de Coacção e de Garantia Patrimonial*

I a III – (...);

IV – A excepcionalidade da providência, considerou o STJ (cf. Ac. de 20-12-2006, Proc. n.° 4705/06 – 3.ª), não se refere, em certos casos, tanto à subsidiariedade de intervenção, mas mais aos casos em que se impõe uma iminente resposta a um caso de extrema gravidade ou ilegalidade, a que há que pôr termo em nome do respeito pelo valor da liberdade humana (cf. Acs. deste STJ de 21-09-2006, Proc. n.° 3399/06 – 3.ª e de 18-04-2007, Proc. n.° 1430/07 – 3.ª);

V – Resultando dos autos que:

– o despacho que ordenou a natureza urgente do processo, em 08-11-2004, foi notificado à arguida que interpôs, oportunamente, o respectivo recurso;

– por decisão do Tribunal da Relação de Coimbra, de 20-04-2005, foi determinado que "não tendo a recorrente abordado na motivação a questão atinente à aceleração do processo, certo é que o recurso ficou circunscrito à questão da perícia";

– impõe-se concluir que, independentemente do respectivo acerto, tal decisão transitou em julgado;

VI – Não assiste a este STJ o direito de se substituir ao juiz que ordenou a prisão [subsequente à condenação], em termos de sindicar os seus motivos, sob pena de estar a criar um novo grau de jurisdição. Igualmente lhe está vedado apreciar irregularidades processuais a montante ou a jusante da prisão, com impugnação assegurada pelos meios próprios, fora, pois, do horizonte contextual pertinente;

VII – Não cabe na esfera de competência do STJ discutir, em sede de habeas corpus, *se o prazo de interposição de recurso corria em férias judiciais de Verão, mercê da natureza urgente decretada relativamente ao processo, apoiada embora no condicionalismo do art. 103.°, n.° 2, al. b), do CPP, e, como tal, se a arguida, não reagindo contra o trânsito operado naquele período, recolhendo à cadeia para cumprimento definitivo de pena, foi indevidamente privada de liberdade e dos meios de impugnação normal do acórdão condenatório;*

VIII – Tal situação não se subsume a qualquer dos fundamentos de habeas corpus *porque a prisão foi ordenada por um juiz de direito, em obediência a uma sentença condenatória, não se mostrando exaurido o prazo de duração, sendo de afastar que haja sido ordenada por facto pelo qual a lei o proíbe;*

IX – Por outro lado, não se mostra que, face à exequibilidade definitiva da condenação pelo seu trânsito em julgado, alcançado em férias judiciais, atenta a natureza urgente imprimida ao processo, se verifique uma escandalosa, chocante e incontornável privação de liberdade, a que haja que pôr, de imediato, termo, através do excepcional remédio que configura a presente providência.

(Ac. do STJ, de 19.09.2007 *in* www.dgsi.pt (Proc. n.° 07P3333))

Medidas de Coacção

I – A providência de "habeas corpus" visa reagir, de modo imediato e urgente, contra a privação arbitrária de liberdade ou contra a manutenção de uma prisão ilegal, relativamente a situações de gravidade extrema e reveladoras de abuso de poder, ainda que seja possível interpor recurso ordinário da correspondente decisão;
II e III – (...).
(Ac. do STJ, de 16.08.2007 *in* CJ, Ano XV, Tomo III, p. 180)

I – O habeas corpus não é um recurso mas uma providência excepcional destinada a pôr um fim expedito a situações de ilegalidade grosseira, aparente, ostensiva, indiscutível, fora de todas as dúvidas, da prisão;
II – A natureza sumária e expedita deste procedimento não permite que, quando o aspecto jurídico da questão se apresente altamente problemático, o Supremo se substitua ao ânimo leve à instância, ou mesmo à sua própria eventual futura intervenção no csao, por via do recurso ordinário;
III – E, sumariamente, ainda que, de modo implícito, possa censurar aquelas por haverem levado a cabo alguma ilegalidade que importa seja grosseira;
IV – Permanecendo discutível e não consensual a solução jurídica a dar à questão, e estando a mesma sustentada em factualidade indiciária que serviu, inclusive, de base a um despacho de pronúncia (e podendo o despacho que ordenou a prisão preventiva ser sindicado pela via de recurso), não é de atender o requerido habeas corpus.
(Ac. do STJ, de 01.02.2007 *in* CJ, Ano XV, Tomo I, p. 180)

A constatação de que ocorreu a prescrição da pena implica, necessariamente, a da ilegalidade da decisão que determina a privação de liberdade, bem como a da ilegalidade desta mesma situação de privação de liberdade, sendo, por isso, de julgar procedente o pedido de habeas corpus formulado, embora por motivos diversos.
(Ac do STJ, de 13.09.2006 *in* www.dgsi.pt (Proc. n.° 06P3314))

I – O regime do «habeas corpus» previsto no Código de processo penal abrange os casos de privação de liberdade de menores por decretamento de medida tutelar;
II – O decretamento de medida de internamento por um juiz competente para tal, através de decisão motivada em factos integradores de um crime de homicídio e omissão de auxílio, dentro dos prazos legais não configura nenhuma das situações referidas no artigo 222.°, n.° 2 do CPP que possibilita o deferimento do habeas corpus.
(Ac. do STJ, de 08.03.2006 *in* CJ, Ano XIV, Tomo I, p. 208)

206   *As Medidas de Coacção e de Garantia Patrimonial*

I – A providência de "habeas corpus" *visa responder a situações de gravidade extrema ou excepcionais de privação da liberdade, que no caso da prisão ilegal estão taxativamente enumerados no n.° 2 do art. 222.° do Cód. Proc. Penal;*
    II – Para efeitos da al. c) do art. 222.° do Cód. Proc. Penal não se pode considerar inexistente o despacho de pronúncia ou a sentença que venham a ser revogados, ainda que totalmente.
(Ac. do STJ, de 05.05.2005 *in* CJ, Ano XIII, Tomo II, p. 194)

I – A providência de habeas corpus, *enquanto medida excepcional que é, visa reagir de modo imediato e urgente, contra a privação arbitrária da liberdade ou contra a manutenção de uma situação de ofensa à liberdade manifestamente ilegal, numa situação consubstanciador de um verdadeiro abuso de poder;*
    II – Abuso de poder esse que se basta com decisões das quais resulte um erro grosseiro na aplicação do direito;
    III – Enquadra-se em tal situação a decisão que revogou a suspensão da execução da pena de prisão do arguido, partindo do pressuposto de que o mesmo terá praticado um outro crime doloso durante o período daquela suspensão, quando se veio a verificar que esse segundo crime havia sido, na realidade, perpetrado ainda antes daquela sentença condenatória suspensiva da pena.
(Ac. do STJ, de 20.04.2005 *in* CJ, Ano XIII, Tomo II, p. 182)

A não realização do reexame ou o atraso na realização do reexame da subsistência dos pressupostos da prisão preventiva não integra o fundamento previsto na al. c) do n.° 2 do art. 222.° do CPP.
(Ac. do STJ, de 17.02.2005 *in* CJ, Ano XIII, Tomo I, p. 206)

I – Tendo os arguidos sido condenados em comparticipação, a decisão condenatória torna-se efectiva, ou seja, transita em relação aos arguidos que dela não tenham recorrido, aí funcionando o chamado caso julgado parcial;
    II – Desse modo, e não obstante se encontrar recurso pendente em relação a alguns arguidos, aqueles que não interpuseram recurso deixam de estar em regime de prisão preventiva para passarem a estar em regime de cumprimento de pena, muito embora possam ainda vir a beneficiar (no caso de lhes vir a ser favorável) da decisão de tal recurso;
    III – Nesses termos, a situação do arguido que se encontra em tal situação não se enquadra na previsão da al. c) do n.° 2 do art. 222.° do CPP, passando a ser-lhe aplicável, em matéria de prazos, o regime de concessão de liberdade condicional, previsto no art. 61.° do CP.
(Ac. do STJ, de 27.01.2005 *in* CJ, Ano XIII, Tomo I, p. 183)

Medidas de Coacção 207

I – A pessoa entregue em cumprimento de um mandado de detenção europeu não pode ser sujeita a procedimento penal, condenada ou privada de liberdade por uma infracção praticada em momento anterior à sua entrega e diferente daquela que motivou a emissão do mandado de detenção;

II – Tendo o arguido sido detido para responder por determinado e concretizado ilícito, não pode sem observância imperativa das adequadas formalidades legais, ser julgado e punido por outro ou outros crimes anteriores à saída do território português, diversos dos constantes do mandado de detenção europeu;

III – A prisão efectuada em violação destas normas convencionais é ilegal e deve cessar imediatamente.

(Ac. do STJ, de 21.10.2004 *in* CJ, Ano XII, Tomo III, p. 200)

I – A providência excepcional de «habeas corpus» tem carácter excepcional, não, no sentido de constituir expediente de ordem meramente residual, a actuar após o esgotamento da via ordinária de recurso, antes, por se tratar de providência expedita vocacionada para responder a situações de gravidade extrema ou excepcional, independentemente, pois, de aquela via ordinária se encontrar ou não esgotada;

II – Trata-se, em suma, de dar resposta imediata a situações de clamorosa ilegalidade *em que a resposta da legalidade – como é o caso da prisão ilegal taxada no termo do n.° 2 do artigo 222.° do CPP – assume carácter de urgência;*

III – Assim, nem todas as eventuais ilegalidades de que possa sofrer o decretamento da prisão podem ser objecto de tal procedimento de excepção, ficando reservado para as demais, (as que não cabem no rótulo de «grosseiras»), o recurso às vias ordinárias ou comuns de impugnação;

IV – A existência de erro de direito na decisão não a coloca necessariamente sob a alçada de «abuso de poder», já que, para tanto, importaria que o juiz exorbitasse dos poderes que a lei lhe confere «para o exercício da sua actividade». (Ac. do STJ, de 09.09.2004 *in* CJ, Ano XII, Tomo III, p. 157)

I – Tendo sido requerida ao juiz do processo, que se encontra já em fase do julgamento, a libertação do arguido com base no facto de os prazos de prisão preventiva estarem excedidos e, tendo sido indeferido tal pedido, por se entender que os prazos de prisão preventiva deveriam ser elevados nos termos dos n.os 2 e 3 do art. 215.° do CPP, não se verifica, de forma imediata, uma situação de "prisão ilegal", sendo inadequada a providência do habeas corpus*;*

II – Apenas nos casos em que a decisão judicial enferme de "erro grosseiro" ou "erro grave na aplicação do direito" é admissível o pedido de habeas corpus*, já que este não é o meio adequado para se discutirem decisões judiciais*

208 As Medidas de Coacção e de Garantia Patrimonial

com as quais o requerente não concorda, ainda que com base em jurisprudência diversa da defendida naquela decisão judicial.
(Ac. do STJ, de 16.12.2003 *in* CJ, Ano XI, Tomo III, p. 246)

I – Havendo condenação transitada em julgado, pela prática de crimes puníveis com pena de prisão, não se pode verificar a situação prevista na al. b) do n.° 2 do art. 222.° do CPP, ou seja, não estamos perante "um facto" que não admite prisão, ainda que seja invocado erro na identidade do arguido;
II – Não é admissível a realização de diligências probatórias perante o STJ, mesmo no âmbito do pedido de habeas corpus.
(Ac. do STJ, de 16.12.2003 *in* CJ, Ano XI, Tomo III, p. 249)

I – O habeas corpus *é uma providência extraordinária e expedita destinada a assegurar, de forma especial, o direito à liberdade constitucionalmente garantido, e não um recurso que vise submeter ao S.T.J. a reapreciação da decisão das instâncias à ordem de quem o requerente está preso;*
II – Para que tal providência possa merecer acolhimento torna-se, ainda, necessário, para além da verificação dos respectivos pressupostos fixados na lei, que a ilegalidade da prisão seja actual, devendo essa actualidade reportar-se ao momento em que é apreciado o pedido que lhe corresponde.
(Ac. do STJ, de 26.06.2003 *in* CJ, Ano XI, Tomo II, p. 224)

I – O abuso de poder em que se funda a prisão ilegal não tem que ser intencional, bastando-se com um erro grosseiro na aplicação do direito, de modo que se possa dizer que existe uma ilegalidade clara;
II – Verifica-se um erro grosseiro quando se fundamenta uma prisão com base na alusão a uma situação factual que manifestamente não ocorreu e partindo-se da suposição de que, realizado o cúmulo jurídico, a pena única deixará de ser suspensa.
(Ac. do STJ, de 07.05.2003 *in* CJ, Ano XI, Tomo II, p. 168)

Não constitui fundamento de habeas corpus *a interpôr para o STJ o excesso de prazo de apresentação do arguido ao JIC, e bem assim a alegação de sujeição a torturas físicas ou psíquicas ou de ameaças de morte, e nem sequer ainda a alegada ausência de um defensor oficioso ou de um intérprete aquando do 1.° interrogatório judicial do arguido.*
(Ac. do STJ, de 29.01.2003 *in* CJ, Ano XXVIII, Tomo I, p. 175)

I – A providência de habeas corpus, *pela sua natureza e finalidade, é caracterizada pelo princípio da actualidade, no sentido de que só é de decretar se no*

Medidas de Coacção   209

momento da decisão se verificar ou persistir uma situação de prisão fundada em
ilegalidade proveniente de alguma das circunstâncias enumeradas na lei;
II – O facto de não ter sido estritamente respeitado o prazo a que alude o
art. 213.° do CPP, para reexame dos pressupostos da prisão preventiva, não
constitui, "de per si", fundamento para aquela providência.
(Ac. do STJ, de 06.02.2002 in CJ, Ano X, Tomo I, p. 198)

Impõe-se a procedência do pedido de habeas corpus, *com a imediata libertação do cidadão a quem foi aplicada a medida de internamento, entretanto reduzida no seu limite máximo em virtude da amnistia, se a privação da liberdade
daquele exceder já o limite máximo da pena correspondente ao tipo de crime por
ele cometido.*
(Ac. do STJ, de 29.11.2001 in CJ, Ano IX, Tomo III, p. 225)

I – A providência de "habeas corpus" *é aplicável, por analogia, aos casos
de privação da liberdade resultante da medida de internamento decorrente da
prática de facto ilícito típico por inimputável;
II – Esse internamento não pode exceder o limite máximo da pena correspondente ao tipo de crime cometido, sem dedução dos perdões genéricos que,
entretanto, tenham sido concedidos.*
(Ac. do STJ, de 30.10.2001 in CJ, Ano IX, Tomo III, p. 202)

Não é impeditivo da providência de habeas corpus *a admissibilidade de
recurso, ou a sua pendência, da decisão que determinou a prisão.*
(Ac. do STJ, de 03.07.2001 in CJ, Ano IX, Tomo II, p. 241)

*Havendo fundadas dúvidas sobre a identidade do detido, que perante o juiz
que validou a prisão preventiva alegou ser inferior a 16 anos, deve o Tribunal
– no caso, o STJ – antes de mais, mandar colocar o preso à sua ordem e em local
apropriado do Estabelecimento Prisional e proceder ou ordenar, consoante os
casos, a diligências urgentes que se imponham, protraindo a decisão (no caso,
do pedido de* habeas corpus*) para depois de obtidos os resultados dessas diligências.*
(Ac. do STJ, de 22.03.2001 in CJ, Ano IX, Tomo I, p. 256)

*I – Os prazos máximos estipulados por lei para a prisão preventiva são os
previstos no art. 215.° do CPP, não sendo aí abrangido o prazo de 48 horas para
o primeiro interrogatório judicial de arguido detido;
II – O interrogatório judicial de arguido que não se tenha realizado no
prazo de 48 horas após a sua detenção, na sequência de mandados de captura*

210   *As Medidas de Coacção e de Garantia Patrimonial*

internacionais para cumprimento de prisão preventiva, não se enquadra em nenhuma das situações de prisão ilegal do art. 222.°, n.° 2, al. c), do CPP, pois aqui apenas se visam os casos em que se ultrapassam os prazos de prisão fixados por lei ou por decisão judicial.
(Ac. do STJ, de 04.03.2000 *in* CJ, Ano VIII, Tomo I, p. 225)

8.14. *Indemnização por privação da liberdade ilegal ou injustificada*

8.14.1. *Nota prévia*

A liberdade do ser humano, para além de ser um direito constitucionalmente protegido, é um dos direitos estruturantes da sua personalidade e, como tal, só em situações que possuam carácter excepcional é que pode ser restringida ou limitada[251], *devendo as restrições limitar-se ao necessário para salvaguardar outros direitos ou interesses constitucionalmente protegido* (cfr. o n.° 2, do art. 18.°, da CRP).

Ao abrigo do disposto no n.° 1, do art. 27.°, da CRP, *todos têm direito à liberdade e à segurança,* todavia e porque o direito à liberdade não é um direito absoluto, a Constituição consagra nos n.ᵒˢ 2 e 3, als. a) a h), do mesmo dispositivo, excepções a esta regra, legitimando a privação da liberdade *pelo tempo e nas condições que a lei determinar,* entre outros, nos casos de detenção ou de prisão preventiva[252].

Um dos meios específicos de garantia que o legislador constitucional coloca à disposição daquele que se vê ilegalmente privado da sua liberdade (sendo a privação determinada por autoridade pública) é a providência de *habeas corpus* (cfr. o art. 31.°, da CRP e os arts. 220.° e segs.).

Para além disso, a privação da liberdade de uma pessoa contra o disposto na CRP e na lei constitui o Estado *no dever de indemnizar o lesado*

---

[251] Quando uma pessoa é privada da sua liberdade (por força de prisão ou detenção), de forma a garantir mais eficazmente o seu direito de defesa, deve ser informada imediatamente e de forma compreensível das razões dessa privação e dos respectivos direitos que lhe assistem (cfr. o n.° 4, do art. 27.°, da CRP).

[252] Por força do n.° 2, do art. 27.°, da CRP, *Ninguém pode ser total ou parcialmente privado da liberdade, a não ser em consequência de sentença judicial condenatória pela prática de acto punido por lei com pena de prisão ou de aplicação judicial de medida de segurança.*

Medidas de Coacção 211

nos termos que a lei estabelecer (cfr. o n.° 5, do art. 27.°, da CRP e o n.° 5, do art. 5.°, da CEDH)[253].

Por sua vez, o art. 22.°, ainda da Lei Fundamental, reportando-se à responsabilidade civil ou patrimonial do Estado e das demais entidades públicas, estipula que estes *são civilmente responsáveis, em forma solidária com os titulares dos seus órgãos, funcionários ou agentes, por acções ou omissões praticadas no exercício das suas funções e por causa desse exercício, de que resulte violação dos direitos, liberdades e garantias ou prejuízo para outrem*[254].

O sentido geral desta última norma constitucional, segundo o entendimento de GOMES CANOTILHO/VITAL MOREIRA *in* "Constituição da República...", Vol. I, p. 426, é "consagrar o **princípio da responsabilidade dos poderes públicos** (Estado e demais entidades públicas) pelos prejuízos causados por acções ou omissões dos titulares dos seus órgãos, lesivas de direitos e interesses dos particulares.".

Acolhendo ainda o pensamento destes Autores (*ob. cit.*, p. 430), no âmbito normativo deste preceito, cabe a *responsabilidade do Estado por facto de função jurisdicional* a qual se reporta, designadamente, à responsabilidade dos juízes e à responsabilidade pelo funcionamento da justiça "desde que seja possível recortar no exercício destas funções os pressupostos de culpa, ilicitude e nexo de causalidade, indispensáveis para a efectivação da responsabilidade civil do Estado.".

Directamente conectada com este tema estão as normas previstas no art. 501.°[255], do CC, nos arts. 225.° e 226.°, do CPP, bem como a Lei n.° 67/2007, de 31 de Dezembro, a qual aprova o regime da responsabilidade civil extracontratual do Estado e das demais entidades públicas, revogando assim o já antigo Dec.-Lei n.° 48 051, de 21 de Novembro de 1967.

Convém ainda destacar os arts. 12.° a 14.°[256], do Anexo à referida

---

[253] Paralelamente, também os cidadãos injustamente condenados têm direito à revisão da sentença e à indemnização pelos danos sofridos (cfr. o n.° 6, do art. 29.°, da CRP).

[254] Cfr., ainda, os arts. 165.° (*Reserva relativa de competência legislativa*), n.° 1, al. s) e 271.° (*Responsabilidade dos funcionários e agentes*), ambos da CRP.

[255] Cujo teor é o seguinte: *O Estado e demais pessoas colectivas públicas, quando haja danos causados a terceiro pelos seus órgãos, agentes ou representantes no exercício de actividades de gestão privada, respondem civilmente por esses danos nos termos em que os comitentes respondem pelos danos causados pelos seus comissários.*

[256] Nos termos do regime geral previsto no art. 12.°, desse diploma legal, salvo o disposto nos arts. 13.° e 14.°, *é aplicável aos danos ilicitamente causados pela admnis-*

212 As Medidas de Coacção e de Garantia Patrimonial

Lei n.º 67/2007, respeitantes à *responsabilidade civil por danos decorrentes do exercício da função jurisdicional*.

Referindo-se à responsabilidade por erro judiciário, o n.º 1, do art. 13.º, desse diploma legal, impõe que, sem prejuízo do regime especial aplicável aos casos de sentença penal condenatória injusta (cfr. o n.º 6, do art. 29.º, da CRP) e de privação injustificada da liberdade (cfr. o n.º 5, do art. 27.º, da CRP), *o Estado é civilmente responsável pelos danos decorrentes de decisões jurisdicionais manifestamente inconstitucionais ou ilegais ou injustificadas por erro grosseiro na apreciação dos respectivos pressupostos de facto*.[257]

Portanto, tratando-se de privação injustificada da liberdade (que é a matéria objecto do nosso estudo), vale o regime jurídico específico previsto no n.º 5, do art. 27.º, da CRP e as normas contidas nos arts. 225.º e 226.º, do CPP.

8.14.2. Modalidades

Conforme supra referido, a Constituição prevê um dever de indemnizar que impende sobre o Estado, cabendo ao legislador ordinário a fixação dos termos dessa indemnização.

Dando cumprimento à norma prevista no n.º 5, do art. 27.º, da Lei Fundamental, o legislador processual penal consagrou nos **n.ºs 1 e 2**, do art. 225.º, que quem tiver sofrido detenção (cfr. os arts. 254.º e segs.), prisão preventiva <u>ou obrigação de permanência na habitação</u>[258] pode requerer, perante o tribunal competente, indemnização pelos danos sofridos quando observada uma das circunstâncias seguintes[259]:

---

tração da justiça, designadamente por violação do direito a uma decisão judicial em prazo razoável, o regime da responsabilidade por factos ilícitos cometidos no exercício da função admnistrativa.

O art. 14.º refere-se à responsabilidade dos magistrados (judiciais e do MP).

[257] Por sua vez, o n.º 2, ainda do art. 13.º, do citado diploma legal, acrescenta que *o pedido de indemnização deve ser fundado na prévia revogação da decisão danosa pela jurisdição competente*.

[258] Ou internamento preventivo (cfr. os arts. 202.º, n.º 2 e 211.º, n.º 2 *in fine*).

[259] Quanto à questão de saber se um arguido que foi preso preventivamente, mas que vem a ser absolvido, a final, deve ou não ser indemnizado pelo Estado pela privação da sua liberdade, *vide* CATARINA VEIGA *in* "Revista do Ministério Público", n.º 97, ps. 31 e segs. e JOÃO CASTRO E SOUSA *in* "Boletim do Ministério da Justiça", n.º 337, p. 58.

a) A privação da liberdade for ilegal, nos termos do n.º 1, do art. 220.º ou do n.º 2, do art. 222.º (*v. g.*, promoção dolosa de um juiz; prisão preventiva por crime a que corresponda pena de prisão de máximo inferior a 3 anos; prisão preventiva para além dos prazos de duração máxima, cfr. os arts. 202.º, n.º 1, als. a) e b) e 215.º);

b) A privação da liberdade se tiver devido a erro grosseiro na apreciação dos pressupostos de facto de que dependia (neste caso, o dever de indemnizar cessa se o arguido tiver concorrido, por dolo ou negligência, para a privação da sua liberdade) ou

c) Se comprovar que o arguido não foi agente do crime ou actuou justificadamente (o que se verificará sempre que ocorra alguma causa de ilicitude ou da culpa, cfr. os arts. 31.º e segs., do CP). Neste caso, cessa igualmente o dever de indemnizar se o arguido tiver concorrido, por dolo ou negligência, para a privação da sua liberdade.

Para que se verifique o dever de indemnizar, para além do preenchimento de um dos pressupostos supra enunciados, é ainda necessário a ocorrência de prejuízos susceptíveis de reparação, bem como o nexo de causalidade entre a acção (acto que fez desencadear a privação da liberdade) e o resultado (danos)[260]. Cfr. os arts. 342.º (*Ónus da prova*), n.º 1, 483.º (*Princípio geral*), n.º 1 e 562.º e segs., quanto à obrigação de indemnização, todos do CC.

Importa realçar que não é qualquer erro que configura o direito de indemnização, mas apenas o erro grosseiro e também o temerário, *entendido o primeiro como o erro indesculpável, no sentido de escandaloso, crasso ou intolerável, em que não teria caído um juiz minimamente cuidadoso, dotado dos conhecimentos técnico-deontológicos médios, e o segundo como aquele em que as circunstâncias aconselhavam outro acto e que, ao ser praticado, lesou gravemente os direitos de personalidade do arguido, designadamente quanto é evidente que essa lesão é desproporcionada em confronto com as vantagens que permitiu*[261].

Na opinião de Luís Guilherme Catarino *in* "A Responsabilidade do Estado...", p. 369, o erro grosseiro "não pode ser restringido ao erro inerente ao juízo do agente. Será igualmente erro grave na actividade inves-

---

[260] *Vide* M. Simas Santos/M. Leal Henriques *in* "Código de Processo...", Vol. I, p. 1087.

[261] *Vide* o Ac. do STJ, de 19.10.2004 *in* CJ, Ano XII, Tomo III, p. 74.

214   *As Medidas de Coacção e de Garantia Patrimonial*

tigatória do Estado todo aquele que se traduza no afastamento do princípio da presunção de inocência, através de uma medida de coacção violadora da liberdade individual, se não se verifica afinal qualquer crime, ou se se prova que inexistiu aquela autoria ou cumplicidade.".

Alterações introduzidas pela Lei n.º 48/2007, de 29 de Agosto

O regime processual penal previsto no art. 225.º foi afectado com a entrada em vigor do citado diploma.

No actual regime, para além daquele que tiver sofrido de detenção e prisão preventiva, também a pessoa que tiver sido objecto de aplicação da medida de obrigação de permanência na habitação pode formular pedido de indemnização (cfr. corpo do n.º 1, do art. 225.º). Estamos perante a concretização de uma reforma defendida pela nossa doutrina.

Por outro lado, ao n.º 1, do art. 225.º, foram acrescentadas as alíneas a), b) e c), as quais, de forma mais abrangente do que no regime anterior, se reportam aos factos constitutivos do direito à indemnização pelos danos sofridos.

Por fim, o n.º 2, do art. 225.º, vem excepcionar o dever de indemnizar se o arguido ti ver concorrido, por dolo ou negligência, para a privação da sua liberdade.

8.14.3. *Legitimidade e prazo*

A indemnização pelos danos sofridos com a privação da liberdade deve ser requerida por quem tiver sido, ilegal ou injustificadamente, privado da liberdade.

Todavia, nos termos da 1ª parte, do n.º 2, do art. 226.º, em caso de morte e desde que não tenha havido renúncia ao direito, pode a indemnização ser requerida pelas pessoas seguintes: cônjuge não separado de pessoas e bens, descendentes e ascendentes.

De notar que a indemnização arbitrada às pessoas que a houverem requerido não pode, no seu conjunto, ultrapassar a que seria arbitrada ao detido ou preso, se fosse ele a requerê-la (cfr. a 2ª parte, do n.º 2, do art. 226.º).

O pedido de indemnização deve ser proposto no prazo de 1 ano a partir do momento em que o detido ou preso (ou <u>aquele que esteve sujeito a medida de obrigação de permanência na habitação</u>) foi liber-

Medidas de Coacção 215

tado[262] ou foi definitivamente extinto o processo penal respectivo, isto é, depois do trânsito em julgado da sentença (cfr. o n.º 1, do art. 226.º).

Salientemos que, conforme expressão legal, o pedido de indemnização não pode, *em caso algum*, ser proposto decorrido que seja esse prazo de 1 ano.

Estamos perante um prazo de caducidade da acção indemnizatória (cfr. o n.º 2, do art. 298.º, do CC[263]), prazo esse *perfeitamente adequado e suficiente para o exercício do direito*.

Acresce que este direito integra-se na responsabilidade civil extra-contratual, a qual assenta em contornos específicos, *pois o lesado conhece imediatamente a identidade do responsável e a extensão dos danos, iniciando-se a contagem do prazo, em regra, em momento posterior ao do conhecimento dos elementos necessários à propositura da acção*[264].

Fora dos casos de sentença penal condenatória injusta e de privação injustificada da liberdade (os quais contêm um regime especial, conforme exposição supra), *o Estado é civilmente responsável pelos danos decorrentes de decisões jurisdicionais manifestamente inconstitucionais ou ilegais ou injustificadas por erro grosseiro na apreciação dos respectivos pressupostos de facto* (cfr. o n.º 1, do art. 13.º, do Anexo da Lei n.º 67/ /2007, de 31 de Dezembro). Nesse caso, o direito à indemnização prescreve no prazo de 3 anos (cfr., conjugadamente, os arts. 5.º, do Anexo da Lei n.º 67/2007, de 31 de Dezembro e o art. 498.º, do CC).

A propósito da competência para apreciar o pedido de indemnização, MAIA GONÇALVES *in* "Código de Processo...", p. 517, anot. 3, anota que estamos perante a "responsabilidade do Estado por actos de gestão pública, mas integrados na função judicial do Estado, daí que a competência pertença ao foro comum, e não ao administrativo...".

Jurisprudência

1. Nos termos conjugados dos arts. 22.º da Constituição e 225.º, n.º 2, do Código de Processo Penal, o Estado é civilmente responsável por actos pratica-

---

[262] Por exemplo, em virtude da providência de *habeas corpus*.

[263] É do seguinte teor a norma referida: *Quando, por força da lei ou por vontade das partes, um direito deva ser exercido dentro de certo prazo, são aplicáveis as regras da caducidade, a menos que a lei se refira expressamente à prescrição.*

[264] Cfr. o Ac. do STJ, de 08.03.2005 *in* CJ, Ano XIII, Tomo I, p. 123.

216 *As Medidas de Coacção e de Garantia Patrimonial*

dos no exercício da função jurisdicional de que resulte a violação dos direitos, liberdades e garantias ou prejuízo para outrem, desde que tais acções ou omissões tenham sido determinadas por erro grosseiro;

2. Erro grosseiro para este efeito é todo aquele que se mostrar um erro indesculpável, palmar, crasso, evidente, consagrando soluções absurdas, graves e claramente arbitrárias que demonstrem sem margem para dúvidas a negligência culposa do agente;

3. A decisão jurisdicional que determina a prisão preventiva de arguido condenado a uma pena de prisão efectiva de 18 meses pelo crime de corrupção activa, fundada apenas no facto de ter havido condenação e de o arguido não ter confessado a infracção, além de outras circunstâncias acessórias de menor relevo é errada e incorrecta, fundando-se numa concepção autoritária do Direito Penal e numa apreciação exageradamente severa da personalidade do arguido;

4. Tal decisão, porém, embora incorrecta, não enferma de erro grosseiro, fundando-se em critérios sem dúvida polémicos, mas que informam muitas outras decisões judiciais que assentam nos mesmos fundamentos e pressupostos.

(Ac. da RL, de 14.02.2008 *in* www.dgsi.pt (Proc. n.º 9427/2007-8))

1. O erro significa o engano ou a falsa concepção acerca de um facto ou de uma coisa, distinguindo-se da ignorância porque esta se traduz essencialmente na falta de conhecimento;

2. O erro grosseiro de facto e ou direito na apreciação judicial dos pressupostos de facto da prisão preventiva é o indesculpável ou inadmissível, porque o juiz podia e devia consciencializar o engano que esteve na origem da sua decisão que a determinou;

3. A circunstância de o recorrente ter sido absolvido a final por falta de prova do cometimento do crime por que foi pronunciado é insusceptível, só por si, de revelar o referido erro;

4. Inverificado o facto lícito da prisão preventiva, não incorre o Estado em responsabilidade civil extracontratual no confronto de que quem a ela foi sujeito.

(Ac. do STJ, de 29.01.2008 *in* www.dgsi.pt (Proc. n.º 08B84))

I – O art. 20.º da CRP consagra o direito de acesso ao direito e à tutela jurisdicional efectiva, ele mesmo um direito fundamental – como tal directamente aplicável e vinculando entidades públicas e privadas (art. 18.º da CRP) – que constitui garantia imprescindível da protecção de direitos fundamentais;

II – Nele se inclui, como previsto no n.º4, o direito à decisão da causa num prazo razoável, isto é, sem dilações indevidas, o que consubstancia um direito constitucionalmente consagrado, com carácter autónomo ou como dimensão constitutiva do direito à tutela judicial, que pertence a todos os particulares que

Medidas de Coacção 217

sejam parte num processo judicial e que tem como destinatários passivos todos os órgãos do poder judicial;

III – O Tribunal Europeu dos Direitos do Homem tem entendido que a Convenção Europeia dos Direitos do Homem contém uma obrigação de resultado, estando os Estados obrigados a tomar as medidas organizatórias aptas a obviar à violação das suas normas, dificilmente podendo, em tal quadro, considerar-se causas justificativas do "atraso" as insuficiências materiais e humanas (tribunais, pessoas, organizações) ou as deficiências regulativas do processo;

IV – É predominante na doutrina o entendimento de que é necessário que se verifique um prejuízo para que haja efectivamente responsabilidade do Estado, nos termos do art. 22.° da CRP, mesmo no caso de violação de direitos liberdades e garantias.

(Ac. da RP, de 19.12.2007 *in* www.dgsi.pt (Proc. n.° 0735728))

1. A circunstância de o autor haver accionado o Instituto de Medicina Legal e dois dos seus médicos por terem contribuído pericialmente para a prisão preventiva ilegal decretada pelo juiz de instrução não exclui a aplicação do disposto artigo 225.° do Código de Processo Penal;

2. O conhecimento do direito por parte do lesado a que se reporta o n.° 1 do artigo 498.° do Código Civil não é jurídico, mas dos factos constitutivos do direito, ou seja, os que foram praticados por outrem e lhe geraram os danos;

3. O prazo a que se reporta o n.° 1 do artigo 226.° do Código de Processo Penal é de natureza substantiva, de caducidade – não de prescrição;

4. O referido prazo não se suspende nem interrompe, e só a instauração da acção de indemnização baseada na privação da liberdade em actos processuais penais impede o funcionamento da excepção peremptória.

(Ac. do STJ, de 01.03.2007 *in* www.dgsi.pt (Proc. n.° 06B4207))

I – O art. 22.° da Constituição da República Portuguesa consagra a responsabilidade do estado por danos resultantes do exercício das funções politicas, legislativa e jurisdicional;

II – O direito reconhecido pelo art. 22.° da CRP, independentemente da existência da lei ordinária que o concretize, beneficia do regime estabelecido no art. 18.° da Lei Fundamental para os preceitos constitucionais respeitantes aos direitos, liberdades e garantias, designadamente quanto á sua aplicação directa;

III – A responsabilidade civil extracontratual do Estado-Juiz, assenta na culpa do Juiz, motivo pelo qual não se verificando este requisito, não há lugar a responsabilidade objectiva do Estado;

IV – O erro de direito praticado pelo juiz só poderá constituir fundamento de responsabilidade civil do estado quando seja grosseiro, evidente, crasso, palmar, indiscutível e de tal modo grave que torne a decisão judicial numa decisão

218   As Medidas de Coacção e de Garantia Patrimonial

claramente arbitrária, assente em conclusões absurdas, demonstrativa de uma actividade dolosa ou gravemente negligente.
(Ac. do STJ, de 15.02.2007 *in* www.dgsi.pt (Proc. n.º 06B4565))

I – Embora houvessem indícios bastantes da prática do crime pelo arguido (autor), não deixou de haver erro grosseiro por a validação da captura assentar em meros juízos abstractos, não concretizados em factos, tal como o art. 204.º, do CPP exige e supondo que o seu cumprimento teria tornado desnecessária a prisão;
II – Não é concebível que o autor/ex-arguido ganhe nas duas frentes, como seria o caso de, apenas pelas maiores exigências do processo penal, ter sido bafejado por uma absolvição materialmente injusta e, cumulativamente, se arrogar agora ao direito a uma indemnização pelo tempo passado na prisão. Há que provar, portanto, que a prisão preventiva foi efectivamente injusta, por o arguido estar completamente inocente.
(Ac. da RL, de 16.11.2006 *in* www.dgsi.pt (Proc. n.º 7414/06-2))

Será manifestamente ilegal a prisão preventiva (art. 225 n.º 1 CPP) quando levada a cabo por entidade desprovida de competência legal, fora do exercício das suas funções, sem precedência de processo próprio, com violação dos deveres deontológicos ou nos casos em que a lei a não admite.
O prazo de um ano previsto no art. 226 CPP, conta-se: a) Desde a libertação, no caso de prisão manifestamente ilegal; b) Desde a decisão definitiva do processo, no caso de prisão preventiva injustificável por erro grosseiro, pois que só findo o processo é que verdadeiramente se pode concluir pela existência de «erro grosseiro».
(Ac. da RL, de 30.06.2005 *in* www.dgsi.pt (Proc. n.º 3874/2005-6))

I – O art. 22.º da CRP visa a responsabilidade do Estado por danos resultantes do exercício das funções política, legislativa, administrativa e jurisdicional, sem prejuízo da relação de especialidade em que, relativamente àquele, se encontra o art. 27.º, n.º 5, da Lei Fundamental, que impõe o dever de indemnizar quem for lesado por privação ilegal da liberdade, nos termos da lei, regulando esta, por sua vez, através do art. 225.º do CPP, as situações conducentes a indemnização por prisão ilegal ou injustificada;
II – O mesmo art. 22.º abrange quer a responsabilidade do Estado por actos ilícitos, quer por actos lícitos, quer pelo risco;
III – O art. 22.º da CRP, com a ressalva do seu art. 27.º, n.º 5, é directamente aplicável, mas os requisitos do dano e da medida da indemnização deverão estabelecer-se através de lei concretizadora, podendo recorrer-se às normas legais relativas à responsabilidade patrimonial da administração;

IV – O regime previsto no Dec.-Lei 48.051, de 21/11/67, é a lei concretizadora cuja disciplina cabe no âmbito do citado art. 22.°;

V – Tendo o arguido sofrido danos morais e restrições à sua livre circulação, por ter sido recebida a acusação e sujeito a termo de identidade e residência, e tendo sido absolvido no julgamento, mas baseando-se a acusação em indícios suficientes, não há culpa funcional do M.° P.° na sua dedução, nem dever do Estado de indemnizar o arguido, com base na responsabilidade extracontratual por factos ilícitos;

VI – O Estado também não tem a obrigação de indemnizar com fundamento na responsabilidade por facto lícito, por os danos apurados não serem "especiais" e "anormais", nos termos do art. 9.°, n.° 1, do citado Dec.-Lei 48.051.
(Ac. do STJ, de 29.06.2005 *in* CJ, Ano XIII, Tomo II, p. 147)

I – A acção judicial para indemnização por prisão preventiva, baseada em erro grosseiro na apreciação dos pressupostos de facto e no quadro previsto no artigo 225.° do Código de Processo Penal, só pode ser intentada contra o Estado;

II – O denunciante do processo em que aquela prisão teve lugar não tem legitimidade passiva para tal acção de indemnização, uma vez que, no caso de erro grosseiro e qualquer que tenha sido a sua actuação, ela não é a causa adequada do despacho errado;

III – O prazo de caducidade para a propositura da acção, previsto no artigo 226.° do CPP, não padece de inconstitucionalidade, designadamente por violação do princípio da igualdade em razão de um pretenso tratamento de favor do Estado.
(Ac. do STJ, de 08.03.2005 *in* CJ, Ano XIII, Tomo I, p. 123)

I – O art. 22.° da Constituição estabelece o princípio geral de directa responsabilidade civil do Estado, impondo o art. 27.°, n.° 5, numa relação de especialidade com aquele, o dever de indemnizar quem for lesado por privação ilegal da liberdade, nos termos da lei, regulando esta, por sua vez, através do art. 225.° do CPP, as situações conducentes a indemnização, por privação da liberdade, ilegal ou injustificada;

II – Não é qualquer erro que configura o direito de indemnização, mas o erro grosseiro e também o temerário, entendido o primeiro como o erro indesculpável, no sentido de escandaloso, crasso ou intolerável, em que não teria caído um juiz minimamente cuidadoso, dotado dos conhecimentos técnico-deontológicos médios, e o segundo como aquele em que as circunstâncias aconselhavam outro acto e que, ao ser praticado, lesou gravemente os direitos de personalidade do arguido, designadamente quanto é evidente que essa lesão é desproporcionada em confronto com as vantagens que permitiu;

220 As Medidas de Coacção e de Garantia Patrimonial

III – A apreciação e qualificação do erro grosseiro ou temerário, de que resultou a prisão preventiva depois revelada injustificada, deve ser feita com base nos factos, elementos e circunstâncias que ocorriam à data em que a prisão foi decretada ou mantida, sendo, em princípio, irrelevante o facto de mais tarde o detido ter sido absolvido ou mesmo não acusado por, entretanto, terem surgido novas provas que afastaram a sua indiciação.
(Ac. do STJ, de 19.10.2004 *in* CJ, Ano XII, Tomo III, p. 74)

I – A prisão preventiva de alguém só gera responsabilidade civil para o Estado quando se prova que a mesma foi manifestamente ilegal ou que apesar de legal se verifique um erro grosseiro na valoração dos pressupostos que a fundamentaram;
II – A prisão preventiva não é injustificada e muito menos por erro grosseiro só porque o detido vem a ser absolvido.
(Ac. do STJ, de 01.06.2004 *in* CJ, Ano XII, Tomo II, p. 213)

I – (…);
II – Ainda que não se descortine erro grosseiro aquando do decretamento da medida de prisão preventiva e/ou que não se apure erro no lapso de tempo por que se manteve a situação de prisão preventiva, mesmo assim, a simples subsistência por um longo período da privação da liberdade que, afinal, se veio a revelar injustificada "ab initio"(por ser outrem o autor do facto criminoso que levou ao decretamento da prisão preventiva) assume, em princípio, um carácter de gravidade, penosidade e anormalidade merecedor da tutela do direito para fins indemnizatórios (art. 22.° da C. da Rep. e DL 48.051, de 21/11/1967);
III – Indemnização a arbitrar segundo as regras estatuídas no art. 562.° e ss. do CC e em cujo cálculo deve atender-se à eventual culpa do lesado na produção dos danos (570.° do CC);
IV – Indemnização em que – tendo o lesado, pessoa conhecida na sua região, permanecido preso 5 meses – é adequado arbitrar, a título de danos não patrimoniais, o montante de 3.000 contos.
(Ac. do STJ, de 11.03.2003 *in* CJ, Ano XXVIII, Tomo I, p. 116)

I – O art. 22.° da CRP vale para todas as funções do Estado, sendo os seus arts. 27.°, n.° 5 e 29.°, n.° 6 normas que vieram explicitar ou confirmar casos pontuais de responsabilidade que, de qualquer modo, estariam já abrangidos pelo primeiro;
II – A relação de especialidade em que o art. 27.°, n.° 5 se encontra face ao art. 22.° convence de que este último não será invocável no âmbito do campo de aplicação do primeiro, ou seja, quanto aos danos resultantes de privação da

Medidas de Coacção 221

liberdade contrária à Constituição ou à lei, ou seja, com violação de normas constitucionais ou legais aplicáveis;

III – O requisito, constante da letra do art. 225.°, n.° 2 do C. P. Penal, de erro grosseiro na apreciação dos respectivos pressupostos de facto não é de aplicar analogicamente a outros casos de prisão ilegal;

IV – A prisão posterior à sentença condenatória e anterior ao trânsito desta é ainda uma situação de prisão preventiva; V – O art. 225.° do CPP é uma norma de direito substantivo ou material que não é inconstitucional;

VI – Vale, no seu âmbito, o preceito que estiver em vigor no momento em que se passaram os factos geradores do direito a ser indemnizado;

VII – Erro grosseiro é um erro indesculpável, crasso ou palmar, cometido contra todas as evidências e no qual só incorre quem decide sem os conhecimentos ou a diligência medianamente exigíveis e, também, o acto temerário, no qual, devido à ambiguidade da situação, se corre o risco evidente de provocar um resultado injusto e não querido.

(Ac. do STJ, de 28.01.2003 *in* CJ, Ano XXVIII, Tomo I, p. 52)

Tendo a arguida sido restituída à liberdade antes do julgamento, por despacho que revogou a sua situação de prisão preventiva, o prazo de caducidade do direito a indemnização – previsto no art. 226.°, n.° 1, do CPP de 1987 – com fundamento em que tal prisão foi injustificada, conta-se a partir da data da sua libertação e não da data do acórdão da Relação que confirmou esse despacho nem da data do trânsito em julgado do acórdão que conheceu do recurso da sentença.

(Ac. do STJ, de 30.10.2001 *in* CJ, Ano IX, Tomo III, p. 100)

MINUTAS

(PROPOSTA DE) REQUERIMENTO DE REVOGAÇÃO DA PRISÃO PREVENTIVA (art. 212.°, n.° 1[265], do CPP)

Exmo. Senhor Juiz do Tribunal Judicial da Comarca de...

Proc. n.°...
2.° Juízo Criminal

..., arguido[266] nos autos à margem identificados vem, nos termos da al. b), do n.° 1, do 212.°, do CPP, requerer a revogação da medida de coacção de prisão preventiva que lhe foi aplicada, nos termos e com os seguintes fundamentos:

1.°

Em... foi-lhe aplicada a medida de coacção de prisão preventiva, com base na existência de perigo, em razão da sua personalidade, de continuação da actividade criminosa (al. c), do art. 204.°).

2.°

Para o efeito foram considerados os seguintes factos:

a) O arguido é uma pessoa que se tem revelado inconstante, desiquilibrado e com fortes apetências para a prática de ilícitos;

b) A mulher do arguido recusa-se a falar com ele, encontrando-se a viver em casa dos pais, desde...;

c) Em virtude disso, o arguido está a viver com... e...., ambos com antecedentes criminais pela prática dos crimes de roubo, furto e ofensas à integridade física;

d) O arguido está desempregado;

---

[265] Nos termos deste artigo as medidas de coacção são imediatamente revogadas, por despacho do juiz, sempre que se verificar:

a) Terem sido aplicadas fora das hipóteses ou das condições previstas na lei ou

b) Terem deixado de subsistir as circunstâncias que justificaram a sua aplicação.

[266] A revogação das medidas de coacção pode ser requerida pelo arguido, todavia, se o juiz considerar o requerimento manifestamente infundado, condena-o no pagamento de uma soma entre 6 e 20 UC (art. 212.°, n.° 4).

Medidas de Coacção   223

e) O arguido já foi condenado pela prática dos crimes de furto qualificado e de ofensa à integridade física.

3.º

Acontece que, nesta data existem elementos que permitem concluir que não existe perigo de continuação da actividade criminosa.
Senão vejamos,

4.º

A mulher do arguido reatou a sua relação com o marido, tendo-o visitado, com assiduidade, no estabelecimento prisional onde este se encontra (cfr. registo de presenças que se junta como doc. n.º 1).

5.º

Tendo inclusive assinado o documento que ora se junta como doc. n.º 2 em que declara que pretende reatar a sua relação conjugal com aquele.

6.º

Por outro lado, o arguido tem neste momento uma oferta de emprego da empresa..., para trabalhar como electricista, profissão que exerceu de forma exemplar durante 15 anos (cfr. declaração da empresa... que se junta como doc. n.º 3).

7.º

O arguido tem-se revelado uma pessoa mais equilibrada do ponto de vista psico-social e extremamente entusiasmado e desejoso de voltar à sua antiga vida sócio-familiar.

8.º

Pelo exposto, deve a medida de coacção de prisão preventiva ser revogada ou ser substituída por outra medida de coacção menos gravosa, uma vez que deixaram de se verificar as circunstâncias que justificaram a sua aplicação.

9.º

Para fundamentar a decisão de revogação ora pedida, o arguido requer seja solicitada a elaboração de perícia sobre a sua personalidade e de relatório social, dando, desde já, o respectivo consentimento para a sua realização[267].

---

[267] Nos termos do **n.º 4**, do art. 213.º (alterado pela Lei n.º 48/2007, de 29 de Agosto), a fim de fundamentar as decisões sobre a manutenção, substituição ou revogação da prisão preventiva (ou da obrigação de permanência na habitação), o juiz, oficiosamente

Termos em que e nos demais de direito requer a V. Exa. se digne revogar a medida de coacção de prisão preventiva aplicada ao arguido ou ordenar a sua substituição por outra de menor gravidade.

Requer-se, ainda, a fim de fundamentar a decisão de revogação ora pedida, seja solicitada a elaboração de perícia sobre a personalidade do arguido e de relatório social, dando, desde já, o respectivo consentimento para a sua realização

JUNTA: 3 documentos, duplicados e cópias legais.

O Defensor,

---

ou a requerimento do MP ou do arguido, pode solicitar a elaboração de perícia sobre a personalidade e de relatório social ou de informação dos serviços de reinserção social, desde que o arguido consinta na sua realização.

Os conceitos legais de *relatório social* e de *informação dos serviços de reinserção social* constam das als. g) e h), do art. 1.º. Quanto à *perícia sobre a personalidade* cfr. o art. 160.º, alterado pela Lei n.º 48/2007, de 29.08.

(PROPOSTA DE) PEDIDO DE SUSPENSÃO DA EXECUÇÃO DA PRISÃO PREVENTIVA (art. 211.°[268], do CPP)

Exmo. Senhor Juiz do Tribunal Judicial da Comarca de...

Proc. n.°...
3.° Juízo Criminal

..., arguida nos autos à margem identificados vem, nos termos do n.° 1, do art. 211.°, do CPP, requerer seja decretada a suspensão da execução da prisão preventiva que lhe foi aplicada, nos termos e com os seguintes fundamentos:

1.°
Em... foi aplicada à arguida a medida de prisão preventiva.

2.°
Que está a cumprir no estabelecimento prisional de....

3.°
Mediante teste de gravidez realizado no passado dia..., a arguida teve conhecimento de que estava grávida.

4.°
Passados 15 dias, realizou a primeira consulta de obstetrícia onde foi informada que a sua gravidez, tendo em consideração o facto de ser portadora do HIV e ter 42 anos de idade, é de alto risco, necessitando de cuidados médicos permanentes e de repouso absoluto (cfr. relatório médico junto como doc. n.° 1).

5.°
O estabelecimento prisional onde se encontra presa a arguida não oferece as condições mínimas que permitam garantir a assistência adequada e necessária à sua gravidez.

---

[268] Por força do n.° 1, deste artigo, o juiz, durante a execução da prisão preventiva, pode estabelecer a suspensão da execução da medida, se tal for exigido por razão de doença grave do arguido, de gravidez ou de puerpério. A suspensão cessa logo que deixarem de verificar-se as circunstâncias que a determinaram e de todo o modo, no caso de puerpério, quando se esgotar o 3.° mês posterior ao parto.

6.º

A arguida tem habitação própria, bem como uma família que lhe garante toda a assistência necessária e adequada.

Termos em que e nos demais de direito requer a V. Exa. seja decretada a suspensão da execução da prisão preventiva que lhe foi aplicada, devendo ficar apenas sujeita à obrigação de permanência na habitação[269]**, nos termos do art. 211.º, n.º 2, do CPP.**

JUNTA: 1 documento, duplicados e cópias legais.

O Defensor,

---

[269] A arguida poderia ficar sujeita, nomeadamente, a internamento hospitalar, se esta medida se revelasse mais adequada e compatível com o seu estado (art. 211.º, n.º 2, parte final).

(PROPOSTA DE) RECURSO DA DECISÃO DE APLICAÇÃO DE PRISÃO PREVENTIVA (art. 219.°, do CPP)

Exmo. Senhor Juiz do Tribunal Judicial da Comarca de...

Proc. n.°...
Ministério Público

ARGUIDO PRESO

..., arguido[270] nos autos à margem identificados, não se conformando com o despacho de aplicação da medida de coacção de prisão preventiva, dele vem interpor recurso[271], para o

TRIBUNAL DA RELAÇÃO...,

Com a seguinte motivação:

VENERANDOS JUÍZES DESEMBARGADORES

DO OBJECTO E DELIMITAÇÃO DO RECURSO
1. Em..., o arguido foi detido e presente ao Juiz de Instrução Criminal..., que procedeu ao primeiro interrogatório judicial, determinando a sua prisão preventiva.
2. O presente recurso tem como objecto toda a matéria do despacho que aplicou esta medida de coacção.

DA MOTIVAÇÃO DA DECISÃO RECORRIDA
3. O tribunal *a quo* no referido despacho, que se transcreve integralmente, decidiu o seguinte:

---

[270] A legitimidade para interpor recurso da decisão que aplicar, mantiver ou substituir medidas de coacção recai apenas sobre o arguido e o MP, em benefício do arguido (art. 219.°, **n.° 1**).

[271] Da decisão que aplicar, mantiver ou substituir medidas de coacção há recurso, a julgar no prazo máximo de 30 dias a partir do momento em que os autos forem recebidos. Por sua vez, a decisão que indeferir a aplicação, revogar ou declarar extintas medidas de coacção é irrecorrível (art. 219.°, **n.os 1, 3 e 4**).

Os recursos interpostos de decisões que apliquem ou mantenham medidas de coacção sobem imediatamente (art. 407.°, **n.° 2**, al. c)).

228 As Medidas de Coacção e de Garantia Patrimonial

"Face à prova testemunhal e documental constante dos autos, bem como à falta de verosimilhança das declarações do arguido, uma vez que refere desconhecer as qualidades e perigo do produto estupefaciente encontrado na sua habitação e ainda o facto de o arguido trazer consigo a quantia em dinheiro de € 505,00, atentos os baixos rendimentos que declarou auferir, considero indiciado que o arguido compra e venda cocaína desde... a número indeterminado de consumidores.

Tais factos integram os crimes p. e p. pelo art. 21.º, n.º 1 e 24.º, al. b), do DL n.º 15/93, de 22/01, com pena de prisão de 4 a 12 anos.

Assim, atenta as molduras abstractas de cada um dos crimes de que o arguido se encontra indiciado, bem como a atitude demonstrada na presente diligência, apresentando justificações inverosímeis para a detenção da heroína e dos objectos apreendidos, entende-se, neste momento, existir no presente caso em concreto o perigo de continuação de actividade criminosa, perigo para a aquisição e conservação da prova, uma vez que o arguido se move no meio do tráfico de estupefacientes da localidade.

Desta forma, pelas razões acima expostas entende o Tribunal serem insuficientes as medidas de coacção menos gravosas, devendo o arguido aguardar o posterior decurso do processo em prisão preventiva, uma vez que apenas esta medida se afigura necessária, adequada às exigências cautelares do caso e proporcional há gravidade do crime indiciado – o tráfico de estupefacientes do art. 21.º, n.º 1 e 24.º, al. b), do DL 15/93.".

DA AUSÊNCIA DOS PRESSUPOSTOS DA PRISÃO PREVENTIVA

4. A aplicação da prisão preventiva só é admissível se estiverem preenchidos, em concreto, os pressupostos objectivos estabelecidos nos arts. 193.º, n.º 2, 202.º, n.º 1, al. a), e pelo menos um dos do art. 204.º, todos do CPP.

5. Com efeito, a aplicação das medidas de coacção, pautada pelo princípio constitucional de presunção de inocência, deve respeitar os princípios da necessidade, adequação, proporcionalidade e menor intervenção possível.

Princípios esses que impõem "que qualquer limitação à liberdade do arguido anterior à condenação com trânsito em julgado deva não só ser socialmente necessária mas também suportável", João Castro e Sousa, *Os Meios de Coacção no Novo Código de Processo Penal* in "Jornadas de Direito Processual Penal – o Novo Código de Processo Penal", CEJ, Almedina, 1995, p. 150.

6. Conforme aliás resulta expressamente do n.º 1, do art. 193.º, do CPP, "as medidas de coacção e de garantia patrimonial a aplicar em concreto devem ser necessárias e adequadas às exigências cautelares que o caso requerer e proporcionais à gravidade do crime e às sanções que previsivelmente venham a ser aplicadas".

Medidas de Coacção 229

7. De igual forma, a prisão preventiva, enquanto medida de coacção de natureza excepcional e de aplicação subsidiária, só pode ser determinada quando as outras medidas se revelem inadequadas ou insuficientes, devendo ser dada prioridade à obrigação de permanência na habitação ou a outras menos gravosas por ordem crescente (cfr., conjugadamente, o art. 28.º, n.º 2, da CRP e o art. 193.º, n.ᵒˢ 2 e 3, do CPP).

8. Pelo exposto, entende o recorrente não ter o Juiz de Instrução Criminal observado os princípios e regras subjacentes à aplicação da prisão preventiva, o que torna a mesma ilegal, por violação, entre outros, dos arts. 28.º, n.º 2 e 32.º, n.º 2, da CRP; 191.º, n.º 1, 193.º, 202.º e 204.º, do CPP.

Da violação do princípio da necessidade e adequação

9. Primeiro porque a mesma é desnecessária e inadequada, porquanto o arguido tem 68 anos é uma pessoa extremamente doente e debilitada, sofrendo, designadamente, de Insuficiência Renal Crónica Terminal, apresentando *"evidente défice funcional geral, que lhe condiciona apreciável diminuição da força muscular e de movimentos dos membros inferiores"*, cfr. doc. n.º 1.

10. Por outro lado, foi submetido a inúmeras intervenções e tratamentos desde 1986, conforme demonstra o relatório médico junto como doc. n.º 2.

11. Em virtude do seu estado de saúde, é pensionista por invalidez desde 1986, cfr. doc. n.º 3.

12. É tesoureiro da Junta de Freguesia de..., sendo uma pessoa respeitada e conhecida na comunidade onde vive.

13. Pelo que, depois de conhecida a sua detenção seria muito difícil, se não impossível, que o arguido perturbasse o decurso do inquérito e muito menos que continuasse qualquer actividade criminosa.

14. Importa referir que não consta dos autos nenhum indício de que agisse como traficante de estupefacientes.

15. Assim, é inadmissível qualificar o arguido como um grande traficante, que se move no meio do tráfico de estupefacientes com base numa simples apreensão.

16. Até porque todos os bens que foram encontrados e apreendidos são bens de diminuto valor, não indiciando, de forma alguma, que o arguido se dedica a essa actividade.

17. De igual forma, não parece admissível considerar como indício de tráfico de estupefacientes o facto de o arguido trazer consigo € 505,00.

Da violação do princípio da proporcionalidade

18. Por mera cautela e caso assim não se entenda, é indubitável que a prisão preventiva é desproporcional ou excessiva face à gravidade dos crimes de que vem indiciado o arguido.

230 *As Medidas de Coacção e de Garantia Patrimonial*

19. Porquanto, tendo em consideração, designadamente, as condições socio-económicas do arguido, ausência de antecedentes criminais, a sua idade 68 anos, bem como a quantidade de estupefacientes apreendida, nunca o mesmo poderá ser acusado pelo crime p. e p. pelo art. 21.°, do DL n.° 15/93, de 22.01, mas sim pelo art. 25.°, do mesmo diploma.

20. Por outro lado, não é harmonizável com as sanções que razoavelmente se pode prever lhe venham a ser aplicadas – caso se entenda que arguido apenas poderá vir a ser acusado pelo crime do artigo 25.°, do diploma supra referido –, não sendo de prever que lhe venha a ser aplicada prisão efectiva.

Da violação do princípio da subsidiariedade
21. Conforme já referimos, a prisão preventiva é concebida como uma medida de coacção de *"ultima ratio" ou "extrema ratio"*, ou seja, o Tribunal só pode aplicar a prisão preventiva quando, após a "verificação no caso não só de algum ou alguns dos requisitos gerais previstos no art. 204.°, cumulados com os referidos na al. a) do n.° 1 do art. 202.°, mas também (…) que todas as outras medidas de coacção se mostrem inadequadas ou insuficientes (…)", ODETE MARIA DE OLIVEIRA, *As Medidas de Coacção no Novo Código de Processo Penal* in "Jornadas de Direito Processual Penal – o Novo Código de Processo Penal", CEJ, Almedina, 1995, p. 182.

22. Com o devido respeito, o tribunal *a quo* não respeitou o princípio da subsidiariedade, bem como o princípio da presunção de inocência consagrado no n.° 2, do art. 32.°, da CRP, de que aquele é uma emanação.

23. De facto, resulta inequívoco que as necessidades cautelares que a prisão preventiva pretende proteger podiam ser igualmente alcançadas através de outras medidas de coacção menos gravosas, nomeadamente e por ordem crescente, as constantes dos artigos 198.° (obrigação de apresentação periódica), 200.° (proibição e imposição de condutas) e 201.° (obrigação de permanência na habitação), do CPP (quanto a esta última medida, a aplicabilidade resulta do n.° 3, do art. 193.°, do CPP).

24. Assim, no presente caso e tendo em conta as necessidades cautelares reveladas seria de aplicar o termo de identidade e residência.

25. Uma vez que, sublinhe-se, os indícios que foram apresentados, nomeadamente, a pequena quantidade de estupefaciente apreendido, bem como os demais objectos que nenhuma ligação têm com o tráfico de estupefacientes, revelam que o arguido não poderia tirar desta actividade proventos dignos de relevo, o que poderá conduzir a um eventual ilícito de menor gravidade p. e p. pelo artigo 25.°, do DL n.° 15/93, de 22.01.

26. De igual forma, as condições pessoais do arguido, que é pessoa humilde, tem 68 anos e uma saúde extremamente débil, revelam que o mesmo não se poderia dedicar a qualquer actividade criminosa, muito menos tráfico de maior gravidade.

27. Sendo assim, é imperativo que seja restituído o arguido à liberdade e substituída a medida de coacção aplicada por termo de identidade e residência ou, assim não se entendendo, por outra que seja socialmente aceitável e suportável,

28. e que respeite os princípios da necessidade, adequação, proporcionalidade e menor intervenção, por ordem crescente de gravidade:

– A obrigação de apresentação periódica;

– A proibição e imposição de condutas, e, não sendo estas suficientes,

– A obrigação de permanência na habitação.

29. Sendo certo que *in casu* razões radicadas na dignidade da pessoa humana, atenta a debilidade do estado de saúde do arguido e as múltiplas e graves doenças de que padece, imporiam uma decisão diferente.

CONCLUSÕES

I – O presente recurso tem como objecto toda a matéria do despacho que aplicou a prisão preventiva ao arguido.

II – Nesse despacho o tribunal *a quo* decidiu o seguinte:

"Face à prova testemunhal e documental constante dos autos, bem como à falta de verosimilhança das declarações do arguido, uma vez que refere desconhecer as qualidades e perigo do produto estupefaciente encontrado na sua habitação e ainda o facto de o arguido trazer consigo a quantia em dinheiro de € 505,00, atentos os baixos rendimentos que declarou auferir, considero indiciado que o arguido compra e venda cocaína desde... a número indeterminado de consumidores.

Tais factos integram os crimes p. e p. pelo art. 21.°, n.° 1 e 24.°, al. b), do DL n.° 15/93, de 22/01, com pena de prisão de 4 a 12 anos.

Assim, atenta as molduras abstractas de cada um dos crimes de que o arguido se encontra indiciado, bem como a atitude demonstrada na presente diligência, apresentando justificações inverosímeis para a detenção da heroína e dos objectos apreendidos, entende-se, neste momento, existir no presente caso em concreto o perigo de continuação de actividade criminosa, perigo para a aquisição e conservação da prova, uma vez que o arguido se move no meio do tráfico de estupefacientes da localidade.

Desta forma, pelas razões acima expostas entende o Tribunal serem insuficientes as medidas de coacção menos gravosas, devendo o arguido aguardar o posterior decurso do processo em prisão preventiva, uma vez que apenas esta medida se afigura necessária, adequada às exigências cautelares do caso e proporcional há gravidade de um dos crimes indiciado – o tráfico de estupefacientes do art. 21.°, n.° 1 e 24.°, al. b) do DL 15/93.".

III – A aplicação da prisão preventiva só é admissível se estiverem preenchidos, em concreto, os pressupostos objectivos estabelecidos nos arts. 193.°, n.° 2, 202.°, n.° 1, al. a), e pelo menos um dos do art. 204.°, todos do CPP.

IV – Com efeito, a aplicação das medidas de coacção, pautada pelo princípio constitucional de presunção de inocência, deve respeitar os princípios da necessidade, adequação, proporcionalidade e menor intervenção possível.

V – Conforme aliás resulta expressamente do n.° 1, do art. 193.°, do CPP, "as medidas de coacção e de garantia patrimonial a aplicar em concreto devem ser necessárias e adequadas às exigências cautelares que o caso requerer e proporcionais à gravidade do crime e às sanções que previsivelmente venham a ser aplicadas".

VI – De igual forma, a prisão preventiva, enquanto medida de coacção de natureza excepcional e de aplicação subsidiária, só pode ser determinada quando as outras medidas se revelem inadequadas ou insuficientes, devendo ser dada prioridade às menos gravosas por ordem crescente (cfr., conjugadamente, o art. 28.°, n.° 2, da CRP e o art. 193.°, n.° 2, do CPP).

Pelo exposto, entende o recorrente não ter o tribunal *a quo* observado os princípios e regras subjacentes à aplicação da prisão preventiva, o que torna a mesma ilegal, por violação, entre outros, dos arts. 28.°, n.° 2 e 32.°, n.° 2, da CRP; 191.°, n.° 1, 193.°, 202.° e 204.°, do CPP.

VII – Primeiro porque a mesma é desnecessária e inadequada, porquanto o arguido tem 68 anos é uma pessoa extremamente doente e debilitada, sofrendo, designadamente, de Insuficiência Renal Crónica Terminal, apresentando *"evidente défice funcional geral, que lhe condiciona apreciável diminuição da força muscular e de movimentos dos membros inferiores"*, cfr. doc. n.° 1.

VIII – Por outro lado, foi submetido a inúmeras intervenções e tratamentos desde 1986, conforme demonstra o relatório médico junto como doc. n.° 2.

IX – Em virtude do seu estado de saúde, é pensionista por invalidez desde 1986, cfr. doc. n.° 3.

X – É tesoureiro da Junta de Freguesia de…, sendo uma pessoa respeitada e conhecida na comunidade onde vive.

XI – Pelo que, depois de conhecida a sua detenção seria muito difícil, se não mesmo impossível, perturbar o decurso do inquérito e muito menos continuar qualquer actividade criminosa.

XII – Importa referir que não consta dos autos nenhum indício de que agisse como traficante de estupefacientes.

XIII – Sendo inadmissível qualificar o arguido como um grande traficante, que se move no meio do tráfico de estupefacientes, com base numa simples apreensão.

XIV – Até porque todos os bens que foram encontrados e apreendidos são bens de diminuto valor, não indiciando, de forma alguma, que o arguido é um traficante de estupefacientes.

Medidas de Coacção 233

XV – De igual forma, não parece admissível considerar como indício de tráfico de estupefacientes o facto de o arguido trazer consigo € 505,00.

XVI – Por mera cautela e caso assim não se entenda, é indubitável que a prisão preventiva é desproporcional ou excessiva face à gravidade dos crimes de que vem indiciado o arguido.

XVII – Porquanto, tendo em consideração, designadamente, as condições socio-económicas do arguido, ausência de antecedentes criminais, a sua idade 68 anos, bem como a quantidade de estupefacientes apreendida, nunca o mesmo poderá ser acusado pelo crime p. e p. pelo art. 21.°, do DL n.° 15/93, de 22.01, mas sim pelo art. 25.°, do mesmo diploma.

XVIII – Por outro lado, não é harmonizável com as sanções que razoavelmente se pode prever lhe venham a ser aplicadas, caso se entenda que arguido apenas poderá vir a ser acusado pelo crime do artigo 25.°, do diploma supra referido, não sendo de prever que lhe venha a ser aplicada prisão efectiva.

XIX – Conforme já referimos, a prisão preventiva é concebida como uma medida de coacção de *"ultima ratio" ou "extrema ratio"*.

Com o devido respeito, o tribunal *a quo* não respeitou o princípio da subsidiariedade, bem como o princípio da presunção de inocência consagrado no n.° 2, do art. 32.°, da CRP, de que aquele é uma emanação.

XX – De facto, resulta inequívoco que as necessidades cautelares que a prisão preventiva pretende proteger podiam ser igualmente alcançadas através de outras medidas de coacção menos gravosas, nomeadamente e por ordem crescente, as constantes dos artigos 198.° (obrigação de apresentação periódica), 200.° (proibição e imposição de condutas) e 201.° (obrigação de permanência na habitação), do CPP (quanto a esta última medida, a aplicabilidade resulta do n.° 3, do art. 193.°, do CPP).

XXI – Assim, no presente caso e tendo em conta as necessidades cautelares reveladas seria de aplicar o termo de identidade e residência.

XXII – Uma vez que, sublinhe-se, os indícios que foram apresentados, nomeadamente, a pequena quantidade de estupefaciente apreendido, bem como os demais objectos que nenhuma ligação têm com o tráfico de estupefacientes, revelam que o arguido não poderia tirar desta actividade proventos dignos de relevo, o que poderá conduzir a um eventual ilícito de menor gravidade p. e p. pelo artigo 25.°, do DL n.° 15/93, de 22.01.

XXIII – De igual forma, as condições pessoais do arguido, que é pessoa humilde, tem 68 anos e uma saúde extremamente débil, revelam que o mesmo não se poderia dedicar a qualquer actividade criminosa muito menos tráfico de maior gravidade.

XXIV – Sendo assim, é imperativo que seja restituído o arguido à liberdade e substituída a medida de coacção por termo de identidade e residência ou, assim não se entendendo, por outra que seja socialmente aceitável e suportável e que

234 — *As Medidas de Coacção e de Garantia Patrimonial*

respeite os princípios da necessidade, adequação, proporcionalidade e menor intervenção, por ordem crescente de gravidade:
 – A obrigação de apresentação periódica;
 – A proibição e imposição de condutas, e, não sendo estas suficientes;
 – A obrigação de permanência na habitação.
XXV – Sendo certo que no caso razões radicadas na dignidade da pessoa humana, atenta a debilidade do estado de saúde do arguido, e as múltiplas e graves doenças de que padece, imporiam uma decisão diferente.

Nestes termos e nos melhores de Direito que V. Exas. mui doutamente suprirão, deve ser dado provimento ao presente recurso e, por via dele, ser revogada a decisão recorrida que decretou a prisão preventiva do arguido, sendo a mesma substituída pelo termo de identidade e residência ou, assim não se entendendo, por outra, que respeite os princípios da necessidade, adequação, proporcionalidade e menor intervenção, por ordem crescente de gravidade:
I – A obrigação de apresentação periódica;
II – A proibição e imposição de condutas e, não sendo estas suficientes,
III – A obrigação de permanência na habitação.

FAZENDO-SE, ASSIM, A HABITUAL, INTEIRA E SÃ JUSTIÇA.
 JUNTA: Duplicados legais e comprovativo do pagamento da taxa de justiça[272].

O Defensor[273],

---

[272] Pela interposição de qualquer recurso ordinário ou extraordinário é devida taxa de justiça correspondente a 2 UC (art. 86.º, n.º 1, do CCJ). Todavia, os arguidos presos gozam de isenção de taxa de justiça pela interposição de recurso em 1ª instância (1ª parte, do n.º 2, do art. 522.º).

A taxa de justiça a fixar na decisão do recurso no Tribunal da Relação varia entre 2 e 30 UC (art. 87.º, n.º 1, al. b), do CCJ).

A taxa de justiça que seja condição de seguimento de recurso, deve ser autoliquidada e o documento comprovativo do seu pagamento junto ao processo com a apresentação do requerimento na secretaria ou no prazo de 10 dias a contar da sua formulação no processo. Note-se que a omissão do pagamento da taxa de justiça determina que o recurso seja considerado sem efeito (art. 80.º, n.os 1 e 3, do CCJ).

No dia 01.09.2008 (data de entrada em vigor do Regulamento das Custas Processuais, aprovado pelo Dec.-Lei n.º 34/2008, de 26.02) serão revogados, entre outros, o CCJ

Medidas de Coacção 235

(PROPOSTA DE) PETIÇÃO DE PROVIDÊNCIA DE *HABEAS CORPUS*
(art. 222.°[274], do CPP)

Exmo. Senhor Presidente do Supremo Tribunal de Justiça[275]

Tribunal de Instrução Criminal...
1.° Juízo

Inquérito n.°...

..., arguido nos autos à margem identificados, encontrando-se a aguardar julgamento em prisão preventiva, por decisão proferida nestes mesmos autos, vem, nos termos do art. 31.°, da CRP[276] e dos arts. 222.° e 223.°, do CPP, requerer providência de *habeas corpus* em virtude de prisão ilegal, nos termos e com os seguintes fundamentos:

---

e o n.° 2, do art. 522.°, do CPP (cfr. as als. a) e c), do n.° 2, do art. 25.°, da parte preambular, desse diploma).

Por força da al. j), do n.° 1, do art. 4.°, do RCP, estarão isentos de custas, entre outros, os arguidos sujeitos a prisão preventiva, quando a secretaria do Tribunal conclua pela insuficiência económica nos termos da lei de acesso ao direito e aos tribunais (cfr. a Lei n.° 34/2004, de 29 de Julho, alterada pela Lei n.° 47/2007, de 28 de Agosto), designadamente, nos recursos interpostos em 1ª instância, desde que a situação de prisão se mantenha no momento do devido pagamento.

Os arguidos ficam dispensados do pagamento prévio da taxa de justiça, nomeadamente, nos recursos que apresentem em quaisquer tribunais (al. c), do art. 15.°, do RCP).

Mesmo que o processo esteja pendente, as alterações às leis de processo, bem como o RCP aplicam-se imediatamente, entre outros, aos recursos que tenham início após o dia 01.09.2008 (cfr. o n.° 2, do art. 27.°, da parte preambular do Dec.-Lei n.° 34/2008).

[273] É obrigatória a assistência do defensor nos recursos ordinários ou extraordinários (art. 64.°, n.° 1, al. d)).

[274] Nos termos do n.° 1, deste artigo, a qualquer pessoa que se encontrar ilegalmente presa o STJ concede, sob petição, a providência de *habeas corpus*. Os fundamentos desta providência excepcional constam das als. a), b) e c), do n.° 2, do art. 222.°.

[275] A petição de *habeas corpus* é dirigida, em duplicado, ao presidente do STJ e apresentada à autoridade à ordem da qual o visado se encontra preso (corpo do n.° 2, do art. 222.°).

[276] Nos termos do n.° 1, deste artigo, haverá *habeas corpus* contra o abuso de poder, por virtude de prisão ou detenção ilegal, a requerer perante o tribunal competente.

236   *As Medidas de Coacção e de Garantia Patrimonial*

DOS ANTECEDENTES PROCESSUAIS

1. Em..., o requerente foi detido pela Polícia Judiciária de..., tendo sido apresentado ao Juiz de Instrução Criminal..., que procedeu ao primeiro interrogatório judicial, determinando a sua prisão preventiva.

2. O arguido encontra-se preso no estabelecimento prisional de..., desde... de Janeiro de....

DA FUNDAMENTAÇÃO

3. O requerente está acusado pela prática do crime de roubo, p. e p. pelo art. 210.°, n.° 1, do CP.

4. Conforme já referido o requerente está preso desde... de Janeiro de....

5. A prisão preventiva extingue-se, designadamente, quando desde o seu início tiverem decorrido 1 ano e 2 meses sem que tenha havido condenação em 1.° instância, cfr. al. c), do n.° 1, do art. 215.°, do CPP.

6. Nos presentes autos, não só não houve condenação em 1.° instância, como ainda nem se realizou a audiência de discussão e julgamento.

7. Pelo que, a prisão preventiva aplicada ao requerente extinguiu-se em... de Março de...

8. Não obstante, ainda não foi dada ordem de libertação ao requerente conforme impõe o n.° 1, do art. 217.°[277], do CPP.

CONCLUSÕES:

9. Pelo exposto, o Requerente encontra-se ilegalmente preso nos termos da al. c), do n.° 2, do art. 222.°[278], do CPP, em clara violação do disposto nos arts. 27.° e 28.°, n.° 4, da CRP e 215.°, n.° 1, al. c) e 217.°, n.° 1, do CPP.

10. Assim, deve ser declarada ilegal a prisão e ordenada a sua imediata libertação, nos termos dos arts. 31.°, n.° 3[279], da CRP e 222.° e 223.°, n.° 4, al. d), do CPP.

---

[277] De acordo com esta norma, o arguido sujeito a prisão preventiva é posto em liberdade logo que a medida se extinguir, salvo se a prisão dever manter-se por outro processo.

[278] O qual prevê a ilegalidade da prisão proveniente de manter-se para além dos prazos fixados pela lei ou por decisão judicial. A prisão pode, ainda, ser ilegal por ter sido efectuada ou ordenada por entidade incompetente ou por ser motivada por facto pelo qual a lei a não permite (art. 222.°, n.° 2, als. a) e b)).

[279] Nos termos desta disposição, o juiz decidirá no prazo de oito dias o pedido de *habeas corpus* em audiência contraditória (cfr., ainda, o n.° 2, do art. 223.°).

Nestes termos e nos melhores de Direito deve ser declarada a ilegalidade da prisão preventiva e ordenada a libertação imediata do requerente.

FAZENDO-SE, ASSIM, A HABITUAL, INTEIRA E SÃ JUSTIÇA.

JUNTA: Duplicados legais.

O Defensor[280],

---

[280] Não é obrigatória a constituição de advogado, podendo a providência de *habeas corpus* pode ser requerida pelo próprio ou por qualquer cidadão no gozo dos seus direitos políticos (art. 31.º, n.º 2, da CRP).

De acrescentar que até 01.09.2008 (data de entrada em vigor o Regulamento das Custas Processuais, aprovado pelo Dec.-Lei n.º 34/2008, de 26 de Fevereiro, o qual revoga, entre outros o CCJ) nos incidentes de *habeas corpus* é devida taxa de justiça entre 1 e 5 UC (art. 84.º, do CCJ).

A partir dessa data estarão isentos de custas, entre outros, os arguidos detidos ou sujeitos a prisão preventiva, nomeadamente, nas providências de *habeas corpus* desde que a situação de prisão ou detenção se mantenha no momento do devido pagamento (al. j), do n.º 1, do art. 4.º, do RCP).

Por outro lado, ficam dispensados do pagamento prévio da taxa de justiça, nomeadamente, os arguidos nos processos de *habeas corpus* (al. c), do art. 15.º, do RCP).

Conjuntamente com a taxa de justiça o peticionante pode ainda ser condenado ao pagamento de uma soma entre 6 e 30 UC, se o STJ julgar a sua petição manifestamente infundada (art. 223.º, n.º 6).

III – MEDIDAS DE GARANTIA PATRIMONIAL

1. Considerações Prévias

As medidas de garantia patrimonial previstas no CPP[281] são a caução económica e o arresto preventivo.

Estas medidas, à semelhança das medidas de coacção, comprimem os direitos fundamentais dos cidadãos, *maxime* a sua liberdade patrimonial (cfr. o art. 62.º, da CRP e o art. 17.º, da DUDH).

A caução económica visa *acautelar a execução da sentença condenatória nos seus aspectos pecuniários, seja quanto à pena, às obrigações tributárias (...), ou ainda à satisfação de um direito de crédito por ela declarado*[282].

Com efeito, havendo fundado receio (que tem que ser alegado pelo requerente) de que faltem ou diminuam substancialmente as garantias de pagamento de certas imposições pecuniárias, emergentes do processo, pode ser requerida a prestação de caução económica (cfr. os n.ºs 1 e 2, do art. 227.º), a qual mantém-se distinta e autónoma relativamente à caução referida no art. 197.º (que é uma medida de coacção[283]).

---

[281] Paralelamente, no processo civil, regem os arts. 381.º e segs..

Também no âmbito das infracções anti-económicas e contra a saúde pública é possível aplicar a caução económica e o arresto preventivo (cfr. os arts. 48.º, 49.º e 50.º, do Dec.-Lei n.º 28/84, de 20 de Janeiro).

[282] *Vide* GIL MOREIRA DOS SANTOS *in* "O Direito...", p. 324.

[283] A caução como medida de coacção tem diferentes finalidades, quais sejam, designadamente, as de assegurar a presença do arguido a acto a que deva comparecer (cfr. o art. 61.º, n.º 3, al. a)) e o cumprimento de obrigações derivadas de outra medida de coacção que lhe tiver sido imposta (cfr. o n.º 1, do art. 208.º).

Por outro lado, a caução económica é aplicável (mediante requerimento) qualquer que seja o crime em causa (sendo indiferente a gravidade e a pena que lhe corresponde), ao passo que a caução como medida de coacção apenas é aplicável (oficiosamente ou

240 *As Medidas de Coacção e de Garantia Patrimonial*

Por sua vez, o arresto preventivo[284] possui natureza subsidiária[285] relativamente à caução económica, só podendo ser decretado quando esta caução não tenha sido prestada. Todavia, convém realçar que a prestação de caução económica implica a revogação do arresto preventivo.

Ambas as medidas têm como finalidade processual garantir o pagamento da pena pecuniária, das custas do processo ou do pagamento de qualquer dívida, indemnização ou obrigação civil derivadas do crime.

Além do mais, são sempre aplicáveis por um juiz, no decurso de um processo, desde que preenchidos os respectivos pressupostos gerais (cfr. os arts. 191.° e segs.) e os específicos (cfr. os arts. 227.° e 228.°) que estão subjacentes à aplicação das medidas de garantia patrimonial: verificação da probabilidade de um crédito sobre o requerido e fundado receio que faltem ou diminuam substancialmente as garantias de pagamento.

Vejam-se os pressupostos gerais de aplicação enunciados no capítulo da introdução, os quais sofreram alterações em virtude da Lei n.° 48/2007, de 29 de Agosto, designadamente no que concerne ao disposto nos arts. 193.°, n.° 1 e 194.°. Contudo, o mesmo não se verificou com o regime jurídico previsto nos arts. 227.° e 228.°.

GERMANO MARQUES DA SILVA *in* "Curso...", Vol. II, p. 335, realça a importância destas medidas "pois constituem um privilégio creditório a favor dos créditos *ex delicto*, relativamente a todos os outros.".

A decisão que aplique, mantenha ou modifique medida de garantia patrimonial é impugnável mediante recurso, o qual sobe em separado, imediatamente e com efeito merante devolutivo (cfr. os arts. 406.°, n.° 2, 407.°, **n.° 2**, al. c) e 408.°, *a contrario*).

P. PINTO DE ALBUQUERQUE *in* "Comentário do Código...", p. 601, chama a atenção para o facto de as novas disposições constantes dos **n.os 1 e 3**, do art. 219.° (resultantes da reforma ao CPP introduzida pela

---

a requerimento) se o crime imputado for punível com pena de prisão (cfr. o n.° 1, do art. 197.°).

[284] Não confundir com o arresto consagrado no art. 337.° (*Efeitos da notificação da contumácia*), n.os 3 e 4, o qual visa obrigar o arguido a comparecer na audiência de julgamento.

[285] Cfr. o Ac. da RP, de 27.11.2002 *in* CJ, Ano XXVII, Tomo V, p. 206. No mesmo sentido *vide*, entre outros, MAIA GONÇALVES *in* "Código de Processo...", p. 522, anot. 2 e GERMANO MARQUES DA SILVA *in* "Curso...", Vol. II, p. 335.

Em sentido contrário cfr., entre outros, o Ac. da RE, de 10.10.2006 *in* www.dgsi.pt (Proc. n.° 1736/06-1) e o Ac. da RL, de 04.10.2006 *in* www.dgsi.pt (Proc. n.° 7317/2006-3).

Lei n.° 48/2007, de 29 de Agosto), serem inaplicáveis no recurso de decisão relativa a medida de garantia patrimonial "por constituirem uma grave, e inconstitucional, limitação de direitos fundamentais...".

O arguido, o assistente ou a parte civil, bem como o advogado ou defensor nomeado, devem ser notificados das decisões ou dos actos que respeitem à aplicação de medidas de garantia patrimonial (cfr. o art. 112.°, n.° 3, al. d) e 113.°, n.° 9).

Quanto à representação por advogado, no âmbito das medidas de garantia patrimonial, devemos ter presente que:

– O lesado pode fazer-se representar por advogado, sendo obrigatória a representação sempre que, em razão do valor do pedido, se deduzido em separado, fosse obrigatória a constituição de advogado, nos termos da lei do processo civil (cfr. o n.° 1, do art. 76.°). Cfr., ainda, os arts. 32.° (*Constituição obrigatória de advogado*) e segs., do CPC e o art. 24.° (*Alçadas*), n.° 1, da LOFTJ, alterado pelo Dec.--Lei n.° 303/2007, de 24 de Agosto;

– Os demandados e os intervenientes devem fazer-se representar por advogado (cfr. o n.° 2, do art. 76.°);

– Se o lesado for simultaneamente assistente, terá obrigatoriamente que ser representado por advogado (cfr. o art. 70.°).

2. Caução Económica

2.1. *Modalidades e legitimidade*

A caução económica é aplicada por despacho do juiz e pode ser requerida (em qualquer fase processual) pelo:

– **MP**, se houver fundado receio de que faltem ou diminuam substancialmente as garantias de pagamento da pena pecuniária (multa), das custas do processo ou de qualquer outra dívida para com o Estado relacionada com o crime[286]. Neste caso, o requerimento é obrigatório e é dirigido apenas contra o arguido.

---

[286] É da competência do MP, entre outras, a execução por custas, indemnização e mais quantias devidas ao Estado (cfr. os arts. 469.° e 470.°).

242   *As Medidas de Coacção e de Garantia Patrimonial*

De notar que a caução económica prestada a requerimento do MP aproveita também ao lesado (cfr. os n.ºs 1 e 3, do art. 227.º)[287]. Ao abrigo do n.º 1, do art. 522.º, o MP está isento de custas. Por sua vez, a al. a), do n.º 1, do art. 4.º, do Regulamento das Custas Processuais (aprovado pelo Dec.-Lei n.º 34/2008, de 26 de Fevereiro) especifica que o MP está isento de custas nos processos em que age em nome próprio na defesa dos direitos e interesses que lhe são confiados por lei, mesmo quando intervenha como parte acessória e nas execuções por custas e multas processuais, coimas ou multas criminais;

– **Lesado**, se houver fundado receio de que faltem ou diminuam substancialmente as garantias de pagamento da indemnização ou de outras obrigações civis derivadas do crime[288]. Neste caso, o requerimento é facultativo e pode ser dirigido contra o arguido ou o civilmente responsável[289] (cfr. o n.º 2, do art. 227.º).

O lesado é a pessoa que sofreu danos ocasionados pelo crime, ainda que se não tenha constituído ou não possa constituir-se assistente. A sua intervenção processual restringe-se à sustentação e à prova do pedido de indemnização civil, competindo-lhe, correspondentemente, os direitos que a lei confere aos assistentes (cfr. os n.ºs 1 e 2, do art. 74.º).

O regime jurídico das partes civis encontra-se previsto nos arts. 71.º e segs..

Conforme se disse, a prestação da caução económica pressupõe a existência de fundado receio de que faltem ou diminuam substancialmente as garantias de pagamento da possível indemnização, importando que tal

---

[287] Refira-se que compete ao MP formular o pedido de indemnização civil em representação do Estado e de outras pessoas e interesses cuja representação lhe seja atribuída por lei (cfr. o n.º 3, do art. 76.º).

[288] Lembramos que, por força do princípio da adesão, o pedido de indemnização civil fundado na prática de um crime é deduzido no processo penal respectivo, só o podendo ser em separado, perante o tribunal civil, nos casos previstos na lei (cfr. o art. 71.º).

[289] O pedido de indemnização civil pode ser deduzido contra pessoas com responsabilidade meramente civil e estas podem intervir voluntariamente no processo (cfr. o n.º 1, do art. 73.º), *v. g.*, quando o pedido cível é formulado contra uma Seguradora em virtude de um acidente de viação, do qual resultou ofensas à integridade física.

Medidas de Garantia Patrimonial

receio seja *justificado, objectivo, claro e que a falta ou diminuição das garantias sejam substanciais, com expressão, significativas*[290].

Por outro lado, a aplicação desta medida de garantia patrimonial *implica que se indicie a existência de um património susceptível de servir de suporte ao cumprimento dessa prestação, garantido-a. Não se demonstrando a existência de tal património, não há fundamento para a aplicação da caução económica*[291].

O requerimento[292] (subscrito pelo MP ou pelo lesado) deve indicar os termos e modalidades em que a caução económica deve ser prestada (devendo aplicar-se analogicamente o art. 206.°[293], o qual se reporta às modalidades de prestação da caução como medida de coacção).

Posteriormente, o despacho de aplicação de caução económica deve ser notificado ao arguido e/ou ao civilmente responsável, com a advertência das consequências do incumprimento da obrigação imposta (cfr. o **n.° 7**, do art. 194.°).

Por força da Lei n.° 48/2007, de 29 de Agosto, o despacho <u>deve ser fundamentado, sob pena de nulidade, de acordo com os elementos enunciados nas várias alíneas do **n.° 4**, do actual art. 194.°</u> (cfr., ainda, o art. 97.°, **n.° 5** e o art. 205.°, n.° 1, da CRP).

Não podemos olvidar que, a par das medidas de coacção, a aplicação da caução económica tem como pressuposto a <u>prévia audição do arguido, ressalvados os casos de impossibilidade devidamente fundamentada</u> (cfr. o **n.° 3**, do art. 194.°, alterado pela Lei n.° 48/2007). Violado este dever processual obrigatório, a aplicação de caução económica enferma de uma nulidade dependente de arguição, nos termos da **al. d)**, do n.° 2, do art. 120.°.

A 2ª parte, do n.° 4, do art. 227.°, consagra que, em caso de condenação, são pagos pelo seu valor, sucessivamente, a multa, o imposto de justiça, as custas do processo e a indemnização e outras obrigações civis[294]. Cfr., ainda, o art. 511.° (alterado pelo Dec.-Lei n.° 34/2008, de 26

---

[290] Cfr. o Ac. da RP, de 03.03.1999 *in* www.dgsi.pt (Proc. n.° 9840972).

[291] Cfr. o Ac. da RP, de 18.01.1995 *in* www.dgsi.pt (Proc. n.° 9330288).

[292] Tal requerimento deve obedecer ao regime previsto nos arts. 302.° e segs., do CPC.

[293] Neste sentido, *vide* RODRIGO SANTIAGO *in* "Liber Discipulorum...", p. 1541.

[294] Refira-se uma vez mais que a caução económica prestada a requerimento do MP aproveita também ao lesado (cfr. o n.° 3, do art. 227.°).

244 As Medidas de Coacção e de Garantia Patrimonial

de Fevereiro, que aprova o RCP), quanto à ordem dos pagamentos, quando tiver havido execução dos bens.

2.2. *Prazo de duração e extinção*

Atendendo à finalidade processual que se pretende acautelar (pagamento de certas imposições pecuniárias), a caução económica deve subsistir até à decisão final absolutória ou até à extinção das obrigações que visa assegurar (cfr. a 1ª parte, do n.º 4, do art. 227.º).

A extinção da caução económica "opera «ex lege», pelo que deverá ser oficiosamente determinada a sua restituição sem qualquer ónus tributário, devendo decretar-se a extinção de qualquer ónus real que, para efectivação dessa garantia, recaia sobre um qualquer bem."[295]

Não há lugar a custas nos levantamentos de cauções (cfr. a al. c), do art. 76.º, do CCJ)[296]. Note-se que no dia 01.09.2008 entra em vigor o Regulamento das Custas Processuais (aprovado pelo Dec.-Lei n.º 34/ /2008, de 26 de Fevereiro), o qual, entre outros, revoga o CCJ.

Jurisprudência

1. A caução económica a que se refere o citado art. 227.º tem pressuposta a pendência de um pedido de indemnização que haverá de ser conhecido nos próprios autos de processo penal, onde aquele foi formulado por força do princípio de adesão. E, isto, crê-se resultar implícito dos n.ºs 1 e 4 do mesmo dispositivo, quando se prevê que a referida caução subsista até à decisão final, e possa garantir, designadamente, o pagamento das penas pecuniárias, o que se verifica na acção penal. Por outro lado, quando se fala no n.º 2 das obrigações derivadas do crime, entende-se que é do crime que nos próprios autos se investiga;

2. Ora, estando finda a acção penal, com uma decisão já transitada em julgado, havendo as partes sido remetidas para os meios comuns, nos termos previstos no art. 82.º, n.º 3, do C.P.P., não se justifica que o pagamento das indemnizações ou obrigações que numa acção cível houvessem de ser fixadas tives-

---

[295] *Vide* Gil Moreira dos Santos *in* "O Direito...", p. 327.

[296] O requerimento para prestação de caução económica e os demais actos processuais praticados na sequência daquele pedido deviam ser configurados como um incidente nos termos e para os efeitos do disposto no art. 84.º, do CCJ (cfr. o Ac. da RC, de 15.09.2004 *in* www.dgsi.pt (Proc. n.º 1922/04)).

Medidas de Garantia Patrimonial 245

sem o seu pagamento garantido por uma caução económica prestada num outro processo, já findo.
(Ac. da RL, de 09.03.2007 *in* www.dgsi.pt (Proc. n.º 1057/07-9))

I – O juiz, antes de adoptar qualquer medida contra o arguido (designadamente, antes de determinar a prestação de caução económica), deve, em princípio, ouvi-lo;
II – Se, porém, essa audição prévia se revelar impossível ou inconveniente, cessa tal dever;
III – A audição prévia do arguido é inconveniente quando for susceptível de frustar as exigências processuais de natureza cautelar ligadas à prestação da caução.
(Ac. da RP, de 17.01.2007 *in* CJ, Ano XXXII, Tomo I, p. 200)

I – O juiz só pode decretar a caução económica a requerimento do M.º P.º ou do lesado, e não oficiosamente, e desde que ocorram factos que traduzam dissipação do património pelo arguido, de modo a fazer prever que o credor perderá ou, pelo menos, verá seriamente diminuída a garantia do seu crédito;
II – A caução económica não pode ser decretada sem prévia audição do arguido;
III – O despacho que decrete a caução económica tem que ser devidamente fundamentado, aduzindo-se factos que permitam concluir pela existência do propósito de dissipação do património e pelo risco de o crédito não ser satisfeito;
IV – A falta de fundamentação de tal despacho, desde que arguida no prazo de três dias, acarreta a nulidade do mesmo;
V – Para decidir o incidente de decretamento de caução económica, o juiz pode servir-se de cópias de documentos do servidor de "e-mail" da ofendida reportados à actividade profissional desenvolvida pelo arguido ao abrigo de um contrato celebrado entre ambos.
(Ac. da RP, de 21.12.2005 *in* CJ, Ano XXX, Tomo V, p. 232)

Para que se ordene a um arguido que preste caução económica são necessários dois motivos:
Primeiro, que exista a probabilidade de se vir a constituir um crédito sobre o arguido.
Segundo, que haja o receio justificado de que o arguido se prepara para diminuir ou fazer desaparecer ou já anda a diminuir e a fazer desaparecer o seu património com a intenção maldosa de se subtrair ao pagamento das quantias em que provavelmente virá a ser condenado.
(Ac. da RE, de 15.03.2005 *in* www.dgsi.pt (Proc. n.º 1593/04-1))

246 As Medidas de Coacção e de Garantia Patrimonial

São pressupostos do decretamento da caução económica:
a) A ocorrência de receio objectivo, justificado e claro relativamente à capacidade das garantias de pagamento;
b) A ocorrência de uma substancial e significativa diminuição daquelas;
c) A indicação por parte do requerente dos termos em que a caução deve ser prestada, isto é, a indicação dos valores ou quantitativos cujo pagamento aquela visa garantir.
(Ac. da RC, de 15.09.2004 *in* www.dgsi.pt (Proc. n.º 1922/04))

Para poder ser requerida a medida de caução económica, é necessário, além do mais, a prévia constituição do caucionando como arguido e do reque-rente como parte civil.
(Ac. da RL, de 28.01.2003 *in* CJ, Ano XXVII, Tomo I, p. 131)

A imposição de prestação de caução económica baseia-se no fundado receio de que faltem ou diminuam as garantias de pagamento de indemnização do lesado.
Não se tendo averiguado factos materiais e concretos comprovativos da existência desse receio, há insuficiência na instrução do incidente.
(Ac. da RL, de 22.02.2001 *in* www.dgsi.pt (Proc. n.º 0075079))

Se, relativamente à caução carcerária, a situação económica do arguido é determinante, já a caução económica, como medida de garantia patrimonial do credor, terá a ver com montante em dívida em não com as condições pessoais do devedor, que só poderão considerar-se, em fase da execução do arresto subse-quente, se este puser em risco a própria subsistência do arrestado.
(Ac. da RL, de 06.07.2000 *in* www.dgsi.pt (Proc. n.º 0066933))

1 – Justifica-se prestação de caução económica idónea quando dos autos conste que o requerido só fez partilha de bens na sequência do seu divórcio, pas-sados 6 anos e depois de ter conhecimento da pendência do processo, em que lhe é pedida indemnização e de, na escritura daquela partilha ter doado uma mora-dia e um prédio misto (bens valiosos) a sus filhos, e isto porque tais doações fazem, objectivamente, recear pela diminuição de garantias patrimoniais;
2 – Ao requerente da caução económica não é exigível que demonstre a situação económica financeira do requerido e a coteje com o valor dos actos que a diminuam, até porque aquela situação não é, por regra, do conhecimento público e antes se encontra quase sempre oculta e bem protegida;
3 – Ao requerido é que cabe o ónus da prova de demonstrar que o receio de perda de garantia patrimonial não tem fundamento e que a diminuição do seu património não põe em causa essa garantia.
(Ac. da RL, de 07.06.2000 *in* www.dgsi.pt (Proc. n.º 0046183))

Medidas de Garantia Patrimonial 247

I – O erro de escrita, revelado no contexto de uma declaração, dá direito à rectificação desta (artigo 249.° do Código Civil);

II – Interposto recurso do despacho que fixou uma caução económica com fundamento na não verificação, em concreto, dos requisitos gerais previstos no artigo 204.° do Código de Processo Penal (que se aplica às medidas de coacção) não deve admitir-se a rectificação da motivação, por erro de escrita, por alegadamente se pretender não se verificarem os pressupostos do artigo 227.° do mesmo Código (caução económica), já que tal significaria a substituição de uma motivação por outra, completamente distinta nos seus fundamentos, o que a lei não permite.

(Ac. da RP, de 31.05.2000 *in* www.dgsi.pt (Proc. n.° 9911284))

I – A imposição de caução económica depende, exclusivamente da probabilidade da existência de um crédito sobre o requerido (arguido ou civilmente responsável) e do fundado receio de que faltem, ou diminuam, substancialmente, as garantias do seu pagamento;

II – A caução económica deve ser adequada à realização da finalidade que justifica e proporcional às obrigações que se destina a garantir;

III – A conveniência da audição do arguido, na aplicação de medidas de garantia patrimonial, como nas de coacção, deve aferir-se em razão da finalidade processual que se pretende acautelar.

(Ac. da RE, de 04.04.2000 *in* CJ, Ano XXV, Tomo II, p. 285)

I – A caução económica, apresentando-se como medida cautelar que visa assegurar a satisfação de um direito de crédito, pressupõe que entre a constituição deste e o seu reconhecimento ocorram factos concretos, promovidos pelo devedor, que se traduzam na dissipação do seu património, de modo a fazer prever que o credor perderá, ou pelo menos, verá seriamente diminuída a garantia do seu crédito;

II – O facto de um bem imóvel do arguido ter sido penhorado em processo executivo que se encontra já em fase de reclamação de créditos, não evidencia que aquele tenha praticado acto dissipador do seu património.

(Ac. da RC, de 05.03.2000 *in* www.dgsi.pt (Proc. n.° 627/2000))

Mesmo depois de fixada a caução económica, o Juiz pode reapreciar a sua decisão, fixando-a em montante inferior.

(Ac. da RL, de 26.05.1999 *in* www.dgsi.pt (Proc. n.° 0012043))

MINUTA

(PROPOSTA DE) REQUERIMENTO DE CAUÇÃO ECONÓMICA
(art. 227.°, n.° 2[297], do CPP)

Exmo. Senhor Juiz do Tribunal Judicial da Comarca de...

Proc. n.°...
2ª Vara Criminal

..., lesado nos autos à margem identificados vem, nos termos do n.° 2, do 227.°, do CPP, requerer

A PRESTAÇÃO DE CAUÇÃO ECONÓMICA

Pelo arguido..., melhor identificado nestes mesmos autos,

nos termos e com os seguintes fundamentos:

1.°
Nos presentes autos, o arguido vem acusado da prática do crime de burla agravada.

2.°
O ora requerente, lesado nestes autos, formulou pedido de indemnização civil contra o arguido no montante de € 250,000,00.

3.°
Acontece que, a partir de... o arguido tem dissipado o seu património, procurando diminuir as garantias de pagamento da indemnização pedida pelo requerente.

---

[297] Nos termos deste número, havendo fundado receio de que faltem ou diminuam substancialmente as garantias de pagamento da indemnização ou de outras obrigações civis derivadas do crime, o lesado pode requerer que o arguido ou o civilmente prestem caução económica.

A caução económica prestada a requerimento do MP aproveita também ao lesado (art. 227.°, n.° 3).

Senão vejamos,

4.º

Em... transferiu da conta n.º..., do Banco..., de que é titular para a conta do seu sobrinho a quantia de....

5.º

Em..., vendeu o apartamento de que era proprietário (cfr. certidão do registo predial junta como doc. n.º 1).

6.º

O arguido, conforme já consta dos autos, dedica-se à actividade de ....

7.º

A partir de..., passou a exigir aos seus clientes que pagassem os seus serviços apenas em numerário.

8.º

Por outro lado, o arguido tem ainda as seguintes dívidas:
- De € 10.000,00 ao Exmo. Senhor ...;
- De € 20.000,00 à empresa de locação financeira ...;
- De € 5.000,00 à Segurança Social.

9.º

Pelo exposto, resulta evidente que há fundado receio de que faltem ou diminuam substancialmente as garantias de pagamento da indemnização ao requerente.

10.º

Assim, requer que o arguido preste caução económica no montante de € 250.000,00, através de depósito bancário à ordem dos presentes autos[298].

11.º

O requerente não conhece outros bens do arguido que permitam satisfazer o seu crédito.

---

[298] O requerimento indica os termos e modalidades em que deve ser prestada a caução económica (art. 227.º, n.º 1, parte final).

250   *As Medidas de Coacção e de Garantia Patrimonial*

Termos em que nos demais de direito deve o arguido prestar caução económica no montante de € 250.000,00, através de depósito bancário à ordem dos presentes autos.

TESTEMUNHAS:
1. ..., residente na Rua ...;
2. ..., residente na Rua ...;

VALOR: € 250.000,00 (duzentos e cinquenta mil euros).

JUNTA: 1 documento, duplicados e cópias legais.

O mandatário com procuração nos autos[299],

---

[299] O lesado pode fazer-se representar por advogado, sendo obrigatória a representação sempre que, em razão do valor do pedido, se deduzido em separado, fosse obrigatória a constituição de advogado, nos termos da lei do processo civil (art. 76.º, n.º 1). Cfr., ainda, o art. 32.º (*Constituição obrigatória de advogado*), do CPC e o art. 24.º (*Alçadas*), n.º 1, da LOFTJ, alterado pelo Dec.-Lei n.º 303/2007, de 24 de Agosto.

As partes civis devem pagar custas, quando não forem assistentes ou arguidos e se dever entender que deram causa às custas, segundo as normas do processo civil (art. 520.º, al. a)), podendo, no entanto, requerer o benefício do apoio judiciário (cfr. o art. 44.º, n.º 2, da Lei n.º 34/2004, de 29 de Julho, modificada pela Lei n.º 47/2007, de 28 de Agosto).

De realçar as alterações introduzidas pelo Dec.-Lei n.º 34/2008, de 26 de Fevereiro (aprova o Regulamento das Custas Processuais e entra em vigor no dia 01.09.2008), o qual revoga o CCJ, bem como modifica algumas normas do CPC e do CPP (art. 25.º, n.º 2, als. a), b) e c), da parte preambular desse diploma legal).

3. Arresto Preventivo

3.1. *Legitimidade e processamento*

O juiz, a requerimento do **MP** ou do **lesado**, pode decretar o arresto (o qual consiste numa apreensão judicial de bens), nos termos da lei do processo civil (cfr. os arts. 406.° e segs., do CPC[300]). Para esse efeito, "é *mister* ao requerente do arresto, nesta versão dele, comprovar o seu receio de perda da garantia patrimonial, nisto consistindo, no caso, o *periculum in mora* típico dos procedimentos cautelares."[301]

Assim, o credor que tenha justificado receio de perder a garantia patrimonial do seu crédito pode requerer o arresto dos bens do devedor[302] devendo, para isso, deduzir os factos que tornam provável a existência do crédito e justificam o receio invocado (arts. 406.°, n.° 1 e 407.°, n.° 1, do CPC *ex vi* art. 228.°, n.° 1, 1ª parte).

Se tiver sido previamente fixada e não prestada caução económica, o requerente fica dispensado da prova do fundado receio de perda da garantia patrimonial (cfr. a 2ª parte, do n.° 1, do art. 228.°)[303].

Em conformidade com o Ac. da RP, de 19.05.2004 *in* CJ, Ano XXIX, Tomo III, p. 208 *o requerimento de arresto preventivo não tem que ser articulado*.

Em caso de controvérsia sobre a propriedade dos bens arrestados, pode o juiz remeter a decisão para o tribunal civil, mantendo-se entretanto o arresto decretado (cfr. o n.° 4, do art. 228.°).

Torna-se necessário ter presente que, ao abrigo do n.° 3, do art. 408.°, do CPC, o arrestado não pode ser privado dos rendimentos estritamente indispensáveis aos seus alimentos e da sua família.

---

[300] Sobre esta matéria *vide* ANTÓNIO SANTOS ABRANTES GERALDES *in* "Temas da Reforma...", ps. 158 e segs..

[301] *Vide* RODRIGO SANTIAGO *in* "Liber Discipulorum...", p. 1549.

[302] O arresto preventivo pode ser decretado mesmo em relação a comerciante (cfr. o n.° 2, do art. 228.°).

[303] Ainda no que concerne ao arresto dos bens do arguido, cfr. o art. 10.° da Lei n.° 5/2002, de 11 de Janeiro (alterada pela Lei n.° 19/2008, de 21 de Abril), no âmbito das medidas de combate à criminalidade organizada e económico-financeira. Nos termos do n.° 2, dessa norma, o arresto é decretado pelo juiz, independentemente da verificação dos pressupostos referidos no n.° 1, do art. 227.°, se existirem fortes indícios da prática do crime.

Atenta a sua natureza, o arresto deve ser decretado *sem audiência da parte contrária* (art. 408.°, n.° 1, do CPC *ex vi* art. 228.°, n.° 1, 1ª parte)[304].

Se houver oposição ao despacho que tiver decretado arresto, o mesmo não possui efeito suspensivo (cfr. n.° 3, do art. 228.°). Desta forma, havendo lugar a recurso, o arresto decretado mantém-se.

Diga-se ainda que, tendo havido apreensão dos objectos pertencentes ao arguido ou ao civilmente responsável (para efeitos de prova), os mesmos não devem ser restituídos a quem de direito se tiverem que ser mantidos a título de arresto preventivo (cfr. o **n.° 5**, do art. 186.°).

3.2. *Prazo de duração*

O arresto é revogável a todo o tempo, mediante a prestação de caução económica pelo arguido ou pelo civilmente responsável, subsistindo até à decisão final absolutória ou até à extinção das obrigações (cfr. os arts. 228.°, n.° 5 e 227.°, n.° 4).

Quer isto dizer que, *caso tenha sido previamente imposta, o arrestado pode, prestando a caução, levar a que o arresto seja revogado. Se não tiver sido previamente imposta, pode requerer que seja fixada e, prestando-a, leva a que o arresto seja também revogado.* (cfr. o Ac. da RL, de 04.10.2006 *in* www.dgsi.pt (Proc. n.° 7317/2006-3))

3.3. *Custas Processuais*

As partes civis devem pagar custas, quando não forem assistentes ou arguidos e se dever entender que deram causa às custas, segundo as normas do processo civil (cfr. a al. a), do art. 520.°), podendo, no entanto, requerer o benefício do apoio judiciário (cfr. o art. 44.°, n.° 2, da Lei n.° 34/2004, de 29 de Julho, alterada pela Lei n.° 47/2007, de 28 de Agosto).

Por outro lado, ao arresto é aplicável o regime previsto nos arts. 13.° e segs., do CCJ (cfr. o art. 88.°, do CCJ), realçando o facto de não haver lugar ao pagamento prévio de taxa de justiça inicial e subsequente nos

---

[304] Não obstante a 1ª parte, do **n.° 3**, do actual art. 194.°, impor que a aplicação de medidas de coacção e de garantia patrimonial é precedida de audição do arguido, ressalvados os casos de impossibilidade devidamente fundamentada.

Medidas de Garantia Patrimonial

arrestos processados conjuntamente com a acção penal (cfr. o art. 29.°, n.° 3, al. f), 2ª parte, do CCJ).

Ainda nos termos do regime que vigora actualmente, a taxa de justiça é reduzida a metade, não sendo devida taxa de justiça subsequente, designadamente, nos procedimentos cautelares e respectiva oposição (cfr. a al. n), do n.° 1, do art. 14.°, do CCJ).

O Dec.-Lei n.° 34/2008, de 26 de Fevereiro (aprova o Regulamento das Custas Processuais e entrará em vigor no dia 01.09.2008) para além de revogar o CCJ, procede a alterações, nomeadamente, de algumas normas do CPC e do CPP (cfr. os arts. 25.°, n.° 2, als. a), b) e c) e 26.°, da parte preambular desse diploma).

Nos termos do n.° 3, do art. 7.°, do RCP, a taxa devida, entre outros, pelos procedimentos cautelares é determinada de acordo com a tabela II, que faz parte integrante desse Regulamento.

A oportunidade do pagamento da taxa de justiça consta do art. 14.°, do RCP. De acordo com o regime previsto no seu n.° 1, tal pagamento faz--se até ao momento da prática do acto processual a ela sujeito, devendo o interessado entregar o documento comprovativo do pagamento ou realizar a comprovação desse pagamento, juntamente com o articulado ou requerimento.

Se as partes beneficiarem do apoio judiciário, na modalidade respectiva, encontram-se dispensadas desse pagamento prévio (cfr. a al. b), do art. 15.°, do RCP).

Cfr. os arts. 446.° e segs., do CPC, quanto ao regime jurídico das custas no âmbito do processo civil, considerando as alterações introduzidas pelo referido Dec.-Lei n.° 34/2008, de 26.02[305].

Jurisprudência

I – Perante a redacção do actual n.° 1 do art. 228.°, do CPP, introduzida pela Lei n.° 59/98, de 25/08, pode o arresto ser decretado, independentemente da caução económica, desde que verificados todos os pressupostos definidos na lei processual civil;

---

[305] Por força do n.° 3, do art. 27.°, da parte preambular desse diploma, os arts. 446.°, 446.°-A, 447.°-B, 450.° e 455.°, do CPC, aplicam-se aos processos pendentes a partir do dia 01.09.2008.

254 *As Medidas de Coacção e de Garantia Patrimonial*

II – Porém, se tiver sido imposta tal caução e ela não for prestada, fica o requerente imediatamente dispensado da prova do receio de perda da garantia patrimonial. É uma vantagem que a lei concede ao requerente, presumindo a existência daquele receio;

III – Requerido o arresto preventivo quando o processo se encontra na fase de inquérito, compete ao juiz de instrução criminal processar e decidir o respectivo incidente.

(Ac. da RL, de 22.05.2007 *in* www.dgsi.pt (Proc. n.º 3767/2007-5))

1. Não faz sentido – face à lei e ao seu espírito – que seja levantado o arresto como passo prévio à prestação de caução, nem é possível lavrar despacho que determine que a venda do bem arrestado se celebre sob condição;

2. Estaria encontrada a forma de inviabilizar os objectivos pretendidos pelo legislador na luta contra a criminalidade organizada e económica e financeira e retirar ao arresto o seu efeito útil;

3. No âmbito de uma carta rogatória para arresto de bens, os pressupostos substanciais de decretamento da medida pedida estão na "disponibilidade" da entidade do Estado requerente;

4. Não deve o Juiz nacional declarar cessado o arresto sem previamente se certificar que a entidade do Estado requerente sobre isso se pronuncie;

5. É inerente a esses valores constitucionalmente garantidos que a concorrência comercial e o acesso à propriedade privada se façam em conformidade com o ordenamento jurídico e não com base na prática de factos ilícitos criminais;

6. Na ponderação dos valores constitucionais em presença, é de concluir que o arresto dos bens indiciariamente provenientes da prática de um crime de branqueamento de capitais não fere o texto constitucional.

(Ac. da RE, de 10.10.2006 *in* www.dgsi.pt (Proc. n.º 1736/06-1))

1 a 3. (...);

4. Face à actual redacção do art. 228.º, n.º1, do CPP, na redacção dada pela lei n.º 59/98, de 25AGO a medida de garantia patrimonial de arresto preventivo, já não tem natureza subsidiária ou supletiva relativamente à caução económica, podendo ser decretada nos termos da lei civil, a requerimento do Ministério Público ou do lesado. No caso de ter sido fixada previamente caução económica e não for prestada, o requerente do arresto fica dispensado da prova do fundado receio da perda da garantia patrimonial, sendo aplicáveis as normas dos arts. 406.º e segs., do Código do Processo Civil, pelo que a prova do fumus boni iuri e do periculum in mora é feita no arresto e não no processo criminal (art. 408.º, do CPC).

(Ac. da RL, de 04.10.2006 *in* www.dgsi.pt (Proc. n.º 7317/2006-3))

Medidas de Garantia Patrimonial 255

I – São pressupostos do decretamento de arresto preventivo: a) existência de um crédito do requerente sobre o requerido; b) haver fundado receio, por parte do credor, de perda da garantia patrimonial do seu crédito;

II – Quando o arresto é requerido no âmbito de um processo penal, se tiver sido fixada caução económica e esta não tiver sido prestada, o requerente fica dispensado da prova do fundado receio de perda da garantia patrimonial do crédito;

III – Não fazendo o requerente prova do fundado receio de perda da garantia patrimonial do crédito, não pode ser decretado o arresto preventivo, nem arbitrada caução económica;

IV – Não há lugar a convite ao requerente do arresto preventivo, para que complete a petição, quando nesta se omite a indicação de prova.
(Ac. da RP, de 28.06.2006 *in* CJ, Ano XXXI, Tomo III, p. 221)

I – O arresto preventivo previsto no art. 228.° do C. P. Penal está reservado para o caso de garantia de bens em caso de responsabilidade por ilícito criminal;

II – Existindo pedido de indemnização civil e fixada caução económica não prestada, não se impõe nem sequer a alegação do fundado receio;

III – Tal arresto pode incidir sobre bens da ex-mulher do arguido (como terceiro) desde que se possam comprovar os requisitos do art. 407.°, n.° 2, do C. P. Civil.
(Ac. da RC, de 02.11.2005 *in* www.dgsi.pt (Proc. n.° 2613/05))

O advogado que em providência cautelar de arresto destinado a garantir a cobrança dos seus honorários profissionais revela factos de que teve conhecimento no exercício da sua profissão não comete qualquer ilícito – (art. 2.°, n.° 2 do CPC e 20.°, n.° 1 da CRP).
(Ac. da RL, de 21.09.2005 *in* CJ, Ano XXX, Tomo IV, p. 137)

Carece de base legal o indeferimento liminar de um procedimento cautelar de arresto preventivo com o fundamento de que os bens ou valores a arrestar já se encontram apreendidos no processo.
(Ac. da RC, de 18.05.2005 *in* CJ, Ano XXX, Tomo III, p. 39)

I – A extinção do vínculo conjugal não faz operar, automaticamente, a alteração do regime matrimonial de bens, pelo que, sendo a pretensão conservatória (arresto) anterior à dissolução da sociedade conjugal, os bens comuns do casal mantêm essa qualidade, até à sua divisão e partilha;

II – O arresto preventivo pode ser requerido por toda a pessoa que sofreu danos ocasionados pelo crime (o que basta para dever ser considerada lesado nos termos do art. 74.°, n.° 1, do C.P.P.), mesmo que ainda não haja formulado nos autos o seu pedido de indemnização civil;

III – Em face da nova redacção conferida ao art. 228.°, n.° 1, do CPP pela Lei n.° 59/98, de 25/08, para que o arresto preventivo possa ser requerido e decretado, não se impõe que, previamente, haja sido imposta, sem sucesso, a prestação de caução económica;

IV – Não podem ser arrestados bens comuns do casal para garantia do pagamento de dívida da responsabilidade de apenas um dos cônjuges.

(Ac. da RE, de 16.05.2005 *in www.dgsi.pt* (Proc. n.° 710/06-1))

I – Os pressupostos de que depende o decretamento do arresto preventivo são os do art. 406.°, n.° 1, do CPC, a saber: (a) existência de um crédito do arrestante sobre o arrestado, no momento em que se requer a providência; (b) justo receio de que, sem essa providência, a realização da respectiva prestação se venha a frustar ou a tornar consideravelmente difícil;

II – Verificam-se tais pressupostos, se o requerente do arresto é portador de um cheque passado pelo demandado, que, apresentado a pagamento, foi devolvido por falta de provisão; e se o demandado tem a firme intenção de não pagar ao demandante a viatura que este lhe vendeu e que ele se propõe vender ao desbarato;

III – O facto de o requerente do arresto ainda não ter formulado nos autos o pedido de indemnização civil não lhe retira legitimidade para requerer a providência;

IV – Não impede o decretamento do arresto o facto de o demandado não ter ainda sido constituído arguido, em virtude de não ter sido possível ouvi-lo, por se desconhecer o seu paradeiro.

(Ac. da RP, de 23.06.2004 *in* CJ, Ano XXIX, Tomo III, p. 217)

Em processo penal só pode ser pedido o arresto preventivo se tiver sido arbitrada caução económica que o arguido não tenha prestado, sendo aquele uma medida substitutiva desta.

(Ac. da RP, de 04.12.2002 *in* www.dgsi.pt (Proc. n.° 0240660))

I – Embora o arresto preventivo tenha natureza subsidiária relativamente à caução económica – o que significa que só pode ser decretado quando essa caução não tenha sido prestada e é revogado logo que o seja –, o juiz pode decretá-lo se, requerida anteriormente a prestação de caução económica, esta não foi fixada, nem imposta, dada a manifesta insuficiência do património do arguido para a prestar;

II – Num tal caso, não chegando o juiz a apreciar se existia fundado receio de que faltem ou diminuam substancialmente as garantias de pagamento da indemnização, impõe-se que se certifique de que existe fundado receio de o credor perder a garantia patrimonial do crédito;

III – O juiz pode decretar o arresto preventivo sem, previamente, ouvir o arguido, se concluir que essa audição é inconveniente.

(Ac. da RP, de 27.11.2002 *in* CJ, Ano XXVII, Tomo V, p. 206)

Do simples facto de um requerido de um arresto ter posto à venda uma moradia, não se pode concluir, sem mais, que, no caso de eventual venda, o mesmo fique desprovido de património ou fontes de rendimento capazes de garantirem a satisfação do crédito do requerente.

(Ac. da RP, de 07.03.2002 *in* www.dgsi.pt (Proc. n.º 0230228))

Em processo penal, o requerente do arresto preventivo, não tem que alegar factos justificativos de receio de perda da garantia patrimonial por parte do arguido; basta que este não tenha prestado a caução económica que lhe haja sido arbitrada.

(Ac. da RL, de 19.10.2000 *in* CJ, Ano XXV, Tomo IV, p. 150)

I – O arresto preventivo é da exclusiva competência do juiz. Decretando-o o Procurador da República pratica um acto para que não dispõe de jurisdição penal enfermando o despacho do vício de inexistência jurídica;

II – Tendo sido solicitado pelas autoridades judiciárias espanholas no âmbito da cooperação judiciária internacional em matéria penal o "embargo preventivo" do prédio que identificam, e não havendo indicação da disposição legal onde o mesmo se encontra previsto e não sendo conhecido na lei processual penal portuguesa o "embargo preventivo" com tal designação, haveria que recorrer-se ao Gabinete de Documentação e Direito Comparado da Procuradoria Geral da República para informar.

(Ac. da RP, de 05.01.2000 *in* www.dgsi.pt (Proc. n.º 9910764))

MINUTA

(PROPOSTA DE) REQUERIMENTO DE ARRESTO PREVENTIVO
(art. 228.°[306], do CPP)

Exmo. Senhor Juiz do Tribunal Judicial da Comarca de...

Proc. n.°...
3.° Juízo Criminal

..., lesado nos autos à margem identificados vem, nos termos do n.° 1, do 228.°, do CPP, requerer

O ARRESTO PREVENTIVO

De prédio rústico do arguido..., melhor identificado infra,

nos termos e com os seguintes fundamentos:

I – DOS FACTOS

1.°

No dia 20 de Janeiro de 2006, o arguido confessou dever à requerente a quantia de € 20.000,00, que pagaria até ao dia 11 de Fevereiro de 2006, através do cheque n.°..., por si emitido e que constitui o objecto dos presentes autos (cfr. confissão de dívida que se junta como doc. n.° 1).

2.°

Em caso de incumprimento, o arguido obrigou-se a pagar uma cláusula indemnizatória de € 2,000,00, bem como os respectivos juros de mora calculadas à taxa de 8% (cfr. doc. n.° 2).

---

[306] Nos termos da 1ª parte, do n.° 1, deste artigo, o lesado pode requerer que seja decretado o arresto, nos termos da lei do processo civil.

No âmbito do processo civil, o arresto consiste num procedimento cautelar especificado cujo regime está previsto nos arts. 406.° a 411.°, do CPC.

De acordo com o n.° 1, do art. 406.°, do CPC, o credor que tenha justificado receio de perder a garantia patrimonial do seu crédito pode requerer o arresto de bens do devedor.

3.º

Conforme já consta do processo, o cheque referido foi apresentado a pagamento e devolvido por falta de provisão, conforme carimbo no verso, aposto pela Câmara de Compensação.

4.º

Até à data, o requerente não recebeu nenhuma das referidas quantias.

5.º

Não obstante, as inúmeras tentativas nesse sentido.

6.º

Aliás, o arguido tem recorrido a inúmeros e ardilosos esquemas, designadamente criando factos falsos e inventando justificações, de modo a esquivar-se ao cumprimento.

7.º

Com efeito, em 10 de Março de 2006, comunicou ao requerente que "Tinha recebido uns dinheiros de Angola e que podia levantar o dinheiro no Banco..., no balcão de...".

8.º

Acto contínuo, o requerente dirigiu-se ao referido Balcão, onde lhe informaram que não conheciam o arguido.

9.º

De igual forma, em 20 de Março de 2006, comunicou ao requerente que nesse mesmo dia iria proceder ao pagamento da quantia em dívida através de transferência bancária.

10.º

A referida transferência nunca se chegou a efectuar.

11.º

As condutas supra descritas revelam, peremptoriamente, que o arguido não honra os compromissos assumidos e, mais grave, recorre a esquemas engazupados e pusilânimes para não cumprir as suas obrigações.

12.º

Para além do montante de € 20,000,00 titulado pelo cheque em causa nos autos, o requerente tem, ainda, direito às quantias de € 2.000,00, a título

260 *As Medidas de Coacção e de Garantia Patrimonial*

de cláusula penal indemnizatória e de € 2.050,00, a título de juros calculados à taxa acordada de 8%, desde a data dos respectivos vencimentos até....

13.º
Assim, o arguido deve ao requerente a quantia global de € 24.050,00.

14.º
Por outro lado, o arguido tem ainda as seguintes dívidas:
- De € 30.000,00 à Exma. Senhora...;
- De € 10.000,00 à Exma. Senhora...;
- De € 20.000,00 ao Banco...;
- De € 5.000,00 à Segurança Social.

15.º
Por conseguinte, é muito provável que o arguido venha a ser desapossado dos bens de que é titular, com vista à satisfação das dívidas existentes e/ou procedendo, ele próprio, à dissipação dos seus bens, em prejuízo do requerente que, desse modo, verá afastada qualquer possibilidade de satisfazer o seu crédito.

16.º
A realidade supra descrita revela o receio do requerente de perder a garantia patrimonial.

17.º
Aliás, a devolução do cheque em causa nos autos por falta de provisão revela que o arguido não tem capital suficiente para satisfazer o crédito da requerente.

18.º
O arguido é dono e legítimo proprietário de um prédio rústico, sito em..., descrito na Conservatória do Registo Predial... sob o n.º... (cfr. competente certidão junta como doc. n.º 3),

19.º
A requerente não conhece outros bens do arguido que permitam satisfazer o seu crédito.

II – DO DIREITO

20.º
Nos termos da leitura conjugada dos arts 619.º e ss., do CC e 406.º e ss., do CPC *ex vi* 228.º, n.º 1, do CPP, o arresto assenta em dois requisitos.

21.º
Um primeiro que consiste na existência provável (ou aparência) de um direito (o chamado *"fumus boni iuris"*) que, no presente caso, está demonstrado, muito para além de qualquer dúvida razoável ou "probabilidade forte", conforme resulta do vertido nos arts. 1.º a 4.º, da presente peça processual.

22.º
Um segundo que se traduz no *"justificado receio de perder a garantia patrimonial"* (também designado como *"periculum in mora"*) e cuja preenchimento no caso concreto assenta nos factos inseridos nos arts. 5.º a 17.º, da presente peça processual[307].

23.º
Assim, requer-se o arresto preventivo do prédio rústico, sito..., descrito na Conservatória do Registo Predial de..., sob o n.º..., propriedade do arguido.

Termos em que nos demais de direito deve ser decretado o arresto preventivo do prédio rústico, sito..., descrito na Conservatória do Registo Predial de..., sob o n.º..., propriedade do arguido.

TESTEMUNHAS:
1. ..., residente na Rua ...;
2. ..., residente na Rua ...;
3. ..., residente na Rua ...;

---

[307] Se tiver sido previamente fixada e não prestada caução económica, fica o requerente dispensado da prova do fundado receio de perda da garantia patrimonial (art. 228.º, n.º 1, 2ª parte).

262   *As Medidas de Coacção e de Garantia Patrimonial*

VALOR[308]: € 24.050,00 (vinte e quatro mil e cinquenta euros).

JUNTA[309]: 3 documentos, duplicados e cópias legais.

O mandatário com procuração nos autos[310],

---

[308] O valor do arresto é determinado pelo montante do crédito que se pretende garantir (art. 313.°, n.° 3, al. e), do CPC).

A partir do dia 01.09.2008 (data de entrada em vigor do Regulamento das Custas Processuais) a taxa de justiça devida pelos procedimentos cautelares é determinada de acordo com a tabela II, que faz parte integrante do RCP, a saber: aos procedimentos até € 300 000,00 corresponde uma taxa de 3 UC; procedimentos de valor igual ou superior a € 300 000,01 corresponde uma taxa de 8 UC; nos procedimentos de especial complexidade a taxa varia entre 9 a 20 UC (art. 7.°, n.° 3, do RCP).

[309] Não há lugar ao pagamento prévio de taxa de justiça inicial e subsequente nos arrestos processados conjuntamente com a acção penal (art. 29.°, n.° 3, al. f), 2ª parte, do CCJ).

As partes civis devem pagar custas, quando não forem assistentes ou arguidos e se dever entender que deram causa às custas, segundo as normas do processo civil (art. 520.°, al. a)), podendo, no entanto, requerer o benefício do apoio judiciário (cfr. o art. 44.°, n.° 2, da Lei n.° 34/2004, de 29 de Julho, alterada pela Lei n.° 47/2007, de 28 de Agosto).

Com a entrada em vigor do RCP (aprovado pelo Dec.-Lei n.° 34/2008, de 26.02), o CCJ será revogado, bem como alteradas e revogadas algumas normas do CPC e do CPP.

[310] O lesado pode fazer-se representar por advogado, sendo obrigatória a representação sempre que, em razão do valor do pedido, se deduzido em separado, fosse obrigatória a constituição de advogado, nos termos da lei do processo civil (art. 76.°, n.° 1). Cfr., ainda, o art. 32.° (*Constituição obrigatória de advogado*), do CPC e o art. 24.° (*Alçadas*), n.° 1, da LOFTJ, alterado pelo Dec.-Lei n.° 303/2007, de 24 de Agosto.

BIBLIOGRAFIA

ALBUQUERQUE, Paulo Pinto de
- *Comentário do Código de Processo Penal à luz da Constituição da República e da Convenção Europeia dos Direitos do Homem*, Universidade Católica Editora, 2007.
- *A Responsabilidade Criminal das Pessoas Colectivas ou Equiparadas* in "Revista da Ordem dos Advogados", Ano 66, Lisboa, Setembro 2006.

ALEXANDRINO, José de Melo
- *DIREITOS FUNDAMENTAIS – Introdução Geral*, Princípia.

ANTUNES, Maria João
- *O Segredo de Justiça e o Direito de Defesa do Arguido Sujeito a Medida de Coacção* in "Liber Discipulorum para Jorge de Figueiredo Dias", Coimbra Editora, 2003.

BARREIROS, José António
- *As Medidas de Coacção e de Garantia Patrimonial no Novo Código de Processo Penal* in "Boletim do Ministério da Justiça", n.° 371, 1987.

BARROS, José Manuel de Araújo
- *Critérios da Prisão Preventiva* in "Revista Portuguesa de Ciência Criminal", Ano 10, Fasc. 3.°, Julho-Setembro, 2000.

BELEZA, Teresa Pizarro
- *As Medidas de Coacção e de Garantia Patrimonial* in "Apontamentos de Direito Processual Penal", Vol. II, AAFDL, 1993.

CANOTILHO, J. J. Gomes/VITAL MOREIRA
- *Constituição da República Portuguesa Anotada*, 4ª Edição Revista, Vol. I, Coimbra Editora, 2007.

CATANA, David
- *As Medidas de Coacção e de Garantia Patrimonial* in "Apontamentos de Direito Processual Penal", Vol. II, AAFDL, Lisboa, 1993.

CATARINO, Luís Guilherme
- *A Responsabilidade do Estado pela Administração da Justiça – O Erro Judiciário e o Anormal Funcionamento*, Almedina, 1999.

COSTA, Eduardo Maia
- *A Presunção de Inocência do Arguido na Fase do Inquérito* in "Revista do Ministério Público", Ano 23, Out./Dez., 2002, n.° 92.

COSTA, Salvador da
- *O Apoio Judiciário – 7ª Edição Actualizada e Ampliada,* Almedina, 2008.

CUNHA, José Manuel Damião
- *O CASO JULGADO PARCIAL – Questão da Culpabilidade e Questão da Sanção num Processo de Estrutura Acusatória*, Publicações Universidade Católica, Porto, 2002.

DIAS, Jorge de Figueiredo
- *Sobre os Sujeitos Processuais no Novo Código de Processo Penal* in "Jornadas de Direito Processual Penal – O Novo Código de Processo Penal", org. CEJ, Almedina, Coimbra, 1995.

FERNANDES, Telma Maria dos Santos
- *Sobre o Termo de Identidade e Residência (TIR): Suas Problemáticas* in "I Congresso de Processo Penal", Almedina.

FERREIRA, Manuel Cavaleiro de
- *Curso de Processo Penal*, Vol. 1.º, Editora Danúbio Lda, Lisboa, 1986.

GERALDES/António Santos Abrantes
- *Temas da Reforma do Processo Civil*, IV Volume, 6. Procedimentos Cautelares Especificados, Almedina.

GONÇALVES, Fernando/Manuel João Alves
- *A Prisão Preventiva e as Restantes Medidas de Coacção. A Providência do Habeas Corpus em Virtude de Prisão Ilegal*, 2ª Edição, Almedina.

GONÇALVES, Manuel Lopes Maia
- *Código de Processo Penal – Anotado – Legislação Complementar*, Almedina, 16ª Edição, Coimbra, 2007.

HENRIQUES, Manuel Leal
- *Medidas de Segurança e "Habeas Corpus"*, Áreas Editora, 2002.

ISASCA, Frederico
- *A Prisão Preventiva e Restantes Medidas de Coacção* in "Jornadas de Direito Processual Penal e Direitos Fundamentais", Almedina.

LOPES, José Mouraz
- *Garantia Judiciária no Processo Penal. Do Juiz e da Instrução*, Coimbra Editora, 2000.
- *A Tutela da Imparcialidade Endoprocessual no Processo Penal Português* in "Boletim da Faculdade de Direito", Universidade de Coimbra, Studia Iuridica, 83, Coimbra Editora, 2005.

MESQUITA, Paulo Dá
- *Direcção do Inquérito Penal e Garantia Judiciária*, Coimbra Editora, 2003.

MIRANDA, Jorge/Rui Medeiros
- *Constituição Portuguesa Anotada*, Tomo I, Coimbra Editora, 2005.

OLIVEIRA, Odete Maria de
- *As Medidas de Coacção no Novo Código de Processo Penal* in "Jornadas de Direito Processual Penal – O Novo Código de Processo Penal", org. CEJ, Almedina, Coimbra, 1995.

PALMA, Fernanda
- *Acusação e Pronúncia num Direito Processual Penal de Conflito entre a Presunção de Inocência e a Realização da Justiça Punitiva* in "I Congresso de Processo Penal", Almedina.

PATRÍCIO, Rui
– *O Princípio da Presunção de Inocência do Arguido na Fase do Julgamento no Actual Processo Penal Português*, AAFDL, Lisboa, 2000.

PIMENTA, José da Costa
– *Código de Processo Penal Anotado*, Rei dos Livros, 1987.
– *PROCESSO PENAL – Sistema e Princípios*, Tomo I, Livraria Petrony, Lda.

PINTO, António Augusto Tolda
– *A Tramitação Processual Penal*, Coimbra Editora, 2ª Edição, 2001.

PINTO, Frederico de Lacerda da Costa
– *Segredo de Justiça e Acesso ao Processo* in "Jornadas de Direito Processual Penal e Direitos Fundamentais", Almedina.

SANTIAGO, Rodrigo
– *As Medidas de Garantia Patrimonial no Código de Processo Penal de 1987* in "Liber Discipulorum para Jorge de Figueiredo Dias", Coimbra Editora, 2003.

SANTOS, Gil Moreira dos
– *O Direito Processual Penal*, Edições Asa.

SANTOS, M. Simas/M. Leal-Henriques
– *Código de Processo Penal Anotado*, Vol. I, 2ª Edição, Rei dos Livros, 2003.

SILVA, Germano Marques da
– *Curso de Processo Penal*, Vol. II, 3ª Edição, Editorial Verbo, 2002.

SILVEIRA, Jorge Noronha e
– *O Conceito de Indícios Suficientes no Processo Penal Português* in "Jornadas de Direito Processual Penal e Direitos Fundamentais", Almedina.

SOUSA, João Castro e
– *Os Meios de Coacção no Novo Código de Processo Penal* in "Jornadas de Direito Processual Penal – O Novo Código de Processo Penal", org. CEJ, Almedina, Coimbra, 1995.
– *A Prisão Preventiva e Outros Meios de Coacção (a sua Relação com a Investigação Criminal)* in "Boletim do Ministério da Justiça", n.° 337, 1984.

VEIGA, Catarina
– *Prisão Preventiva, Absolvição e Responsabilidade do Estado* in "Revista do Ministério Público", Ano 25, Jan./Mar., 2004, n.° 97.

VILELA, Alexandra
– *Considerações Acerca da Presunção de Inocência em Direito Processual Penal*, Coimbra Editora, 2000.

ÍNDICE

PREFÁCIO DA 2.ª EDIÇÃO	7
PREFÁCIO DA 1.ª EDIÇÃO	9
ABREVIATURAS	11
I – INTRODUÇÃO	13
1. Considerações Prévias	13
2. Pressupostos Gerais de Aplicação Comuns às Medidas de Coacção e de Garantia Patrimonial	16
2.1. *Princípios que presidem à aplicação*	16
2.2. *Prévia existência de um processo criminal*	20
2.3. *Constituição obrigatória como arguido*	21
2.4. *Impossibilidade de aplicação*	23
2.5. *Competência para aplicação*	24
2.6. *Oportunidade*	29
2.7. *Prévia audição do arguido*	31
2.8. *Fundamentação do despacho de aplicação*	34
2.9. *Notificação do despacho*	36
3. Publicidade e Consulta dos Autos	38
4. Prática de Actos Processuais	44
II – MEDIDAS DE COACÇÃO	49
1. Regime Comum das Medidas de Coacção	49
1.1. *Medidas de coacção previstas no CPP*	49
1.2. *Requisitos gerais de aplicação*	50
1.3. *Determinação da pena*	54
1.4. *Dificuldade de aplicação ou de execução de uma medida de coacção*	55
1.5. *Consequências da violação das obrigações impostas*	55

268 *As Medidas de Coacção e de Garantia Patrimonial*

1.6. *Extinção das medidas de coacção* 56
1.7. *Constituição de advogado* 59
1.8. *Modos de impugnação das medidas de coacção* 64
    1.8.1. Revogação e substituição 64
    1.8.2. Recurso 74

2. Termo de Identidade e Residência 80

2.1. *Aplicabilidade* 80
2.2. *Elementos obrigatórios* 81
2.3. *Consequências do incumprimento das obrigações* 83
2.4. *Cumulação com outras medidas de coacção* 84
2.5. *Prazos de duração máxima e extinção* 84

Jurisprudência 85

Minutas
  – Comunicação de alteração de residência (art. 196.°, n.° 3, al. c), do CPP) 92
  – Comunicação de mudança de residência por mais de cinco dias (art. 196.°,
    n.° 3, al. b), do CPP) 93

3. Caução 94

3.1. *Nota prévia* 94
3.2. *Aplicabilidade* 94
3.3. *Modalidades de prestação da caução* 95
3.4. *Substituição da caução por outra(s) medida(s) de coacção* 95
3.5. *Incumprimento da caução* 96
3.6. *Reforço ou modificação da caução* 96
3.7. *Cumulação com outras medidas de coacção* 97
3.8. *Quebra da caução* 98
3.9. *Prazos de duração máxima e extinção* 98

Jurisprudência 99

Minutas
  – Requerimento de junção do comprovativo da prestação de caução 100
  – Pedido de levantamento de caução em caso de absolvição 101
  – Requerimento de substituição de caução por obrigação de apresentação pe-
    riódica (art. 197.°, n.° 2, do CPP) 102

4. Obrigação de Apresentação Periódica 104

4.1. *Aplicabilidade* 104
4.2. *Cumulação com outras medidas de coacção* 105
4.3. *Prazos de duração máxima e extinção* 105

5. Suspensão do Exercício de Profissão, de Função, de Actividade e de Direitos 106

5.1. *Aplicabilidade* 106

Índice 269

5.2. *Cumulação com outras medidas de coacção* 108
5.3. *Prazos de duração máxima e extinção* 108

6. **Proibição e imposição de condutas** 109
6.1. *Aplicabilidade* 109
6.2. *Cumulação com outras medidas de coacção* 112
6.3. *Prazos de duração máxima, suspensão do prazo e extinção* 112

Minutas
– Requerimento do arguido solicitando autorização para se ausentar para o estrangeiro (art. 200.º, n.º 1, al. b), do CPP) 113
– Prestação de consentimento do arguido para tratamento (art. 200.º, n.º 1, al. f), do CPP) 115

7. **Obrigação de Permanência na Habitação** 116
7.1. *Aplicabilidade* 116
7.2. *Semelhanças de regime com a prisão preventiva* 118
7.3. *Cumulação com outras medidas de coacção* 120
7.4. *Prazos de duração máxima, suspensão do prazo e extinção* 121

Jurisprudência 122

Minutas
– Requerimento do arguido solicitando autorização para se ausentar da habitação (art. 201.º, n.º 1, do CPP) 128
– Requerimento de revogação da medida de obrigação de permanência na habitação (art. 212.º, n.º 1, do CPP) 129
– Requerimento de substituição da prisão preventiva por obrigação de permanência na habitação sujeita a vigilância electrónica (art. 212.º, n.º 3, do CPP) 131

8. **Prisão Preventiva** 134
8.1. *Nota prévia* 134
8.2. *Aplicabilidade* 137
8.3. *Substituição da prisão preventiva por internamento preventivo* 141
8.4. *Suspensão da execução da prisão preventiva* 142
8.5. *Cumulação com outras medidas de coacção* 144
8.6. *Comunicação do despacho de aplicação da prisão preventiva* 144
8.7. *Inêxito das diligências para aplicação ou execução da prisão preventiva* . 145
8.8. *Reexame dos pressupostos da prisão preventiva* 146
8.9. *Prazos de duração máxima* 150
8.10. *Suspensão do decurso dos prazos de duração máxima da prisão preventiva* 158
8.11. *Extinção da prisão preventiva e libertação do arguido* 159
8.12. *Custas Processuais* 160

Jurisprudência 162

270 *As Medidas de Coacção e de Garantia Patrimonial*

8.13. *Providência de* habeas corpus 186
 8.13.1. Nota prévia 186
 8.13.2. Fundamentos 189
 8.13.3. Legitimidade, tramitação e decisões possíveis 190
 8.13.4. Custas Processuais 192

Jurisprudência 193

8.14. *Indemnização por privação da liberdade ilegal ou injustificada* 210
 8.14.1. Nota prévia 210
 8.14.2. Modalidades 212
 8.14.3. Legitimidade e prazo 214

Jurisprudência 215

Minutas
 – Requerimento de revogação da prisão preventiva (art. 212.°, n.° 1, do CPP) . 222
 – Pedido de suspensão da execução da prisão preventiva (art. 211.°, do CPP) .. 225
 – Recurso da decisão de aplicação de prisão preventiva (art. 219.°, do CPP) 227
 – Petição de providência de *habeas corpus* (art. 222.°, do CPP) 235

III – MEDIDAS DE GARANTIA PATRIMONIAL 239

1. Considerações Prévias 239

2. Caução Económica 241

 2.1. *Modalidades e legitimidade* 241
 2.2. *Prazo de duração e extinção* 244

Jurisprudência 244

Minuta
 – Requerimento de caução económica (art. 227.°, n.° 2, do CPP) 248

3. Arresto Preventivo 251

 3.1. *Legitimidade e processamento* 251
 3.2. *Prazo de duração* 252
 3.3. *Custas Processuais* 252

Jurisprudência 253

Minuta
 – Requerimento de arresto preventivo (art. 228.°, do CPP) 258

BIBLIOGRAFIA 263

ÍNDICE 267